权威·前沿·原创

皮书系列为
"十二五""十三五""十四五"时期国家重点出版物出版专项规划项目

BLUE BOOK

智库成果出版与传播平台

深圳蓝皮书

BLUE BOOK OF SHENZHEN

深圳法治发展报告（2022）

ANNUAL REPORT ON THE RULE OF LAW IN SHENZHEN (2022)

主　编／罗　思

副主编／李朝晖

社会科学文献出版社

SOCIAL SCIENCES ACADEMIC PRESS (CHINA)

图书在版编目（CIP）数据

深圳法治发展报告 . 2022 ／ 罗思主编 . —北京：
社会科学文献出版社，2022.8
（深圳蓝皮书）
ISBN 978-7-5228-0495-8

Ⅰ. ①深…　Ⅱ. ①罗…　Ⅲ. ①社会主义法治-研究报
告-深圳-2022　Ⅳ. ①D927.653

中国版本图书馆 CIP 数据核字（2022）第 137651 号

深圳蓝皮书

深圳法治发展报告（2022）

主　　编／罗　思
副 主 编／李朝晖

出 版 人／王利民
组稿编辑／张丽丽
责任编辑／徐崇阳
文稿编辑／孙玉铖
责任印制／王京美

出　　版／社会科学文献出版社·城市和绿色发展分社（010）59367143
　　　　　地址：北京市北三环中路甲 29 号院华龙大厦　邮编：100029
　　　　　网址：www.ssap.com.cn
发　　行／社会科学文献出版社（010）59367028
印　　装／天津千鹤文化传播有限公司

规　　格／开　本：787mm×1092mm　1/16
　　　　　印　张：24.5　字　数：365 千字
版　　次／2022 年 8 月第 1 版　2022 年 8 月第 1 次印刷
书　　号／ISBN 978-7-5228-0495-8
定　　价／128.00 元

读者服务电话：4008918866

主要编撰者简介

罗　思　中山大学法律系毕业，先后在深圳市工商（物价）局、深圳市委政策研究室、深圳市政府发展研究中心、深圳市社会科学院工作。长期从事公共政策和社科理论研究，尤其关注城市发展战略、法治建设和人才政策领域，参与"深圳质量研究""提升深圳法治化建设水平研究""深圳人才发展研究""深圳社会组织发展和管理体制研究""深圳建成现代化国际化创新型城市研究""城镇化过程中珠三角村居治理模式及路径研究""深圳市供给侧政策效果评估"等20余个深圳市重大课题，推动形成一批具有前瞻性、可操作性强的研究报告，多项调研成果获省、市主要领导批示，被评为哲学社会科学优秀成果。

李朝晖　深圳市社会科学院政法研究所所长、研究员。近年主要关注个人征信、个人信息保护、特区法治、基层治理等领域的问题。承担完成"证券市场法律监管比较研究""社会信用体系建设中的法律问题研究""个人信息保护法律问题研究""借鉴国际经验，提高深圳法治化建设水平""新时期深圳社会主义民主法治建设研究""深圳市大部门制改革研究""深圳政府管理层级改革研究""深圳率先建设社会主义现代化先行区研究"等数十项课题研究；出版《个人征信法律问题研究》《证券市场法律监管比较研究》等个人专著，参与十多部著作撰写；在《法学评论》《学术研究》等学术刊物上发表论文数十篇。

摘　要

《深圳法治发展报告（2022）》由深圳市社会科学院研创。本书梳理了深圳在建设中国特色社会主义法治先行示范城市的背景下，立法、政府法治、司法、社会法治、涉外法治等方面工作的基本情况以及法治发展中的突出亮点，并对深圳法治未来发展提出建议。

2021年，深圳坚持以习近平法治思想为指导，认真贯彻落实中央全面依法治国委员会印发的《关于支持深圳建设中国特色社会主义法治先行示范城市的意见》，创新立法先行先试，深入推进法治政府建设，充分发挥司法服务保障作用，不断健全非诉争议解决机制，促进法律服务业快速发展，打造一流法治环境。在推进行政复议改革、《深圳经济特区优化营商环境条例》实施、建设知识产权保护高地、率先探索实践个人破产制度、打造企业合规体系、完善绿色低碳发展法治保障、强化妇女儿童权益保护、推动法律服务业发展等方面成效尤为显著。

2022年，深圳应当继续坚持以习近平法治思想为指导，以建设法治先行示范城市为目标，强化法治思维和法治方式在社会治理中的运用，持续发挥法治在深化改革、高水平开放中的引领与保障作用，持续优化法治化营商环境，为深圳建设中国特色社会主义先行示范区提供法治保障。

关键词： 法治　法治先行示范城市　法治化营商环境　未成年人保护　社会法治

目　录 ⟩⟩

Ⅰ　总报告

Ⅱ　法治先行示范城市建设

Ⅲ　立法篇

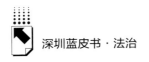

Ⅳ 政府法治篇

Ⅴ 司法篇

Ⅵ 社会法治篇

Ⅶ　附　录

皮书数据库阅读使用指南

总 报 告
General Report

B . 1
2021年深圳法治发展状况
及2022年展望与建议

赵 丹 李朝晖 娄卫阳*

摘 要： 2021年，深圳坚持以习近平法治思想为指导，认真贯彻落实中央全面依法治国委员会印发的《关于支持深圳建设中国特色社会主义法治先行示范城市的意见》，围绕综合授权改革，创新立法先行先试，法治政府建设深入推进，司法服务保障作用充分发挥，非诉争议解决机制不断完善，法律服务业快速发展，法治建设水平持续提升，尤其在推进行政复议改革、《深圳经济特区优化营商环境条例》实施、知识产权保护、破产制度完善、合规体系建设、绿色低碳发展法治保障、妇女儿童权益保障、前海国际法律服务业发展等方面成效显著。2022年，深圳应当继续坚持以习近平法治思想为指导，以建设法治先行示范城市为目标，

---

* 赵丹，深圳市社会科学院政法研究所助理研究员，主要研究方向为国际法；李朝晖，深圳市社会科学院政法研究所所长、研究员，主要研究方向为经济法、地方法治、信息法；娄卫阳，上海财经大学法学院博士后研究员，主要研究方向为国际法。

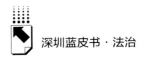

持续优化法治化营商环境，为深圳建设中国特色社会主义先行示范区提供法治保障。

关键词： 法治先行示范城市　创新立法　营商环境　综合授权改革

2021年5月，中央全面依法治国委员会印发《关于支持深圳建设中国特色社会主义法治先行示范城市的意见》（以下简称《意见》）要求深圳通过五到十年不懈努力，率先基本建成法治城市、法治政府、法治社会，成为新时代中国特色社会主义法治城市典范。为实现这一目标，2021年9月，深圳市出台《深圳市建设中国特色社会主义法治先行示范城市的实施方案（2021—2025年）》（以下简称《实施方案》），部署266项具体任务，并以清单方式推进落实。一年来，深圳市委、市政府始终坚持以习近平法治思想为指导，全面落实综合授权改革试点任务和《实施方案》的具体任务，积极推动《深圳经济特区优化营商环境条例》落地，促进多元纠纷解决机制与法律服务业快速发展，继续打造知识产权保护高地、完善破产制度，保障经济社会发展与深化改革顺利推进，努力探索具有中国特色的法治建设模式和路径，先行先试、示范引领。

一　2021年深圳法治发展基本情况

2021年，深圳以法治先行示范城市建设为目标，全面落实综合改革试点授权清单任务，创新立法保障深化改革，建设更高水平的法治政府，发挥更高质量的司法服务保障作用，促进多元纠纷解决机制与法律服务业快速发展，不断提升法治建设水平。

（一）创新立法保障深化改革

2021年，深圳积极推进《深圳建设中国特色社会主义先行示范区综合改革试点实施方案（2020—2025 年）》提出的关于"支持深圳扩宽经济特区立法空间，在新兴领域加强立法探索"的相关工作，用足用好特区立法权，将综合改革试点实施方案首批授权事项通过立法保障改革推进。截至 2021 年，全部 40 项改革事项中已有 26 项内容随着相关法规的出台得到立法保障。

1. 新兴领域立法为全国探路

新兴领域立法是 2021 年深圳市人大及其常委会立法工作重点，通过立法为改革赋能。当年立法计划包含继续审议项目 3 项、拟新提交审议项目 24 项、预备项目 25 项、调研项目 27 项；实际审议法规、决定 33 件，通过 17 件，其中制定法规 5 件，修改法规 10 件，废止法规 1 件（见表1）。

表1 2016～2021 年深圳市人大及其常委会制定、修改和废止法规情况

单位：件

	2016 年	2017 年	2018 年	2019 年	2020 年	2021 年	合计
制定法规	3	3	5	3	15	5	34
修改法规	1	16	23	126（120）	9	10	185（120）
废止法规	4	1	1	0	3	1	10

注：2019 年修改的 126 件法规中，有 120 件是根据法规清理进行的一揽子技术修改，不涉及法规实质内容的修改。

资料来源：深圳市人大常委会网站，http：//www.szrd.gov.cn/。

回应社会对个人信息保护和数字经济发展需求的关切，制定国内数据领域首部基础性、综合性立法《深圳经济特区数据条例》。该条例率先明确提出"数据权益"概念，在着重强化个人信息数据保护的同时，坚持个人信息保护与促进数字经济发展并重的原则。在严格限制生物识别数据处理、规范用户画像和个性化推荐、加强数据安全监管、确立数据领域公益诉讼制度等保护个人信息数据的同时，要求公共数据最大限度开放利用、明确可交易数据范围等，保障数据的合理合法使用。

适应生态环境保护新要求，制定我国首部生态环境保护全链条立法《深圳经济特区生态环境保护条例》。该条例将碳达峰、碳中和纳入生态环境建设整体布局，形成保护和修复、污染防治、应对气候变化、信息公开和

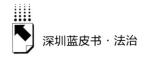

公众参与、监督管理等一体化的生态环境保护体系。

聚焦民生幸福，制定全国首部无障碍城市建设立法《深圳经济特区无障碍城市建设条例》。该条例提出无障碍城市理念，将该理念适用范围扩展至一切有需要的人群，并将无障碍建设相关规定从硬件设施建设上升至意识培养、服务提供等方面，多角度、多层次地体现人文关怀。

回应公共交通服务需求，制定出租汽车、互联网租赁自行车管理的地方性法规。制定《深圳经济特区出租汽车管理条例》，实行巡游车经营权无偿化，建立与经营权无偿化相适应的准入和退出制度；将巡游车和网约车纳入统一管理范围，统筹促进不同类型出租汽车发展；强化企业主体责任，维护驾驶员合法权益，进一步完善了出租汽车监督管理体制。制定《深圳经济特区互联网租赁自行车管理若干规定》，对深圳市共享单车的总量控制、运营模式、收费管理、停放运维等作出了具体规定，从多个方面对共享单车"乱象"进行整治，引导互联网租赁自行车行业健康有序发展。

2. 政府规章立改废工作持续加强

2021年，深圳市政府围绕经济社会发展和重点工作需要共制定通过政府规章4件，废止规章1件。继续加强民生领域立法，聚焦民生保障，制定《深圳市最低生活保障办法》，明确最低生活保障标准的确定和调整规定，适度扩大了最低生活保障范围和提高了最低生活保障待遇，进一步健全深圳的最低生活保障制度，保障居民基本生活，让全市最低生活保障的申请受理、核对调查、审批、待遇发放及其监督管理等活动更加规范；制定《深圳市居民经济状况核对办法》，在核对事项范围、核对机构职责、财政保障、核对内容及规则、核对方式及信息提供、核对工作管理、法律责任等方面作出明确规定，通过规范居民经济状况核对工作，为民生保障工作提供科学依据。推进城市建设领域立法，聚焦城市空间合理开发利用，制定《深圳市地下空间开发利用管理办法》，全链条、全要素规范和完善地下空间规划编制、用地供应、建设管理和安全使用等各相关环节；制定《深圳市区域空间生态环境评价管理办法（试行）》，构建明确的区域空间生态环境评价制度，形成市、区两级多部门大环保工作机制，建立精细评价、动态调整的闭环管理体系，强化环评公共服务职能、优化营商环境，从编制区域环评报告，规划环评、产业园区规划环评应用等方面强化与产业、国土空间规划的衔接。

3. 激发基层活力，推进立法全过程人民民主

立法过程是代表人民意志、表达人民意愿、实现人民利益的过程。深圳市人大常委会高度重视拓展市民参与立法的途径，持续增加基层立法联系点、人大代表社区联络站点，持续推进立法科学化、民主化。2021年，全市代表之家增至75个、代表社区联络站点增至245个、代表联系点增至663个、人大制度宣讲基地增至16个，① 覆盖全部社区，为群众表达意见、参与立法提供了便利，充分调动了群众参与立法的积极性。

（二）法治政府建设水平持续提升

2021年，深圳市继续推进政府法治化建设，加强法治化营商环境构建，充分发挥法治在推进城市治理现代化中的积极作用，获评首批全国法治政府建设示范市。

1. 切实开展规范性文件前置审查和备案审查

印发《深圳市人民政府办公厅关于加强行政规范性文件管理的实施意见》，完善规范性文件管理制度体系。严格按照《广东省行政规范性文件管理规定》《深圳市行政机关规范性文件管理规定》的要求，开展规范性文件审查工作。2021年，深圳市司法局共完成市政府工作部门规范性文件审查193件，通过163件，通过率84.46%（见图1）；共完成区政府工作部门规范性文件审查84件；向省政府和市人大报备规范性文件9件。

2. 不断强化政务公开，提升政府透明度

2021年8月，市政务服务数据管理局、市司法局、市委编办联合印发《深圳市政务服务事项和权责清单管理工作指引》，推进政务公开规范化、标准化，实现以公开促发展、促服务，以公开促规范、求实效，推动政府工

---

① 《深圳市人民代表大会常务委员会工作报告》，深圳市人大常委会网站，2022年4月29日，http://www.szrd.gov.cn/rdyw/index/post_ 803317. html。

图1　2016~2021年深圳市司法局审查市政府工作部门规范性文件情况

注：2018年及以前深圳市司法局为深圳市政府法制办公室。

资料来源：《深圳市司法局审查审核规范性文件统计表（2020年度）》，深圳市司法局网站，2021年1月8日，http：//sf.sz.gov.cn/ztzl/gfxwj/scshgfxwjtjsj/content/post_ 8473599.html。

作更加公开透明。聚焦政府重大工作深化政务公开，积极推进决策公开、执行公开、结果公开、管理公开、服务公开，主动公开政策性文件政策解读率达100%。规范办理依申请公开，全市共办理依申请公开5521件①；结合群众关注事项深化政务公开，强化互动交流，多渠道发布相关信息；丰富政务公开方式，拓宽政务公开渠道，健全政务新媒体监管机制。以政府网站、政务服务网为统一数据源，推动新媒体、"i深圳"、自助查询等各类终端互联互通，构建便捷多端、多维立体的政务公开模式，做到一站发布多渠道公开，实现政府信息"掌上查""随时阅"，打通信息服务"最后一公里"。

3.积极深化智慧+"放管服"改革，优化市场营商环境

2021年，深圳继续深化"证照分离"改革，对527项涉企经营许可事项分类进行改革，其中取消审批72项，审批改备案15项，实行告知承诺61项。②

---

① 《深圳市人民政府2021年政府信息公开工作年度报告》，深圳政府在线网站，2022年3月10日，http：//www.sz.gov.cn/cn/xxgk/ndxgkbg/content/post_ 9611425.html。

② 《深圳市2021年法治政府建设年度报告》，深圳政府在线网站，2022年1月29日，http：//www.sz.gov.cn/cn/xxgk/fzzfjsndbg/szfzzjs/content/post_ 9655548.html。

推出商事登记移动认证"掌上办",推进电子营业执照和电子印章综合应用在国内大中城市互认互通;迭代升级企业开办、注销一网通办平台,新增分时办理、部门同步注销等功能。

出台《深圳市政务服务事项和权责清单管理工作指引》,加强服务事项和权责清单管理,不断提升政务服务水平。2021年,全市政务服务事项99.94%"最多跑一次"、91.74%"不见面审批"、89.44%"全流程网办",实现"秒报秒批一体化"165项、"免证办"5528项。"i深圳"政务服务App已接入8070项服务,累计注册用户数达1603万人。12345政务服务热线平台日益充分发挥作用,实现政务服务热线"一号接听",2021年总服务量2171.81万人次,同比增长43%。①

进一步综合运用市场、行政、法律、科技、信用、社会参与等各种手段创新监管方式方法,拓展人工智能、区块链等技术手段应用场景,推进"双随机、一公开"监管,强化事中、事后监管模式,智慧监管提质增效。电子商务第三方信用评价经验向全国推广。"科技+"实现工地噪声监管"远程喊停",该首创模式被生态环境部推广至全国。

上线全市统一信用服务平台。2021年,深圳上线全市统一信用服务平台,数源单位扩大至73家,归集各类信用信息达22亿条。在全国率先推行破产信息共享公示制度,实现破产与信用联动。深圳信用网累计访问量25.33亿次,信息主体包括609万家市场主体(含注吊销)、1859万名自然人,实现"法人+自然人"信用信息全覆盖。深圳还成功创建了国家社会信用体系建设示范区,城市信用状况跃居全国第二名。②

4. 着力推进执法体制改革,切实提升基层治理能力和水平

2021年3月,《深圳市人民政府关于完善街道综合行政执法体制机制的决定》印发,明确街道综合行政执法范围、执法主体调整、具体实施时间要求、相关部门职责分工、执法保障等,进一步推进街道综合行政执法体制

---

① 《深圳市人民政府2021年政府信息公开工作年度报告》,深圳政府在线网站,2022年3月10日,http://www.sz.gov.cn/cn/xxgk/ndxxgkbg/content/post_ 9611425.html。
② "深圳发布"微信公众号,2022年1月1日发布。

改革。在全市街道综合行政执法队开展"五化"（职责法定化、队伍正规化、执法规范化、手段智能化、参与社会化）建设，明确纳入街道综合行政执法范围的475项职权实施清单和74个街道办事处，实现街道以自身名义执法，切实提升基层治理能力和水平。

创新执法方式，推广执法经验。制定轻微违法行为不予处罚清单，对清单内的轻微违法行为不予处罚，不纳入失信联合惩戒，减少对企业正常申请银行贷款等方面的影响。目前，在包容柔性执法、市场监督管理、生态环境保护等16个领域已梳理形成不予处罚清单，其中，"小错免罚"包容柔性执法经验得到了国家发展改革委认可并在全国推广。

5. 持续发挥政府法律顾问作用，提升政府依法行政决策水平

2021年，深圳市、区、街道各级政府法律顾问充分发挥作用，强化政府"守约践诺"，提高政府依法行政决策水平，推进法治政府建设。深圳市政府法律顾问室审查行政决策、重大项目430次，审查合同463份，出具法律意见755份（见图2），为新冠肺炎疫情防控、重大项目建设、重大决策、历史遗留问题和突发事件应对提供法律支持，全面防控政府法律风险。

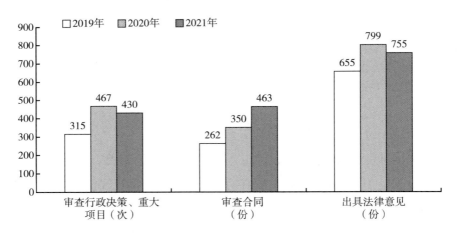

图2　2019～2021年深圳市政府法律顾问室工作情况

资料来源：2019～2021年深圳市法治政府建设年度报告。

各区政府法律顾问也充分发挥作用，提升政府依法决策质量，全面防控政府法律风险，为区政府依法行政提供了有力的法律支撑。福田区政府法律顾问室共审查行政决策、合同协议、重要文件等360余件，提出法律意见和建议1300余条；南山区政府法律顾问室出具法律意见654份；宝安区政府法律顾问室参加区政府工作会议500余次，审查法制审查类项目重要合同和重要文件等1600余件；坪山区公职律师、政府法律顾问审查重大项目合同141份，出具法律意见534份；光明区政府法律顾问室共审查涉法事务超过600项。同时，加强政府法律顾问制度建设。南山区修订《深圳市南山区人民政府法律顾问管理办法》，宝安区印发实施《宝安区人民政府法律顾问工作规则》《宝安区公职律师管理制度》，推动政府法律顾问、公职律师更好地发挥作用。坪山区制定公职律师事务所改革试点方案，深化政府法律顾问工作模式改革，由区司法局统筹10家单位法律顾问。①

强化街道法律顾问室建设，推进基层法律顾问制度实体化、规范化、价值化运作。2021年1月，深圳市第一个街道法律顾问室在坪山区石井街道揭牌；6月，坪山区"坑梓街道法律顾问工作室"挂牌成立，实行驻点律师集中办公，以法律顾问工作室名义为街道办提供法律服务。截至2021年，坑梓街道法律顾问工作室全年审查合同1250份、出具法律意见105份、出席街道办重要会议157次、提供法律咨询服务393件，涉及406人次；处理劳动信访投诉案件681件，涉及931人次；评查综合行政执法案件190件、评查应急执法案件429件、组织大型普法宣传9场、组织日常法治讲座20次、代理街道涉诉案件7件、申请法院强制执行案1件、协助处理公开听证案件1件。该工作室在坑梓法治建设中发挥了重要作用。②

6. 大力推广"智慧+"应用，提升数字法治政府建设水平

大力推动互联网、大数据等技术在决策、管理、服务、执法监管等各个环节中的应用，加快信息化平台的建设，推进政务数据有序共享，实现跨部门、

---

① 2021年深圳市各区人民政府法治政府建设工作报告。
② 深圳市司法局官方微信公众号"深圳司法"，2022年2月17日发布。

跨层级的信息系统互联互通和数据交换共享。2021年，市直部门接入覆盖率达91%，实现省、区、市三级平台互联互通，发布资源目录累计13012类，信息指标项累计17万余个，各单位共享数据总量达73亿条。深圳市行政执法信息系统和行政执法综合管理监督系统全面应用，录入执法依据16.6万条，职权事项信息（处罚、检查、强制等）2.8万多项，归集执法数据464万条。①

7. 行政复议改革顺利推进作用有效发挥

2021年，深圳市政府大刀阔斧开展行政复议体制改革，顺利完成行政复议职责和编制资源整合。全年全市新收复议案件10013件，较2020年增长42%，居省内各地级市首位。同年6月1日起，市、区两级政府实现集中行政复议职能，深圳市人民政府行政复议办公室新收行政复议案件共6282件，受理后办结4737件（含上年度结转）（见表2），维持2647件，驳回743件，终止、撤销、责令履行、确认违法1347件（见表3），综合纠正率28.4%，行政复议纠正行政机关不当或违法行为的作用得到充分发挥。

表2　2014~2021年深圳市人民政府行政复议办公室登记及办理行政复议案件情况

单位：件

类型	2014年	2015年	2016年	2017年	2018年	2019年	2020年	2021年
登记申请	2204	2236	3017	3148	1615	2159	4409	6282
受理后办结	1846	1963	2209	2880	1147	1544	3801	4737

资料来源：历年深圳市人民政府行政复议办公室办理行政复议案件情况。

表3　2021年深圳市人民政府行政复议办公室办理行政复议案件情况

单位：件，%

类型	处理情况	数量	占比
登记复议申请	受理	4989	79
	不予受理	591	9
	告知处理	92	2
	申请人撤回	610	10

① 《深圳市2021年法治政府建设年度报告》，深圳政府在线网站，2022年1月29日，http://www.sz.gov.cn/szzt2010/wgkzl/jggk/lsqkgk/content/mpost_ 9549558.html。

类型	处理情况	数量	占比
办结复议案件	维持	2647	53.06
	撤销	70	1.40
	确认违法	11	0.22
	责令履行	23	0.46
	驳回	743	14.89
	终止	1243	24.91

资料来源：深圳市司法局行政复议统计数据。

8. 实现公共法律服务实体平台全覆盖，推动社会矛盾纠纷依法有效化解

2021年，深圳已建成市、区公共法律服务中心11个，街道公共法律服务工作站74个，社区公共法律服务工作室近700个，实现了公共法律服务实体平台的全覆盖。同时，为落实"普惠均等、便捷高效、智能精准"的目标，完善公共法律服务体系，深圳不断将公共法律服务产品化、智能化，努力打通公共法律服务"最后一公里"。市司法局整合全市公共法律服务资源，推出《深圳市公共法律服务地图册（2021）》，将全市的区、街道、社区实体公共法律服务平台、法律援助机构、公证机构、律师事务所、人民调解组织、司法鉴定机构、仲裁机构等公共法律服务平台信息进行汇总（见表4），便于市民及时获取相关信息。同时，全市法治宣传教育基地、法治文化主题公园、青少年法治教育实践基地等法治宣传教育阵地的相关信息也被纳入该地图册，有利于法治教育宣传更好地开展。

表4 2021年深圳市各区、街道、社区人民调解组织分布情况

	行业性专业性人民调解组织	街道人民调解组织	社区人民调解组织
福田区	15	10	92
罗湖区	4	10	114
南山区	8	8	101
盐田区	3	5	23
宝安区	13	10	137

续表

	行业性专业性人民调解组织	街道人民调解组织	社区人民调解组织
龙岗区	13	11	111
龙华区	2	6	161
坪山区	10	6	24
光明区	7	6	31
大鹏新区	4	3	25
总计	79	75	819

资料来源：《深圳市公共法律服务地图册（2021）》。

（三）司法服务保障水平不断提升

1. 法院工作情况

（1）推进诉源治理，新收案件数量有所下降

2021 年，全市法院受理案件 638848 件，同比下降 8.08%；新收 540562 件，同比下降 9.90%；结案 530770 件，同比下降 10.60%；未结 108078 件，同比上升 6.67%；结收案比 98.19%，同比下降 0.77 个百分点；结案率 83.08%，同比下降 2.34 个百分点（见图 3）。刑事案件新收 20093 件，同比上升 2.01%，结案 20102 件，同比上升 0.49%，未结 2202 件，同比下降 0.41%；民商事案件新收 308495 件，同比下降 3.33%，结案 304200 件，同比下降 3.37%，未结 72724 件，同比上升 6.28%；行政案件新收 15683 件，同比上升 2.92%，结案 15523 件，同比下降 1.86%，未结 1594 件，同比上升 11.16%；执行案件新收 185215 件，同比下降 20.3%，结案 180071 件，同比下降 21.69%，未结 27795 件，同比上升 25.23%。[①]

（2）优化行政诉讼管辖制度

自 2021 年 8 月 1 日起，全市行政诉讼一审案件从由盐田区法院集中管

---

① 《2021 年全市法院审判态势分析报告》，深圳市中级人民法院网站，2022 年 2 月 8 日，https://www.szcourt.gov.cn/article/918532122284032。

图3 2016~2021年深圳法院收结案情况

资料来源：《深圳法院年鉴2020》，深圳市中级人民法院网站，2021年1月6日，https：//www.szcourt.gov.cn/type/301/1；《2021年全市法院审判态势分析报告》，深圳市中级人民法院网站，2022年2月8日，https：//www.szcourt.gov.cn/article/918532122284032。

辖调整为部分涉外、涉港澳台一审行政案件由基层法院管辖。其中，环境资源类案件由龙岗区法院集中管辖，除专利、垄断外的知识产权类案件由各相应基层法院管辖，其他案件由盐田区法院集中管辖。这项改革在全国率先实施，是行政诉讼体制改革的重要内容，方便了当事人参加诉讼，推动了基层实质性化解行政争议，优化了行政案件审级，更好地发挥基层法院和中级人民法院的审判职能，有利于充分发挥深圳先行示范区效应，为全国行政诉讼体制改革提供示范经验。

（3）强化"四涉"案件审判服务，全面扩大开放新格局

审结涉外、涉港澳台民商事案件数量多。全市法院审结涉外、涉港澳台民商事案件5819件，占全国的1/8，其中两个案例入选粤港澳大湾区跨境纠纷典型案例；在案件审理过程中，准确适用国际条约、域外法的能力提高，全市法院适用国际条约、域外法审结案件37件；引入20名香港地区陪审员参审案件，联动39家境内外调解组织诉前化解纠纷，推动前海建设国际商事争议解决中心。强化国际、区际司法协作，将覆盖面扩大到52个国家和地区。

（4）诉讼服务便利度提升

"深圳移动微法院"平台注册用户增加到40.8万人，网上立案率达到

92%，在线开庭 3 万次，电子送达 569 万次。罗湖等法院设立 24 小时自助服务终端，南山、坪山等法院设立专门窗口为当事人调取被告身份信息，龙华、光明、深汕等法院实现辖区街镇诉讼服务站全覆盖。①

2. 检察工作情况

（1）检察机关捕诉案件办理情况

2021 年，全市检察机关共批准逮捕 13201 人（含妨害新冠肺炎疫情防控犯罪 55 人），起诉 20920 人；全市检察机关民事行政检察部门共受理案件 2220 件；全市检察机关共发现公益诉讼线索 1132 件，立案 679 件，办理诉前程序 485 件；全市检察机关共批准逮捕未成年人犯罪和侵害未成年人犯罪 845 人，起诉 797 人；全市检察机关共接待来信来访 10445 件；全市检察机关受理控告申诉案件 4880 件、刑事赔偿案件 74 件、司法救助案件 57 件。②

（2）公益诉讼涉及领域增多

2021 年，在全市检察机关立案办理的 679 件案件中，行政公益诉讼案件 660 件，占 97.20%；民事公益诉讼案件 19 件，占 2.80%。从办案领域看，环境资源领域案件 191 件，占 28.13%；食品药品安全领域案件 39 件，占 5.74%；国有财产领域案件 5 件，占 0.74%；国土出让领域案件 6 件，占 0.88%；其他领域案件 438 件，占 64.51%（见图 4）。全年共提起公益诉讼 24 件，收到法院判决 35 件，均支持检察机关诉讼请求，调解结案 5 件。

（3）智慧检务建设持续推进

2021 年，深圳检察机关持续充分运用大数据、人工智能等信息技术，加强"智慧检务"平台系统建设。全力推进以"一云（深检云）、一平台（数据一体化平台）、三大应用（司法办案、阳光检务、业务分析研判）、八大系统（智慧知识产权、智慧公益诉讼、智慧金融犯罪、智慧民事、智慧行政、智慧非公经济保护、智慧控告申诉、业务分析研判）"为核心的专

---

① 《2021 年深圳市中级人民法院工作报告》，深圳市中级人民法院网站，2021 年 6 月 7 日，www.szcourt.gov.cn/article/30293103。

② 深圳市检察院官方微信公众号"深圳市人民检察院"，2022 年 1 月 25 日发布。

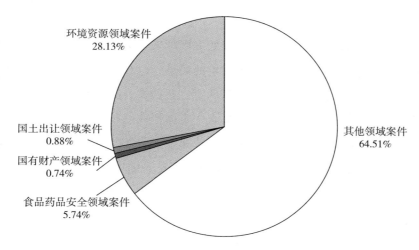

图4 2021年深圳市检察院立案办理公益诉讼情况

资料来源：深圳市检察院官方微信公众号"深圳市人民检察院"，2022年2月14日发布。

项智慧检务建设，全面提升智能辅助应用和数据共享水平，进一步提高检察机关办案、监督、管理和服务能力。

（四）法律服务业发展迅猛

1. 律师行业规模与质量同步提升

2021年深圳市律师行业规模继续保持快速增长，全市共有律师事务所1095家，比2020年增加120家，增长12.31%；执业律师19206名，比2020年增加2337名，增长13.85%（见表5）。

表5 2017~2021年深圳市律师工作情况

指标	2017年	2018年	2019年	2020年	2021年
律师事务所（家）	762	844	909	975	1095
执业律师总数（名）	11775	13135	15226	16869	19206
专职律师	11641	12960	14520	16038	18142
非专职律师	134	175	706	831	1064

资料来源：深圳市司法局网站，http://sf.sz.gov.cn/xxgk/xxgkml/sjfb/sjjd/。

2. 新兴法律服务业持续发展

数字技术的运用为法律服务行业的发展带来了更多创新空间，既拓展了社会主体、市场主体参与法律服务供给的渠道，也有效提升了公共法律服务效率。新兴法律服务业以新技术、新理念、新模式为法律人或法律服务需求者提供服务，是与法律服务相关且具有一定创新性或非传统特征的业态，具体而言，至少可以包括法律科技企业、法律生态服务公司、替代性法律服务提供商和创新模式律所等机构。① 2021 年 12 月，深圳市北鹏前沿科技法律研究院在深港科技创新合作区成立。该研究院聚焦大数据与个人信息保护、隐私计算、机器人、人工智能、生命健康伦理等前沿科技进步带来的新型法律问题，围绕国家重大基础科技研究布局、深圳科技创新产业发展方向、河套深港科技创新合作的改革创新任务，研究科技创新法律制度、搭建科技法律服务系统平台。

（五）商事纠纷多元解决机制不断完善

商事纠纷日益呈现数量多、增长快、标的大、涉案主体多元等特点，因此商事主体对权利救济便利化、纠纷解决方式多元化的诉求越来越强烈。完善商事纠纷多元解决机制，为当事人提供多元、便捷、高效的纠纷解决服务，进一步提升法治服务保障能力刻不容缓。2021 年 7 月，深圳市人大常委会公布了《深圳经济特区矛盾纠纷多元化解条例（征求意见稿）》②，分别在第二章第三节、第四章第二节对商事调解民商事仲裁作出了规定。

1. 深圳国际仲裁院仲裁业务发展迅速

2021 年深圳国际仲裁院仲裁业务规模快速增长。新受理案件 7036 件，其中涉外仲裁案件（含港澳台）345 件，双方当事人均为涉外主体的案件 28 件。虽然受理案件数较上年有所减少，但争议总金额和平均争议金额均

---

① 《2021 新兴法律服务业发展报告》。
② 2022 年 3 月 28 日，深圳市人大常委会通过了《深圳经济特区矛盾纠纷多元化解条例》，并于 2022 年 5 月 1 日起施行。

大幅上升，争议总金额达到856.20亿元，比上一年增长了32%；个案最高争议总金额54.87亿元，平均争议金额1216.88万元，比上一年增长了42%。①

受理案件类型多元，涉及地区分布广。仲裁案件当事人的地理分布涉及25个国家和地区，涉及我国内地31个省（区、市）。仲裁案件的行业分布广泛，金融与资本市场类案件的占比超过1/3（见图5）。

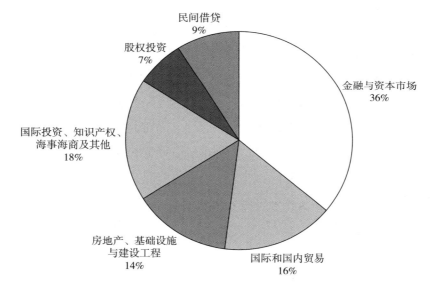

图5　2021年深圳国际仲裁院受理案件的行业分布情况

资料来源："深圳国际仲裁院"微信公众号，2022年3月24日发布。

2. 成立证券及资本市场争议解决专门仲裁机构

深圳国际仲裁院在处理金融与资本市场领域争议方面积累了经验。2020年，深圳国际仲裁院受理的金融与资本市场类案件达4126件，占受案总量的55.36%，争议金额330.52亿元，占争议总金额的53.63%；2021年，受理的金融与资本市场类案件超过全年案件总量的1/3。成立证券及资本市场争议解决专门仲裁机构，有利于提高争议解决的专业化水平和效率。2021

---

① "深圳卫视深视新闻"微信公众号，2022年1月6日发布。

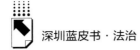

year，深圳国际仲裁院与深圳证券交易所通过共建的方式，提供证券及资本市场专业仲裁服务，成立全国首个证券仲裁机构——中国（深圳）证券仲裁中心。双方在建立完备的证券仲裁规则体系、建设一流的证券仲裁专家队伍、推进机制衔接等方面进行共建。今后全球资本市场的参与主体发生相关纠纷，都可以约定选择该中心进行仲裁。

3. 探索推进国际商事调解机构发展

商事调解作为非诉讼争议解决的一种方式，越来越受到社会认可，受理案件数量也稳步增加，以坪山区商事调解院为例，2020年7月至2021年9月，其累计受理自收类案件10件，涉案总标的额约为1.49亿元。

深圳商事调解也在实践中不断探索完善。2021年，由深圳市蓝海法律查明和商事调解中心作为主发起人，联合中国国际贸易促进委员会深圳调解中心、深圳市前海一带一路法律服务联合会、深圳市律师协会、深圳上市公司协会、深圳市房地产中介协会、深圳市供应链金融协会、深圳市小微企业发展促进会、深圳市小额贷款行业协会等单位共同发起成立了全国首个有关商事调解的专门协会——深圳市商事调解协会。协会的会员种类包括单位会员和个人会员，首批会员共57个，由深圳市两级法院的特邀调解组织和特邀调解员组成。

该协会制定了《深圳市商事调解协会商事调解员资格评审规则（试行）》，完善调解员资格标准，推进商事调解健康发展。该规则在资格评审机制、申请加入协会商事调解员名册的资格条件、商事调解培训、名册管理、评审流程等方面进行了规定，明确深圳市商事调解协会制定的资格评审机制属于"非强制性"的规定，即未达到资格评审要求的调解员，只是不被纳入深圳市商事调解协会的商事调解员名册，但并不否定其调解员资格。

二 2021年深圳法治发展突出亮点

2021年，深圳坚持以习近平法治思想为指导，紧紧围绕综合授权改革

018

试点方案的落实，不断优化市场化法治化国际化营商环境，在立法、法治政府、司法各领域先行先试，推动法治先行示范城市建设，法治工作亮点纷呈。

（一）率先探索制定全国首个行政复议保障标准，深入推进行政复议集约化、标准化、信息化、便民化改革

行政复议体制改革是深圳综合改革试点首批授权事项与深圳建设中国特色社会主义法治先行示范城市的重要内容。2021年，深圳率先探索制定了全国首个行政复议保障标准，通过标准化建设构建统一、科学的行政复议运作机制，推进行政复议集约化、标准化、信息化、便民化，提升行政复议公信力。

1. 一级只保留一个行政复议机关，行政复议实现集约化运作

2021年，深圳市政府下发《深圳市行政复议体制改革实施方案》，明确行政复议体制改革具体措施与内容。在职责行使方面，行政复议职责集中行使，由本级政府统一行使行政复议职责；在复议机构设置方面，除实行垂直领导的行政机关、税务和国家安全机关外，市、区两级政府一级均只保留一个行政复议机关，全市仅保留市政府和9个行政区政府的行政复议机关，共10家；在复议工作机构方面，市、区司法局作为市、区两级政府的行政复议工作机构，以市、区人民政府行政复议办公室名义办理行政复议案件；在复议机构人员配置方面，行政复议工作人员由原来以兼职为主，转变为专职从事案件审理。改革完成后，市民如果要申请行政复议，只需找一个部门，使行政复议变得更加便捷高效。

2. 制定全国首个行政复议保障标准，行政复议实现专业化、标准化运作

深圳市司法局在全国率先制定《深圳市行政复议服务保障标准》，在办案程序、文书格式、服务保障标准、案件管理、行政复议咨询专家库五个方面制定了统一的标准，建立统一、科学的行政复议运作机制。在复议人员的专业化建设方面，要求初次从事行政复议工作的人员必须具有国家统一的法

律职业资格。复议机构还将持续开展专业培训，打造一支专业化、职业化的行政复议队伍。

3.着力推进"智慧复议"，使复议案件办理实现高效便民

深圳市行政复议办案平台已率先建成。依托该平台，可以实现案件全流程线上办理，自动化办案。市、区行政复议机构统一使用一个办案平台办案，可以实现办案标准、办案流程的统一，区行政复议机构办案规范化水平得到提高。同时，深圳市行政复议办案平台还与国家和省行政复议办案平台、行政执法机关工作平台、人民法院办案平台实现数据对接，能够较大提高行政复议及应诉工作效率。深圳市司法局还利用信息化手段提供更多的便民服务措施，在"i 深圳"App 上增加"掌上复议"功能，当事人可通过该App 实现网上申请复议、网上查询、网上听证等。通过网上办案，全程留痕，将行政复议的全过程置于当事人的监督之下，提高行政案件审理的透明度，促进案件审理的公平、公正、公开。

（二）积极推动《深圳经济特区优化营商环境条例》落地，法治化营商环境建设满意度高

2021 年，《深圳经济特区优化营商环境条例》正式开始实施，4.0 版营商环境政策启动，新一轮营商环境优化工作强力推进，深圳市肩负营商环境创新试点城市的使命。

1.4.0版营商环境政策出台，优化工作进入"促提升"阶段

4.0 版营商环境政策由《深圳市 2021 年深化"放管服"改革 优化营商环境重点任务清单》《深圳市 2021 年推进四个"十大"改革措施 持续打造国际一流营商环境工作方案》《深圳市贯彻〈深圳经济特区优化营商环境条例〉实施方案》三部分构成。《深圳市 2021 年深化"放管服"改革 优化营商环境重点任务清单》，从构建要素高效配置的市场体系、对接国际通行经贸规则、打造创新驱动的产业发展生态、夯实规范高效的公共服务基础、营造更加公平公正的法治环境等五大方面提出 26 个领域 222 项改革任务，全

面覆盖世界银行营商环境评价的 12 项指标①和中国营商环境评价的 18 项指标②；《深圳市 2021 年推进四个"十大"改革措施 持续打造国际一流营商环境工作方案》③重点围绕改革试点、平台建设、专项行动、法治保障等关键领域创新谋划提出了四个"十大"改革措施，用四个"十大"改革措施统领全年重点改革任务的推进落实，具体内容包括开展十大率先改革试点④、打造十大功能性服务平台⑤、推进十大营商环境前瞻性立法⑥、实施十大市场主体获得感提升专项行动⑦；《深圳市贯彻〈深圳经济特区优化营商

---

① 12 项指标：开办企业、获得建筑许可、通电、财产登记、取得贷款、保护少数裔投资者、跨境贸易、纳税、合同执行率、解决破产处理、向政府销售、劳动力市场法规。

② 18 项指标：开办企业，劳动力市场监管，办理建筑许可，政府采购，招标投标，获得电力，获得用水用气，登记财产，获得信贷，保护中小投资者，知识产权创造、保护和运用，跨境贸易，纳税，执行合同，办理破产，市场监管，政务服务，包容普惠创新。

③ 本报告通过向深圳市发展改革委申请政府信息公开该方案，但由于涉及国家层面尚未公布的改革任务，深圳市发展改革委未向申请人公开，该方案的具体内容尚不可知。

④ 具体包括：率先放宽部分领域市场准入；率先放宽前沿技术领域的外商投资准入限制；率先分类分步放开通信行业和开展跨境通信试验区试点；率先试点商事登记行政确认制；率先优化市场主体退出机制；率先推进独立公平竞争审查制度试点；率先推进二三产业用地混合利用；率先开展特殊工时管理制度改革；率先实现水电气红线外管线连接工程"零成本"；率先开展建设"无实体卡证城市"试点。

⑤ 具体包括：建设公共资源交易信息化平台；建设知识产权和科技成果产权交易平台；建设先进技术应用推广平台；建设数据要素交易平台；建设电子元器件产业支撑平台；建设全市统一的金融数据征信服务平台；建设"i 深圳"统一移动政务服务平台二期；建设"深 i 企"智慧化企业服务云平台；建设"一网统管"的民生诉求解决平台；建设行政执法综合信息管理平台。

⑥ 具体包括：《深圳经济特区反不正当竞争条例》《深圳经济特区社会信用条例》《深圳经济特区外商投资促进与保护条例》《深圳经济特区矛盾纠纷多元化解条例》《深圳经济特区人工智能产业促进条例》《深圳经济特区数据条例》《深圳经济特区数字经济产业促进条例》《深圳经济特区细胞和基因产业促进条例》《深圳经济特区智能网联汽车管理条例》《深圳经济特区河套深港科技创新合作区深圳园区条例》。

⑦ 具体包括：实施企业服务和政务服务双提升行动，2021 年底前新增 200 项与市民密切相关的"一件事一次办"事项、200 项高频"无感申报"事项；实施办税服务惠企便民行动，推广区块链电子发票，推动在 100 个以上行业实现应用，打通社保服务"最后一公里"，在 200 个以上网点开通 24 小时"不打烊"自助机服务；实施电子营业执照和电子印章推广应用行动；实施工业园区供电环境综合升级改造行动；实施工程建设项目招标投标深化治理行动；实施小微企业首贷户培育行动；实施基层执法行为规范行动；实施跨境贸易便利化服务提升行动；实施个人破产制度落地行动；实施知识产权综合服务提升行动。

环境条例〉实施方案》①，对《深圳经济特区优化营商环境条例》进行了更为细化的分工，在 6 个方面 30 个领域确定了 130 余项具体工作任务和相关责任单位。

2. 企业对深圳营商环境的综合满意度高，"法治环境好"是企业选择在深圳投资的最主要因素②

通过对 3000 余家企业进行满意度调研，近八成的企业对深圳营商环境明确表示满意，只有 2.33% 的企业表示不太满意，1.89% 的企业表示很不满意（见图 6）。

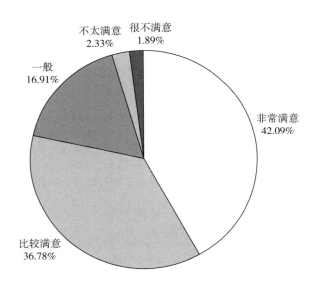

图 6　企业对深圳营商环境的综合满意度

具体来说，深圳企业对市场准入政策、政务服务水平、市场经营环境、融资便利性、监管规范性、权益保障体系完善度等各方面的满意度均较高，均有 2/3 左右的企业表示满意（见图 7）。

①　本报告通过向深圳市发展改革委申请政府信息公开获取该方案文本。
②　该部分数据来自深圳市社会科学院院内专项课题《深圳营商环境优化研究（2021）》。

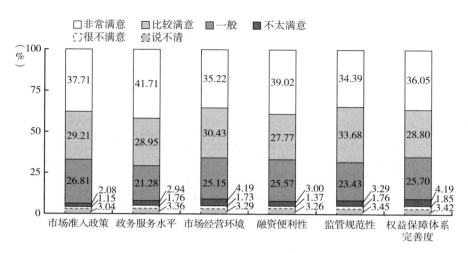

图7 企业对深圳营商环境具体改革优化方面的满意度情况

企业对商事登记制度改革效果最为满意，对工程建设项目审批、市政设施接入、政务服务等方面的改革效果较为满意，都接近1/4（见图8）。

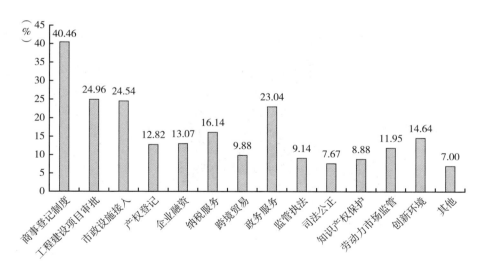

图8 企业对深圳营商环境改革措施效果最为满意的方面

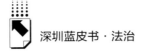

"区位好""法治环境好""政府办事效率高"这三项均有四成以上的企业选择，其中选择"法治环境好"的企业最多。"科技创新资源集聚"有超过三成的企业选择，"产业链相对完整，集聚度高""交通便利，物流发达""社会治安良好"有1/4以上的企业选择（见图9）。

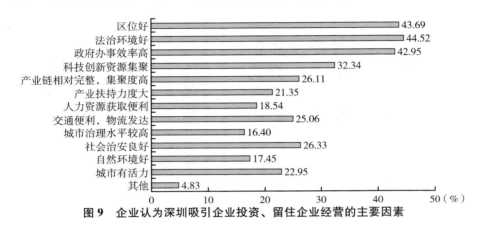

图9　企业认为深圳吸引企业投资、留住企业经营的主要因素

同时，超过60%的企业认为深圳司法机关在依法保护企业和企业家权益方面表现好（见图10）。

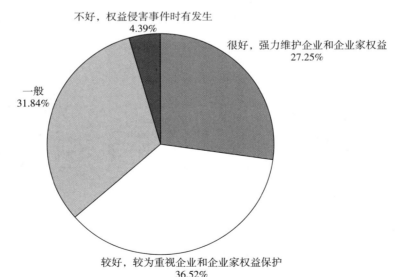

图10　企业对深圳司法机关依法保护企业和企业家权益的满意度

（三）继续推进破产制度的完善，个人破产司法实践开先河

开展破产制度改革试点是《深圳建设中国特色社会主义先行示范区综合改革试点实施方案（2020—2025 年）》中明确提出的任务，其中还包括"率先试行自然人破产制度，支持制定深圳经济特区个人破产相关规定"。继 2020 年《深圳经济特区个人破产条例》出台，2021 年，深圳推进破产制度改革试点落地，积极构建现代化办理破产体系。

1. 破产案件审理情况

结合综合改革试点工作任务，深圳破产法庭在个人破产、跨境破产、重整制度等方面重点突破，形成典型司法裁判案例。其中，呼某某个人破产清算案入选 2021 年度全省法院十大案例，梁某某个人破产重整案[①]获评 2021 年度人民法院十大案件。

2021 年，深圳破产法庭共审理各类破产案件 4028 件，同比增长 28.90%；审结企业破产案件 2741 件，个人破产案件 62 件，同比上升 68.35%，其中破产申请审查 1361 件，破产案件 735 件，破产衍生诉讼案件 691 件，强制清算案件 12 件，司法惩戒案件 4 件。[②] 案件审理周期大幅缩短，破产成本不断降低（见图 11）。

2. 健全配套机制，探索个人破产相关机制

深圳个人破产制度遵循"先行先试、稳中求进、先易后难"的原则，积极推进个人破产实施工作，健全配套机制，建立"法院裁判、机构管理、管理人执行、公众监督"四位一体的破产办理体系以及"破产信息公开公示机制、破产信用承诺和核查协作机制、破产信用修复机制"三大机制，初步形成了推动市场主体破产信息公开和状态公示的联动协同、共建共享格局。

---

① 基本案情：梁某某于 2018 年开始创业，却一直无法获得稳定的客户资源。经营期间，梁某某分别向 13 家银行、网络贷款公司借贷以解决经营资金问题，债务总额累计 75 万余元。因无法清偿借款，2021 年 3 月 10 日，梁某某向深圳市中级人民法院申请个人破产。7 月 19 日，深圳市中级人民法院将裁定送达梁某某，全国首例个人破产案件正式生效。

② 《深圳破产法庭：聚焦改革任务，服务营商环境》，"深圳市中级人民法院"微信公众号，2022 年 1 月 18 日，https://mp. weixin. qq. com/s/f1Lf18ha3u4jUg_ IJVXxviQ。

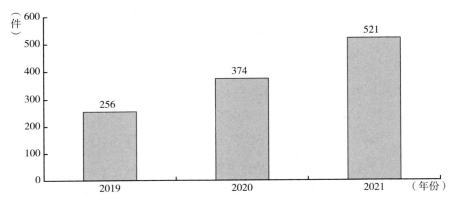

图11　2019~2021年以快审方式审结案件数

成立深圳市破产事务管理署。《深圳经济特区个人破产条例》于2021年3月1日正式实施。为进一步落实条例要求，"深圳市破产事务管理署"挂牌成立，实施破产信息登记和信息公开制度，管理、监督个人破产管理人依法履职，提供破产事务咨询和援助服务等。这是国内首家破产事务管理机构。

上线自主开发的全国首个个人破产综合信息系统——"深破茧"系统，率先完成"法院裁判、机构管理、管理人办理、公众监督"的现代化办理破产体系布局。"深破茧"系统，打造PC端、小程序"双入口"，实现个人破产案件全信息数据采集、全流程在线审理，程序参与人、破产管理人、法官"掌上办案"，有力提升了破产审判和办理监督的质效。2021年，该系统审结破产案件735件，占全省的40%。探索预重整与破产重整有机衔接机制，盘活资产778亿元。

率先建立个人破产信息共享和公示机制，并探索建立个人破产信用修复和权益保护机制。2021年8月，深圳市破产事务管理署会同深圳市中级人民法院、深圳市市场监督管理局印发《关于建立破产信息共享与状态公示机制的实施意见》，强化分工与合作，共建全国首个破产信息公开公示机制，着力完善破产制度配套机制，实现破产信息全流程、广角度、多渠道公开，加大市场主体信用信息供给力度，服务保障经济社会高质量发展。

3. 承认与协助香港破产程序

2021年7月20日，香港高等法院向深圳市中级人民法院发出跨境破产协助请求信，请求认可森信洋纸香港公司清盘程序及其清盘人权力。12月15日，深圳市中级人民法院裁定认可森信公司香港破产程序及其清盘人权力，并明确允许森信公司清盘人在内地的履职范围。这是内地法院首次认可香港地区破产裁定效力，标志着跨境破产协助进入司法实践阶段。

（四）持续推进城市合规体系建设，成果显著

1. 推进合规体系制度建设

2021年8月，深圳市司法局发布《关于推进城市合规体系建设的指导意见（征求意见稿）》，围绕政府合规、企业合规、社会组织合规、公民合规以及重点领域区域先行示范5个方面，推进合规体系制度建设。通过探索搭建城市合规体系推动合规示范区建设，推广合规概念、根植合规文化，推动经济高质量发展。

深圳市司法局在官方网站推出"城市合规"专栏，搭建合规智库信息发布平台，为企业提供国内外涉及深圳企业发展的重大合规领域立法及执法的提示和预警服务，助力企业增强对合规风险的抵御能力，为深圳市"走出去"的企业保驾护航。自2021年6月11日起，深圳市司法局官方网站共发布企业合规风险提示与预警198条[1]，内容包括国内外新规速递、执法动态等。

2. 探索形成"五个一"工作模式，推进企业合规改革

2021年，全市检察机关办理企业合规案件60件，约占全国的1/10，约占全省的4/5，其中两个案件[2]入选全国检察机关企业合规十大典型案例。一批涉案企业通过合规整改重获生机，步入健康发展轨道，呈现了"办理一个案件、挽救一个企业、规范一个行业"的良好效果。

市、区两级检察院全部纳入试点范围，从理论、机制、制度、办案等维

---

[1] 合规资讯数据统计日期为2021年6月11日至2021年12月31日。

[2] 王某某、林某某、刘某乙对非国家工作人员行贿案入选最高检第一批企业合规改革试点典型案例；深圳X公司走私普通货物案入选最高检第二批企业合规改革试点典型案例。

度进行全方位地探索实践合规工作，初步形成了较为完善的"五个一"工作模式：率先成立一个专门的企业合规办公室；构建一套覆盖事前、事中、事后全链条的涉案企业合规机制；制定企业合规工作实施办法等一系列文件，联合深圳市司法局选任第三方监控人；办理并发布一批涉案企业合规典型案例；成立一支企业合规宣讲队伍，积极发挥检察官在整个合规考察中的主导作用。

3. 企业合规改革试点探索取得成果

南山区人民检察院、宝安区人民检察院自 2020 年 3 月起被最高检确定为第一期开展企业合规改革试点的基层检察院，不断进行企业合规探索，并形成可复制、可推广的经验。宝安区人民检察院首创的独立监控人制度在全市推广，由律师事务所、会计师事务所、税务师事务所来做合规监控人的专家库。

南山区人民检察院探索"一案一议"合规治理模式，针对不同案件的性质、内容和企业情况，探索"一案一议"合规治理模式，从当前实践中选取最适合涉案企业进行合规整改的模式，促进企业建立行之有效的合规体系。

宝安区人民检察院于 2021 年 4 月推动成立了全国首家区级合规委员会——宝安区促进企业合规建设委员会，成员单位达 35 家，区合规委由 35 家成员单位组成，包括 4 家政法部门、17 家行政执法部门、8 家上级垂管部门、6 家辅助部门，成员单位在各自职权范围内开展企业合规的引导、启动、监督、考察验收等工作。

（五）持续健全知识产权保护体系，保护水平不断提高

1. 完善知识产权保护政策体系

出台《关于强化知识产权保护的实施方案》，加快打造知识产权保护标杆城市。2021 年 10 月，中共深圳市委办公厅、深圳市人民政府办公厅联合印发《关于强化知识产权保护的实施方案》，进一步促进"行政、司法、行业"三网保护格局的形成，建设法治环境更加优化、保护体系更加完善、保护机制更加健全的知识产权保护高地。作为指导未来 5 年深圳市知识产权

保护工作的纲领性文件，该方案从法治保障、司法行政保护、社会共治、技术支撑、快速协同保护、海外维权、基础条件建设、工作保障8个方面，提出强化知识产权保护的55个项目160条措施。

2. 开展知识产权保护多领域试点

设立中国（深圳）知识产权仲裁中心，建立健全知识产权纠纷诉讼、行政裁决、仲裁和调解工作衔接机制。2021年，中国（深圳）知识产权仲裁中心成立，积极落实《深圳建设中国特色社会主义先行示范区综合改革试点实施方案（2020—2025年）》及综合改革试点首批授权清单任务，探索建立仲裁、调解优先推荐机制，建设具有全球影响力的知识产权"一站式"纠纷解决平台，形成聚焦产业的社会治理知识产权保护网，构建"行政、司法、行业"三网立体保护格局。对充分发挥国际仲裁跨境管辖案件、跨境适用法律、跨境执行裁决、跨境共享资源的"四跨"特殊作用，依法维护高科技企业在海内外的合法权益，促进科技创新和产业发展，具有先行示范作用和对外辐射功能。专利侵权纠纷行政裁决示范试点建设经验获评国家知识产权局、司法部先进典型经验做法。

率先试点知识产权分级分类信用监管，知识产权信用信息管理系统和数据库试运行。南山区被确定为广东省开展相关试点工作的两个重点推进地区之一。2021年，南山区以基于创建信用的分级分类监管试点为基本落脚点，结合辖区高新技术产业发展，制定和建设知识产权信用制度规范、数据库和信息平台，形成衔接事前、事中、事后的全程监管环节，具有区域特色的知识产权信用体系，深入挖掘信用承诺应用场景，实现"承诺签署—承诺跟踪—承诺监管"闭环管理。构建知识产权信用体系，能充分发挥信用在社会治理和市场竞争中的主导作用，提高市场主体对维护和促进知识产权领域健康发展的主动性和积极性，提升知识产权领域市场监管效能，加快形成政府公正监管、信用主体诚信自律、社会公众监督的良好氛围，提高全市乃至全省的知识产权保护水平。

出台《关于对知识产权侵权行为先行发布禁令工作指引（试行）》，完善知识产权行政禁令制度。2021年6月，深圳市市场监督管理局（知识产权局）开创了行政执法领域先行制止侵权行为的先河，充分发挥了行政执法打击侵权快的突出优势，最大限度阻止侵权行为、控制侵权损失。深圳市市场监督管理局（知识产权局）在权利人摩西博德曼（加拿大籍）投诉深圳某公司涉嫌侵犯其外观专利权纠纷案中作出全国首例知识产权行政禁令决定书，并委托省、市两级"技术调查官"合议出具侵权判定咨询意见，责令被申请人立即停止在互联网平台上销售侵权产品，第一时间阻断侵权行为，办案周期缩短近两个月，为权利人挽回 30 余万元损失，有力地强化了互联网等新领域新业态的监管。

3. 继续强化知识产权司法保护

2021 年，全市法院审结一审知识产权纠纷案件 21092 件，占全国的 10%，其中有 3 件被评为全国法院知识产权典型案件。

首创"速裁+快审+精审"三梯次知识产权案件审判模式，快审案件平均审理周期比法定周期压缩两个半月，速裁案件压缩到 40.8 天，发出全国首例"先行判决+诉讼禁令"。诉讼案件赔偿额大幅提高，在"卡地亚""小米"等案件中，共判令侵权人承担惩罚性赔偿 1.25 亿元。

构建具有深圳特色的"1+2+3"技术事实查明模式，为知识产权案件提供全方位、多层次、快捷高效的技术查明服务。2021 年 6 月，深圳市中级人民法院出台《深圳市中级人民法院关于技术调查官参与知识产权案件诉讼活动的工作指引（试行）》，对技术调查官参与调查取证、勘验、保全以及参与庭审活动的具体流程和工作规范作出了具体规定，同时还规定了多元化技术事实查明机制，即"1+2+3"技术事实查明模式，即"技术调查官"+"技术背景的人民陪审员"和"外聘专家咨询委员会"+"国家知识产权局专利局广东审查协作中心"、"专家意见"和"司法鉴定"，相互交叉佐证。依托多元技术查明机制，快速解决技术争议焦点问题，查明技术事实，缩短复杂技术案件审理周期，提升知识产权案件审判质效。

（六）积极推进绿色低碳发展，司法保障水平不断提升

1. 绿色低碳发展保障作用充分发挥

2021 年，依法严惩破坏环境资源保护犯罪案件 46 件，审结一审环境资

源民事、行政案件100件。审结首宗东江流域环境民事公益诉讼案，促进流域生态环境一体化保护；审结污染茅洲河流域民事公益诉讼案，判令污染企业赔偿损失1214万元，承担惩罚性赔偿金116万元，并履行修复义务；审结某公司环境污染案。在北京市丰台区源头爱好者环境研究所、金华市绿色生态文化服务中心诉某公司环境污染民事公益诉讼一案中，开创全省适用《民法典》"绿色原则"先河。

2. "绿色检察"成效显著

树立"绿色检察指标"导向，保持打击破坏生态环境资源犯罪高压态势。环境资源类案件集中办理以来，深圳市龙岗区检察院共受理审查逮捕案件75件121人，受理审查起诉159件245人，充分彰显依法从严打击破坏生态环境资源犯罪的决心。推行"专业化法律监督+恢复性司法实践+社会化综合治理"的生态检察模式，共督促修复生态林地70亩、督促缴纳代履行费用11万元、督促缴纳行政罚款115万元。在全市率先适用调解程序、实施替代性修复方案办理环境公益诉讼案件。加强区域协作，与深惠两地五区检察院共同建立公益诉讼跨区域协作机制，加强对淡水河全流域生态资源保护。建立环资类刑事案件衔接机制，进一步规范前期证据的收集、固定和转化工作。与生态环境部门建立联动协作机制，在案件线索移送、调查取证规范、案件信息共享等方面加强衔接，提升生态环境公益诉讼质效。

3. 首个生态环境保护纠纷人民调解委员会成立

深圳市生态环境局罗湖管理局与罗湖区司法局联合成立深圳市罗湖区生态环境保护纠纷人民调解委员会，促进全区生态环境保护纠纷有效调解，化解生态环境领域信访投诉矛盾，让更多市民了解人民调解工作、加入人民调解员队伍，让纠纷双方支持人民调解、接受人民调解。

（七）完善妇女儿童权益保护体系，保障能力不断增强

1. 率先制定出台保障妇女儿童人身权益工作机制的意见

2021年7月，中共深圳市委全面深化改革委员会出台《关于建立健全深圳市妇女儿童人身权益保障工作机制的意见》。该意见从统筹机制、前端

预防、发现报告、联动处置、督查考核和工作保障 6 个方面作出一系列制度设计，深化新一代信息技术融合应用，重视跨部门联防联控、联合联动，首创智慧维权机制、联防联控机制、联合排查机制、联动处置机制，织密"市—区—街道—社区"妇女儿童服务网络，为妇女儿童提供更加便利、高效、精准的服务。

2. 出台指南推进性别平等和预防性骚扰

2021 年 1 月 15 日，深圳市妇联、市委宣传部等 7 部门联合印发了《深圳市广告性别平等审视指南》。该指南首次创建了广告性别平等审视机制，建立了审视标准，明确了涉嫌广告性别歧视的情形，填补了我国广告性别平等审视的空白。同年 3 月 24 日，深圳市妇联、教育局、公安局等 9 部门联合印发了《深圳市防治性骚扰行为指南》，细化了《民法典》防治性骚扰规定，明确性骚扰概念、表现形式、防治措施等，成为我国首个防治性骚扰工作机制的制度性文件。

3. 多措并举落实《未成年人保护法》

深圳检察院着力打造"被性侵未成年人精准保护深圳标准"、"防止校园欺凌家庭暴力深圳标准"以及"临界预防、保护处分制度"等未成年人保护系列"深圳标准"。

2021 年 2 月，光明新区被性侵未成年人的有效干预率由原来的不足 5% 提升至 70% 以上，效果明显。2021 年 9 月，"被性侵未成年人精准保护深圳标准"发布，同步上线智慧未检精准保护云服务平台系统，在全市全覆盖开展精准保护。组建全国首家"党委领导、司法主导、专业驱动、科技保障、社会协同"的司法主导型未成年人综合保护委员会，将未成年人保护工作主要职能部门全部纳入，统筹全区未成年人综合司法保护工作，下设综合保障、司法社工培育、信息化 3 个综合协调小组和涉案司法帮教保护、校园欺凌、反家暴及监护教育、未成年人健康成长环境综合治理 4 个专业协调小组，实现分级处遇、统筹保护。

深圳法院切实遵循积极、优先、亲和、关怀的审判理念，坚持未成年人利益最大化的保护原则，对于涉及未成年人切身权益的离婚、抚养、探望等民事案件，加大"有利子女"举证要求力度，加强庭前、庭中父母教育，发放《离异父母合作指南》，同时认真听取未成年子女意见。罗湖区法院制定《深圳市罗湖区人民法院家事审判未成年人询问工作指引》，规范未成年人询问工作程序的要求与注意事项，构建未成年人意见询问机制，充分保障未成年人的各项民事权利和诉讼权利。2021年6月，龙华区法院向社会公开发布《未成年人司法保护白皮书》，全面展示龙华法院在未成年人权益保护审判理念和审判机制方面的创新和尝试。

（八）着力推进前海国际法律服务建设，推动服务开放型格局发展

1. 前海法院探索粤港澳大湾区法律规则衔接

前海法院立足集中管辖深圳市第一审涉外、涉港澳台商事案件特点，深入推进涉外、涉港澳台商事审判机制改革。2021年7月，前海法院"探索粤港澳大湾区法律规则衔接"被列入国家发展改革委印发的《国家发展改革委关于推广借鉴深圳经济特区创新举措和经验做法的通知》。这种创新做法包含了"完善域外法律查明与适用体系""引入境外高端法律专业人才参与法治建设"等多个方面。

构建"专业法官+香港地区专家陪审员"的审判模式。前海法院率先建立选任香港地区陪审员、港澳台地区调解员参与涉外、涉港澳台纠纷化解和案件办理等系统规范的制度。目前选任了19名具有金融、知识产权等专业背景的香港地区陪审员，建立"专业法官+香港地区专家陪审员"的审判模式，确保涉外案件审判的公正、专业、权威。截至2021年8月，香港地区陪审员共参审案件580件，对于增强内地与香港司法互助互信、提升涉港案件审判专业水平和区际司法公信力具有积极意义。

2021年，前海法院审结涉外、涉港澳台商事案件3166件，同比上升25.83%。其中，涉外商事案件970件、涉港商事案件1911件、涉澳商事案件35件、涉台商事案件250件（见图12）。

2. 成立粤港澳大湾区国际仲裁中心，促进与粤港澳大湾区的规则衔接和机制对接

粤港澳大湾区国际仲裁中心的建设是落实综合改革试点授权清单任务的

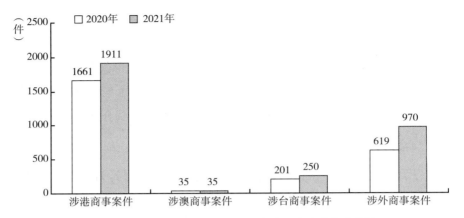

图12　2020~2021年前海法院审结涉外、涉港澳台案件情况

资料来源：《"四涉"案件收结案件统计表（统计时段：2021年1~12月）》，深圳前海合作区人民法院网站，2022年1月30日，https：//www.szqhcourt.gov.cn/webCN/list-content.html？gid=5000010&lmid=J37_0103&fw=40。

重要举措。2021年1月，深圳市委全面深化改革委员会会议审议通过《关于建设粤港澳大湾区国际仲裁中心的改革方案》。为积极落实深化与港澳的合作，发挥国际商事仲裁跨境管辖、跨境执行的特殊作用和深圳经济特区的核心引擎功能，促进与粤港澳大湾区的规则衔接和机制对接。目前，已有6家港澳机构确定入驻位于河套深港科技创新合作区的粤港澳大湾区国际仲裁中心交流合作平台。在深圳市政府和香港特别行政区政府的支持下，一邦国际网上仲调中心（eBRAM）、华南（香港）国际仲裁院（SCIA HK）、德辅大律师事务所（Des Voeux Chambers）作为首批引入的香港机构在2021年9月6日的深港合作会议上正式签约进驻，立足平台，服务深港制度、机制和规则的互认、共生、衔接与融合，共享粤港澳大湾区发展机遇。①

三　2022年的展望与建议

2022年，深圳应当始终坚持以习近平法治思想为指导，紧扣建设法治

---

①　"深圳国际仲裁院"官方微信公众号，2021年9月7日发布。

先行示范城市的战略目标,强化《意见》的实施落地,积极探索具有中国特色的法治建设模式和路径,努力打造法治先行示范城市。

(一)加强高质量立法供给,发挥立法引领、保障作用

1. 立足先行示范区战略定位,加强高质量立法供给

聚焦深化改革开放的需要,促进立法在经济社会发展中发挥保障作用,尤其是深化在要素市场化配置、市场化法治化国际化营商环境、科技创新、创新链产业链融合发展、高水平开放型经济、民生服务供给、生态环境和城市空间治理、超大型城市风险治理等重要领域和在数字经济、人工智能、智能网联汽车管理、无人驾驶、大数据、信息安全、生物医药等新兴领域的立法探索与创新,形成一批可推广可复制的立法成果,为其他国家和地区立法提供经验。

2. 完善立法与改革决策相衔接的工作机制,确保法治和改革实现良性互动

对实践已经证明的比较成熟的改革经验和行之有效的改革举措要尽快上升为法律;对部门间争议较大的立法事项,要加快推动和协调;对实践条件还不成熟,需要先行先试的,要按照法定程序作出授权,对不适应改革要求的法律法规要及时修改废止。根据《深圳建设中国特色社会主义先行示范区综合改革试点实施方案(2020—2025年)》,在上报每批授权事项需求清单的同时,梳理提出批量式修改或者调整法律、行政法规实施的方案,按程序报请国家有关机关作出决定,在法治轨道上推进全面深化改革。

3. 创新民主立法工作机制,更好践行全过程人民民主

加强移动互联网、大数据等技术在立法征求意见工作中的推广运用,现有政务服务 App、小程序同步上线"立法征求"板块,形成"线上线下"模式,尤其是涉及民生或者重大公共利益的法规、规章及重要行政规范性文件,应召开线上征求意见会或者听证会听取公众意见,提高人民群众参与的便利性和积极性。完善立法联系点工作制度。一方面,增加立法联系点的数量,扩大覆盖面;另一方面,提高立法联系点的质量,提高立法参与的质量与效果。

（二）着力推进法治政府建设，打造一流营商环境

1. 围绕放宽市场准入，减少事前审批，加强事中、事后监管

坚持法规、规章原则上不再新设行政许可事项。持续优化许可事项，对涉及市场主体的许可事项，依法采取取消审批，或将审批改为备案、告知承诺等方式，推进审批服务标准化，提高审批效率。持续优化行政许可条件，及时清理与许可目的不相适应和非必要的行政许可条件。

2. 继续创新和完善"智慧+监管""信用+监管"

建立以信用为基础，以"智慧+监管"为统领，以"双随机、一公开"为基本手段，衔接事前、事中、事后环节的监管机制。通过大数据、物联网等手段探索创新重塑监管方式，大力推行远程监管、移动监管、预警防控等非现场监管，提升涉企监管的有效性和精准性。通过信用评价、信用评级设立"信用门槛"，对市场主体进行动态信用管理，发挥信用监管的准入筛选作用，采取分类监管措施。完善失信惩戒制度，制定失信惩戒具体办法，分级分类规定惩戒措施。

3. 规范涉企行政执法行为

推动行政机关之间监管标准互通、执法信息互联、处理结果互认，推动日常监督检查合并进行，减少上门监管，对守法者"无事不扰"。实行包容审慎监管，倡导"7 分服务、2 分管理、1 分执法"的工作方法，优先采取说服教育、劝导示范、行政指导等柔性手段纠正违法行为，推动对市场领域的轻微违法行为依法不予行政处罚清单的全面落实。进一步规范基层执法行为和行政权处罚裁量权，制定行政处罚自由裁量的具体标准，并结合实际进行动态管理。

4. 拓宽"深 i 企"平台的服务领域和服务范围

利用大数据技术、人工智能技术与用户电子证照技术等，主动归结、研判市场主体办事诉求和办事难点，及时准确地提升"深 i 企"平台的服务质量，扩展服务功能，打造集政策、政务、诉求、数据、金融、科技、特色、第三方服务等多种涉企服务于一体的综合服务平台，实现"政策一站通、诉求一键提、业务一窗办、服务一网汇"的服务目标，使"深 i 企"成为服务企业、联系企业的重要平台，成为重要的服务品牌，提升企业办事的便利度、体验度和满意度。

5.继续推进企业合规建设

推广企业首席合规官制度，充分发挥公司律师、法律顾问在依法治企中的作用。联合开展企业合规官认定和培训工作，推动企业合规师管理培训示范基地落户深圳。探索建立企业合规地方标准认证体系，打造一批合规建设示范点。积极搭建企业合规服务平台，为企业提供风险预警、政策咨询、合规交流等服务，指导重点企业开展内部反垄断合规建设。

（三）强化需求导向，加快公共法律服务体系建设

1.推进公共法律服务供给质效提升

强化互联网、大数据等技术在公共法律服务领域的应用，提高"深圳市公共法律服务地图"数字化水平，实现实体平台、热线平台、网络平台融合发展，努力做到公共法律服务全覆盖。建立公共法律服务评价制度，强化后台数据统计与评估体系建设，提升公共法律体系供给水平和服务效果。编制深圳市公共法律服务事项清单，明确政府直接提供或者通过市场机制提供公共法律服务的范围，构建"政府主导、社会参与、政策激励"的公共法律服务供给模式，更好地满足人民群众的法律服务需求。

2.推进普法工作高质量发展

充分调研摸清市民对普法工作的需求，根据不同普法对象，明确普法目标与内容，分别制定普法清单。调动法官、检察官、律师等法律工作者的积极性，不断加强市、区、街道、社区普法讲师团队伍建设与管理，建立普法讲师团成员的星级评定机制，提高普法质量与效果。同时结合实际需要，加强涉外普法工作。

3.推进法律援助工作机制创新发展

建立市、区两级法律援助志愿律师库，并根据援助案件进行分类，成立援助律师专业委员会，同时定期开展系列培训，提升法律援助案件办理的专业性。推进各区建立法律援助机构主动参与劳动争议案件的工作机制，切实

发挥法律援助在劳动争议案件中的作用；充分利用公共法律服务线上线下实体平台，做好法律援助进社区、进园区。强化物质奖励与精神奖励并重，探索建立法律援助事项补贴标准动态调整机制。

（四）推进国际法律服务中心和国际商事争议解决中心建设，助力深圳更高水平改革开放

2021年9月6日，中共中央、国务院印发了《全面深化前海深港现代服务业合作区改革开放方案》，该方案对前海建设国际法律服务中心和国际商事争议解决中心提出了具体的要求和目标。前海应充分发挥毗邻港澳的区位优势，围绕"一带一路"倡议、自贸试验区建设、粤港澳大湾区、深圳先行示范区建设等部署，出台支持国际法律服务中心和国际商事争议解决中心建设的扶持政策，在机构落户奖励、租金扶持、活动支持、人才引进等方面给予保障。积极搭建涉外、涉港澳交流合作平台，充分拓展涉外、涉港澳法律服务领域，不断提升涉外、涉港澳法治人才能力，为深圳更高水平改革开放提供坚实的法治保障和优质的法律服务。

1. 积极搭建涉外、涉港澳交流合作平台

坚持对话协商、共建共享、合作共赢、交流互鉴，法治交流合作平台对内助力借鉴法治建设有益经验，对外有利于深化各国法治文明互信互助。前海应在搭建国际法治交流合作平台中起到引领示范作用，将政府推动、机构搭台、业者参与等方式相结合，推动搭建务实多样的平台，为开展常态化、制度化的涉外、涉港澳法治交流合作提供有效载体和渠道。通过合作方式引入一批境外知名仲裁等争议解决机构进驻前海合作区，就涉外商事、海事、投资等领域发生的民商事争议开展仲裁业务。

2. 充分拓展涉外、涉港澳法律服务领域

贯彻落实中央关于涉外法治工作部署，全面推进涉外法律服务业发展和体系化建设，应充分拓展涉外法律服务领域，建立健全涉外商事纠纷诉讼、仲裁、调解、法律服务有机衔接机制，坚持"引进来"和"走出去"相结合，更好地满足高水平对外开放需求。

3. 不断提升涉外、涉港澳法治人才能力

涉外、涉港澳法治人才培养是涉外、涉港澳法治建设的重要基础和保障，打造粤港澳大湾区涉外法治建设高地，需要培养具备全球视野，通晓国际规则，精通涉外、涉港澳法律的法治人才。前海应重视涉外、涉港澳法律服务人才培养，采取措施加大涉外、涉港澳律师人才培养力度，努力提升前海律师队伍的国际竞争力。

参考文献

《习近平法治思想概论》，高等教育出版社，2021。

《论坚持全面依法治国》，中央文献出版社，2020。

徐显明：《论坚持建设中国特色社会主义法治体系》，《中国法律评论》2021年第2期。

王伟中：《奋力建设中国特色社会主义法治先行示范城市　努力打造习近平法治思想的生动实践地和精彩演绎地》，《习近平法治思想研究与实践》（专刊）2022年第1期。

王建学：《改革型地方立法变通机制的反思与重构》，《法学研究》2022年第2期。

王伟玲：《中国数字政府绩效评估：理论与实践》，《电子政务》2022年第4期。

韩立余：《涉外关系治理的法律化与中国涉外法律实施》，《吉林大学社会科学学报》2022年第2期。

广东省深圳市南山区人民检察院、深圳大学合规研究院联合课题组：《企业合规建设的"一案一议"模式——基于深圳市南山区人民检察院实践的分析》，《中国检察官》2021年第23期。

法治先行示范城市建设

Construction of Pilot Demonstration City of Law-based Governance

B.2
法治先行示范城市建设的实践与思考

张　京*

摘　要： 党的十八大报告作出了全面推进依法治国的重大决策，党的十八届四中全会通过的《中共中央关于全面推进依法治国若干重大问题的决定》展现了以习近平同志为核心的党中央全面推进依法治国的顶层设计和战略部署。近年来，党中央、国务院出台了一系列支持深圳跑出"加速度"的政策文件，既高度肯定了深圳在法治建设方面取得的成就，也针对新时代新形势明确了新任务新要求。本报告从法治城市建设视角对习近平法治思想进行解构，对深圳经济特区建立40余年间，特别是近年来开展法治城市建设的主要成就进行梳理和总结，并对新形势新要求下深圳如何高质量推进法治先行示范城市建设进行思考和展望。

关键词： 习近平法治思想　法治先行示范城市　深圳

* 张京，武汉大学法学博士研究生，深圳市人大常委会办公厅机关党委（人事处）副处长，主要研究方向为法治建设、特区立法。

城市，作为国家发展的重要单元，在推进全面依法治国战略中发挥着举足轻重的作用。改革开放 40 余年来，从改革创新的"探路者"，到新时代的"示范区"，深圳在法治城市建设方面一直走在前列，取得的成绩也有目共睹。深圳法治城市建设的示范性作用，不仅引领国内法治城市的建设进程，也立足全球视野，为其他城市提供中国特色社会主义法治建设的有益成果和宝贵经验。因此，回顾深圳法治城市建设的发展历程、总结深圳法治发展的经验成就，对深圳更好的作为法治城市示范引擎的发展，具有十分重要的意义。

一 法治城市建设的理论基石：习近平法治思想

"法治兴则国兴，法治强则国强。"[①] 鉴于基本政治制度的差异、社会发展初衷和目标的差异，中国法治城市是在法治中国建设的基本框架下发展起来的，走的是中国特色社会主义法治道路，与西方法治城市的建设和发展有着本质的不同。中国共产党成立 100 多年来，领导人民群众不断创新探索，中国特色社会主义制度和法律制度在坚持中完善、在发展中壮大，成为当代中国经济社会发展进步的重要保障。党的十八大以来，以习近平同志为核心的党中央深刻阐释了中国特色社会主义法治建设的一系列重大理论和实践问题，2020 年 11 月召开的中央全面依法治国工作会议将习近平法治思想明确为全面依法治国的指导思想。习近平法治思想内涵丰富、论述深刻、逻辑严密、系统完备，是马克思主义法治理论中国化的最新成果，是全面依法治国的根本遵循和行动指南[②]，也是我国推进法治城市建设的指导思想。

---

① 《中共中央印发〈法治中国建设规划（2020—2025 年）〉》，中国政府网，2021 年 1 月 10 日，http：//www.gov.cn/zhengce/2021-01/10/content_ 5578659. htm。

② 《用习近平法治思想引领法治中国建设》，《中国法学》2021 年第 1 期。

（一）坚持党的全面领导，明确法治城市发展方向

习近平总书记指出："我们必须牢记，党的领导是中国特色社会主义法治之魂，是我们的法治同西方资本主义国家的法治最大的区别。"① 法治城市的建设是全面依法治国框架下的重要组成部分，首要的就是应当坚持党的全面领导。法治作为城市发展的总纲领，决定着城市的整体发展方向，无论是创新城市、改革城市、文明城市、智慧城市还是国际化城市，都需要明确的方向和正确的制度体系引领。而这个方向的把握，就需要坚持党的全面领导，党的高屋建瓴和前瞻视野是把握城市正确发展方向的核心和关键，也是城市法治建设进程中探索地方特色和创新的基础。深圳作为中国拥有常住人口超过1000万的超大城市②，承载了巨大人口和肩负了经济发展重任。由于资源禀赋的局限性、环境容量的有限性、人口结构的多样性、空间结构的复杂性等一系列问题，深圳的建设、发展和治理的难度都十分大。法治作为城市发展的总纲领，只有在全面坚持党的领导的前提下，才有可能沿着一个可持续发展的方向发展。深圳，作为法治城市建设的典型，从无到有的每一步，都是在中国共产党的全面引领之下。因此，必须把党的领导贯彻到法治城市建设的全过程各方面，确保法治工作的正确方向，从而确保城市的发展方向。

（二）坚持中国特色社会主义法治道路，打造中国特色社会主义法治城市示范

法治城市示范的实质，是建设具有中国特色的法治城市示范，为中国法治城市的建设和发展提供中国智慧。习近平总书记明确指出："全面推进依

---

① 《在省部级主要领导干部学习贯彻党的十八届四中全会精神全面推进依法治国专题研讨班上的讲话》，载中共中央文献研究室编《习近平关于全面依法治国论述摘编》，中央文献出版社，2015。

② 《经济社会发展统计图表：第七次全国人口普查超大、特大城市人口基本情况》显示，超大城市包括上海、北京、深圳、重庆、广州、成都和天津。

法治国必须走对路。要从中国国情和实际出发，走适合自己的法治道路，决不能照搬别国模式和做法，决不能走西方'宪政'、'三权鼎立'、'司法独立'的路子。"① "中国特色社会主义制度是中国特色社会主义法治体系的根本制度基础，是全面推进依法治国的根本制度保障。中国特色社会主义法治理论是中国特色社会主义法治体系的理论指导和学理支撑，是全面推进依法治国的行动指南。"② 中国法治城市的发展，不同于西方法治城市的发展。基于基本政治经济制度体系的差异，第一要立足中国的实际国情、找到中国路径，这是运用法治解决中国问题的基础；第二要坚持"社会主义"要求，全面依法治国必须发扬社会主义优势，克服资本主义弊病、不走资本主义路子。③ 其实质是走一条符合中国国情的道路，但同时需要明确和注意的是，坚持走中国特色的法治城市建设道路，意味着统筹法治城市建设的共性和中国特色的个性、学习和借鉴世界上优秀法治文明的成果，是其中的重要一环。

（三）坚持党的基本方略，在全面依法治国框架下推进依法治市

坚持全面依法治国是新时代坚持和发展中国特色社会主义的基本方略，在"五位一体"总体布局和"四个全面"战略布局中具有基础性、引领性、支撑性作用。④ 在 2020 年 11 月召开的中央全面依法治国工作会议上，习近平总书记提出了"十一个坚持"，⑤ 这为深圳加快建设中国特色社会主义法治先行示范城市提供了根本遵循。全面依法治市必须将法治道路贯穿到立

---

① 《在中央全面依法治国委员会第一次会议上的讲话》，载《论坚持全面依法治国》，中央文献出版社，2020。

② 《习近平关于〈中共中央关于全面推进依法治国若干重大问题的决定〉的说明》，习近平系列重要讲话数据库网站，2014 年 10 月 29 日，http://jhsjk.people.cn/article/25927958。

③ 周叶中、闫纪钢：《论习近平法治思想的原创性贡献》，《中共中央党校（国家行政学院）学报》2021 年第 6 期。

④ 王晨：《习近平法治思想是马克思主义法治理论中国化的新发展新飞跃》，《中国法学》2021 年第 2 期。

⑤ 《坚定不移走中国特色社会主义法治道路 为全面建设社会主义现代化国家提供有力法治保障》，《求是》2021 年第 5 期。

法、执法、司法和全民守法的各个环节，必须将法治城市、法治政府和法治社会融合统筹。这意味着，依法治市的内涵包括建设完备的法律规范体系、建设严格规范公众文明的执法体制、建设公正权威的司法制度、健全高效的法治实施体系和全民守法的激励约束机制等。而这一切的前提是建设党统一领导、全面覆盖、权威高效的法治监督体系，并健全权力运行的制度监督体系。[①] 值得注意的是，在开展法治先行示范城市的建设时，全面依法治国框架下的全面依法治市，要坚持改革和法治的统一与协调。这意味着要坚持重大改革于法有据，成熟的改革经验和行之有效的改革举措要尽快上升为法律法规，以法治的稳定性和强制力保障改革方案的有效推行和落地。[②]

（四）坚持保障人民权益，把"以人民为中心"的发展思想贯穿于依法治市的全过程

习近平总书记指出，"全面依法治国最广泛、最深厚的基础是人民，必须坚持为了人民、依靠人民"，"推进全面依法治国，根本目的是依法保障人民权益"。[③] 这些重要论述深刻揭示了社会主义法治理念的本质属性，回答了法治建设为了谁、依靠谁的根本问题。坚持"以人民为中心"的发展思想，是贯穿习近平新时代中国特色社会主义思想的一条主线，是习近平法治思想的根本立场。推进法治先行示范城市建设，必须站稳人民立场，着力解决好法治建设中群众反映较为集中、较为强烈的问题，用法治保障高质量发展、高水平治理、高品质生活，努力让人民群众在每一项法规制度、每一宗司法案件、每一项执法决定中都感受到公平正义。

二　中国特色社会主义法治先行示范城市建设的实践

建市 40 多年间，深圳的法治城市建设历程和市场经济的建立、发展、

---

① 徐显明：《论坚持建设中国特色社会主义法治体系》，《中国法律评论》2021 年第 2 期。
② 江必新、李洋：《习近平法治思想关于法治中国建设相关论述的理论建树和实践发展》，《法学》2021 年第 9 期。
③ 《新时代全面依法治国学习问答》，党建读物出版社，2021。

完善与改革创新一路前行，可以说深圳的经济发展、机制体制改革和科技创新倒逼着深圳的法治建设，同时深圳的法治建设一路为市场经济的转型与发展、产业发展与科技创新、社会治理与改革的深入开展保驾护航。党的十八大以来，深圳以拥有的双立法权为抓手，始终坚持在法治建设领域开拓创新，为深圳经济特区走创新城市、改革城市、文明城市、智慧城市、国际化城市建设的道路保驾护航。总结深圳过去 40 多年的法治发展历程，特别是《中共中央、国务院关于支持深圳建设中国特色社会主义先行示范区的意见》（以下简称《先行示范区意见》）出台之后在法治城市建设方面取得的成果，对推动深圳在更高起点上打造法治先行示范城市，具有重要的理论和实践意义。

（一）着力构建顶层设计，充分发挥立法对改革的引领、推动、规范和保障作用

深圳自 1992 年被授予特区立法权以来，大胆借鉴国际惯例和国内先进经验，突出先行性、试验性和创制性的特点，充分发挥特区立法"试验田"的作用，制定了一系列法规和政府规章（截至 2022 年 4 月 20 日，累计制定法规 255 项、政府规章 339 项，其中党的十八大以来制定法规 49 项、政府规章 64 项），形成了与国家法律体系相配套、与国际惯例相衔接、与深圳经济社会发展相适应的法规制度框架。在开展地方立法工作时，深圳始终牢牢把握"符合中央政策"和"遵循宪法的规定以及法律和行政法规的基本原则"[①] 等前提，对重大改革需要立法授权的，认真做好请示汇报工作；在行使设区市立法权时，准确把握地方立法权限。近年来，深圳聚焦各项重大战略，先后出台了城市更新条例、个人破产条例、绿色金融条例等法规，充分发挥了立法对改革的引领、推动、规范和保障作用；以全国首批党内法规制定试点城市建设为契机，制定出台了《中国共产党深圳市街道工作委员会工作规则（试行）》《深圳市社会组织党的

---

① 《全国人民代表大会常务委员会关于授权深圳市人民代表大会及其常务委员会和深圳市人民政府分别制定法规和规章在深圳经济特区实施的决定》，《中华人民共和国国务院公报》1992 年第21 期。

建设工作规定（试行）》等党内法规，为探索建立地方性党内法规制定的工作机制提供了"深圳经验"①。

（二）推动法治政府建设，将依法行政贯穿于法治城市建设各方面

改革开放40余年来，深圳作为经济特区建设的一面旗帜，不仅在经济发展、科技创新、社会建设等方面始终走在全国前列，在法治政府的建设方面也得到广泛认可。近年来，在全国范围内的法治政府评比中，深圳屡获佳绩——在全国百城法治政府评估中连续三年名列前茅、六年五次获评中国法治政府奖、荣膺首批"全国法治政府建设示范市"称号等。近年来，深圳通过一系列政府行政行为的规范化，不断厘清政府的权力边界。例如，率先推出并持续完善"法治政府建设指标体系"，建设全国首个法治政府信息平台，确定重大行政决策程序和决策过程记录制度，开展街道综合行政执法改革等。此外，通过制定出台《深圳市人民政府重大行政决策合法性审查办法》，严格履行行政决策合法性审查程序。自2020年11月开始，深圳正式实施"1+3+3"市委法律顾问制度，结合已经设立20余年的政府法律顾问的运作体制，实现了行政机关内部从事法律事务的公务员与外聘政府法律顾问之间的优势互补，推动行政决策的科学化、民主化、合法化再上新台阶。

（三）构建一流司法文明环境，努力优化更加公平正义高效的司法环境

构建一流司法文明环境是深圳在法治城市建设中一以贯之的目标理念。从在全国率先出台《落实司法责任制工作指引》，通过制度进一步保障司法责任制落实到位，到实施全口径、系统化案件繁简分流改革，推动全市基层法院精简机构幅度达20%，再到率先启动"捕诉一体"办案模式改革，出台《关于充分发挥检察职能加强人格权司法保护的意见》等，深圳始终坚

---

① 王伟中：《奋力建设中国特色社会主义法治先行示范城市　努力打造习近平法治思想的生动实践地和精彩演绎地》，《习近平法治思想研究与实践》（专刊）2022年第1期。

持以一流的司法文明引领法治文明、助推城市文明。自 2017 年 12 月起，深圳先后设立金融法庭、破产法庭、知识产权法庭，在全国率先实施个人破产制度、知识产权"三合一"审理机制，在扎实推进司法责任制、法官检察官职业保障等重点改革的同时，全面铺开司法体制综合配套改革和以审判为中心的刑事诉讼制度改革等，深圳中院审结案件数由 2012 年的 17.8 万件跃升至 2021 年的 53.1 万件，一审判决案件、生效案件发改率分别降至 3.4% 和 0.7‰。坚持审慎善意文明司法，深圳检察系统创造性开展企业合规改革试点工作，持续推动降低审前羁押率。截至 2021 年底，市、区两级检察机关一共办理企业合规案件 60 件，在广东省企业合规案件总数中占比超过八成，在全国企业合规案件总数中占比近一成。

（四）积极优化法治环境，提升社会治理领域的公众法治获得感

深圳通过制度构建、平台搭建等方式，拓展公众参与法治建设的深度和广度。深圳制定修改政府规章均按程序向社会公开征求意见，在市长签署法规议案或者发布规章的政府令后，通过政务网站统一反馈公众意见采纳情况；通过探索微信立法听证、完善政府立法联系群众机制、发放调查问卷等方式，动员社会各方面力量参与政府立法工作，提高公众参与度。2019 年党的十九届四中全会首次提出"加快推进市域社会治理现代化"以来，深圳坚持以顶层设计加快推动市域社会治理新格局的构建，通过制定《关于在营造共建共治共享社会治理格局上走在全国前列的工作方案》和《深圳市推进市域社会治理现代化三年（2020-2022 年）行动方案》等规范性文件，将整体方案细化为 16 大项 45 小项工作任务，通过该推进市域社会治理现代化具体工作要求的细化，明确了推动一批市域社会治理重点项目落地落实，工作势头和成效良好，特别是明确了以政治引领、自治夯基、法治保障、德治先导、智治支撑的"五治融合"为牵引，充分运用法治思维和法治方式解决社会治理的疑难杂症，改进社会治理的方式方法，实现政府、社会、居民共治的良性互动，越来越多市域治理的"深圳样本"不断涌现。

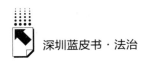

（五）全面推进改革创新，努力打造市场化、法治化、国际化一流营商环境

良好的营商环境是一个城市提高综合竞争力的重要内容，也是《先行示范区意见》五大战略定位之一的"法治城市示范"中的明确目标。为了满足优化营商环境改革这一"一号改革工程"的现实所需，深圳及时出台了《深圳经济特区优化营商环境条例》，对标国际先进做法，明确了鼓励社会第三方机构参与公平竞争审查等一系列制度设计，并逐步配套推进《深圳经济特区人工智能产业促进条例》等十大营商环境前瞻性立法。营商环境改革"20条"从 2018 年出台开始，一年一版，密集调研、动态调整，到 2021 年已更新至贴近市场需求、切中企业需要的 4.0 版。推动政务信用信息试点应用，完善政务失信惩戒机制，深圳公务员"信用档案"功能于 2020 年 5 月 29 日正式上线运行，该功能可进行深圳市重点单位及区政务诚信建设评估，开展政务领域重点失信问题治理。目前，深圳全部政务服务事项实现"最多跑一次"，商事主体数量、创业密度均居全国第一，深圳市网上政务服务能力连续蝉联全国重点城市首位。深圳市出台首个知识产权民事侵权纠纷相关的惩罚性赔偿工作指引，在 2020 年 12 月作出全国首例专利案件中的"先行判决＋临时禁令"裁判，有效破解知识产权侵权救济不及时的难题。2021 年 4 月，深圳市第七次党代会报告中提出，未来 5 年深圳"稳定公平透明、可预期的国际一流法治化营商环境基本形成"，相信这一目标必将如期达成。

（六）树立先行法治标杆，率先健全涉外、涉港澳法治交流合作机制

在深化改革开放进程中，深圳作为粤港澳大湾区的核心引擎城市，承担着特殊的使命和特别的期望。深圳充分发挥前海深港现代服务业合作区特殊区域平台优势，贯彻"依托香港、服务内地、面向世界"的发展理念，率先开展中国特色社会主义法治示范区建设，形成 150 多项法治创新成果，为法治先行示范城市建设积累了宝贵经验。近年来，一些涉外、涉

港澳方面的交流合作机制在深圳陆续建立，工作亮点突出、富有成效。例如，在全国率先实行以法定机构为主导的法治化区域治理模式，出台了中国自贸区首份法治建设专项规划纲要，并先后推动全国首个国际仲裁海外庭审中心、首个粤港澳联营律师事务所、最高人民法院第一巡回法庭、第一国际商事法庭、粤港澳大湾区国际仲裁中心等落户；积极推行相关衔接的调解和陪审等制度，探索开展的外国法律查明机制，"诉调对接"、"调仲对接"多元化纠纷解决机制等经验做法在全国复制推广，稳定透明的涉外、涉港澳法治交流合作机制正在逐步确立，公平可预期的良好法治环境正加速形成。

三　新形势下推进法治先行示范城市建设的思考

近年来，党中央、国务院出台了一系列支持深圳跑出"加速度"的政策文件，既高度肯定了深圳在法治建设方面取得的成就，也针对新时代新形势明确了新任务新要求。具体而言，2019 年 8 月印发的《先行示范区意见》，在肯定深圳作为经济特区和改革开放的重要窗口所取得成绩的同时，对其在"法治城市示范"方面提出了"全面提升法治建设水平，用法治规范政府和市场边界，营造稳定公平透明、可预期的国际一流法治化营商环境"的具体要求。2020 年 10 月，中共中央办公厅、国务院办公厅印发了《深圳建设中国特色社会主义先行示范区综合改革试点实施方案（2020—2025 年）》，进一步明确了"法治"的功能，其中明确"充分发挥市场在资源配置中的决定性作用，更好发挥政府作用，推进改革与法治双轮驱动"，即深圳法治城市的示范效应，更集中在与改革共同产生的双轮驱动效益，以法治服务经济和城市可持续发展。2021 年 5 月，中央全面依法治国委员会印发《关于支持深圳建设中国特色社会主义法治先行示范城市的意见》（以下简称《法治先行示范城市意见》），提出深圳要"经过五到十年不懈努力，率先基本建成法治城市、法治政府、法治社会，努力将深圳打造成为新时代中国特色社会主义法治城市典范"。

深圳建设中国特色社会主义法治先行示范城市是党中央为进一步深化改革开放战略擘画的伟大蓝图，是建设社会主义法治国家的重要探索、支持"双区"建设的重要举措、实施深圳综合改革试点和全面深化前海深港现代服务业合作区改革开放的重要支撑，也是推动城市治理体系和治理能力现代化的重要路径。站在开启向第二个百年奋斗目标进军的历史新起点上，深圳如何进一步深入学习贯彻习近平法治思想，准确把握建设中国特色社会主义法治先行示范城市的总体要求，找准"国家所需"和"深圳所能"的交汇点，系统谋划、高质量推进法治先行示范城市建设是摆在深圳经济特区法治工作者面前的一个重大课题。

（一）科学立法，不断完善前瞻、创新的制度体系

随着《先行示范区意见》和《法治先行示范城市意见》的出台，国家对深圳提出了新任务新定位。下一步，在立法工作方面，深圳要不断健全和落实党领导立法工作的制度机制，用足用好经济特区立法权，以高质量立法推动高质量发展，立足深圳改革开放、创新发展需要，统筹立改废释纂，遵循立法工作程序、严守立法权限，加强重要领域和新兴领域立法，探索开展"小切口""小快灵"立法，切实以良法引领改革、推动发展、保障善治。要提升立法的精细化、精准化水平，时间服从质量、数量服从质量，健全立法立项论证、重大立法社会稳定风险评估、常态化立法后评估等机制，推动基层立法联系点"扩点提质"，尽最大努力保障人民群众的知情权、参与权、表达权和监督权，让立法真正聚焦群众所需所想、所急所盼。

（二）依法行政，着力建设执法严明的法治政府

探索行政执法标准化、协作化，实现全面依法行政应当是深圳法治先行示范城市建设中持续努力的方向。一方面，要进一步优化市、区、街道三级行政职能，完善政府权责清单，构建简约高效的基层管理体制，全面推进公共服务与社会管理"区街联动、分级处置"机制，用法治给行政权力定规

矩、划界限，推动更多资源、服务、管理向基层倾斜。另一方面，要把持续规范行政执法行为和全面深化行政权力监督结合起来，推进行政执法行为标准化、流程信息化，提升行政执法品质，规范做好行政执法流程记录，加快行政复议工作规范化、专业化、信息化建设，实现执法全过程动态、留痕和可回溯管理；严格执行重大行政决策出台前的各项程序规定，做好法律咨询、社会稳定风险评估等。

（三）公正司法，持续营造公平正义的法治环境

2020 年 11 月，《最高人民法院关于支持和保障深圳建设中国特色社会主义先行示范区的意见》发布，该意见提出优化营商环境司法保障机制、加大知识产权保护力度、深化破产制度改革等一揽子支持保障措施。以此为遵循，深圳要在深化诉讼改革方面深入探索——民事方面，在前期进行小额诉讼程序和独任制审判适用范围探索的基础上，深化繁简分流和快速处理机制改革，着力解决积案难题，努力实现分流减负；刑事方面，贯彻"少捕、慎诉"原则，继续推进刑事合规改革试点，探索完善公益诉讼制度，切实让司法工作守护"大民生"；司法体制综合配套改革方面，深入推进执行难综合治理、源头治理，加快形成"多元共治、联动共享"执行工作格局，探索建立类案强制检索报告和民事行政诉讼监督、羁押必要性审查等制度。同时，要大力推进审判、检务、警务、狱务公开，通过搭建平台推动案件信息数据共享，健全对司法程序的常态化、全流程监督。

（四）强化治理，逐步构建市域社会治理新格局

2021 年 11 月，第四次市域社会治理现代化试点工作交流会在北京召开，会议提出要学习贯彻党的十九届六中全会精神，推动"智治"在市域社会治理现代化中发挥重要支撑作用。"智治"是社会治理现代化的重要方式，是体现新科技革命的重要标志，也是提升党委和政府社会治理科学决策能力的有益路径。深圳近年来在探索"智治"方面先行先试，部分有益举措已经顺利走出"试验期"，正在逐步铺开使用。下一步，运用系统思维健

全基层社会治理机制，打造市域社会治理智治平台，织密采集数据的网络，加强数据综合采集和数据共享，力争实现政府治理同社会调节、居民自治良性互动；推动从依靠经验决策向依靠大数据决策转变，特别是在新冠肺炎疫情防控应对、极端天气预警、社区基层治理等重要时间节点，持续增强风险的提前警示、趋势判断、应急处置能力。要健全生态环境法治保障机制，坚持以最严格的制度、最严密的法治保护生态环境，加快制定实现碳达峰、碳中和目标的路径，加大执法监管和司法保护力度，构建市域协同治理机制，形成全社会共同推进环境治理的良好格局。

（五）突出保障，推动形成国际一流的营商环境

在优化营商环境方面，深圳要持续深化"放管服"改革，进一步缩减市场准入负面清单，开展"一业一证"改革试点，推广"一件事一次办"模式，建立"接诉即办"涉企咨询投诉工作机制，加快"i深圳"平台中"深i企"的后期建设，为深圳经济特区政务服务迈上新台阶做好技术支持。要加大《深圳经济特区优化营商环境条例》的执行监督力度，确保各项制度规定落实落地，持续营造公平竞争的市场环境，激发各类市场主体活力。要积极推动《中华人民共和国民法典》全面准确适用，持续构建最严格的知识产权保护体系，实施最严格的知识产权保护制度，探索建立专利快速预审机制、海外知识产权纠纷应对机制等，真正为创新者撑腰鼓劲，让侵权者寸步难行。

（六）互助互利，完善涉外、涉港澳法治合作机制

随着粤港澳大湾区建设的深入推进，涉外、涉港澳法治交流合作必将越来越频繁，不同法系之间的法律冲突解决需求也必将越来越迫切。在持续推进《横琴粤澳深度合作区建设总体方案》《全面深化前海深港现代服务业合作区改革开放方案》实施的基础上，进一步加强与港澳和域外法治领域交流合作，更好地服务国家发展大局是下一步工作的核心方向。要全力打造国际商事争议解决枢纽城市，健全与国际商事争议解决相适应的管辖制度和诉

讼规则，拓展国际仲裁业务领域，加强域外法律查明平台、前海深港国际法务区、国际法律服务中心和国际商事争议解决中心的建设。持续深化粤港澳合伙联营律师事务所试点改革，提升深圳律师队伍国际化水平。要全力促进涉外、涉港澳法治交流合作，积极开展相关法治交流活动，努力传播好中国法治好声音。

B.3
2021年深圳营商环境优化研究报告

李朝晖　赵　丹　陈火星*

摘　要： 《深圳经济特区优化营商环境条例》于2021年1月1日正式实施，为营商环境进一步优化改革提供法治保障。企业反馈与感受是营商环境改革效果的重要体现。企业问卷调查显示，企业对深圳营商环境的综合满意度高，普遍认为营商环境改革政策落实情况、实施效果较好，法治环境好成为深圳吸引企业投资、留住企业经营的最重要原因。作为国家营商环境创新试点城市，深圳要继续聚焦市场主体关切与需求，打造稳定、可预期的营商市场环境，打造精准高效的政务服务与监管环境，打造透明、公平的法治环境，同时构建科学的营商环境评估指标体系，强化评估与反馈，推进政策高标准落地落实。

关键词： 优化营商环境　营商环境改革　企业满意度　深圳

党中央、国务院高度重视优化营商环境。习近平总书记多次作出重要指示，营造稳定公平透明、可预期的营商环境。率先加大营商环境改革力度，是习近平总书记赋予深圳等特大城市的光荣使命，深圳市委、市政府积极贯彻实施国家营商环境优化工作部署，以建设市场化、法治化、国际化一流营

---

* 李朝晖，深圳市社会科学院政法研究所所长、研究员，主要研究方向为经济法、地方法治、信息法；赵丹，深圳市社会科学院政法研究所助理研究员，主要研究方向为国际商法、国际经济法；陈火星，深圳市社会工作者协会秘书长助理兼社工服务部主任，中级社工师，中级统计师。

商环境为目标，持续加大营商环境改革力度，特别是 2018 年以来，深圳一直将优化营商环境改革作为"一号改革工程"，坚持对标最高最好最优，聚焦市场主体需求，持续推进优化营商环境改革，积极探索营商环境优化路径。2021 年 1 月 1 日，《深圳经济特区优化营商环境条例》正式实施，4.0 版营商环境政策启动。

一 深圳营商环境优化的基本路径及成效

营商环境改革是系统性、全局性改革。对于政府而言，不仅需要进一步加大放权力度，还需要进一步探索与完善监管方式和治理模式。深圳优化营商环境不仅持续深化"放管服"改革，而且坚持各项改革举措协同推进，取得良好成效。

（一）市委、市政府高度重视，责任分工持续压实

深圳市委、市政府高度重视优化营商环境，持续将优化营商环境改革作为深圳的"一号改革工程"来抓，大刀阔斧进行体制机制的改革。加强优化营商环境工作的组织领导，不断健全优化营商环境改革协调推进机制，统筹推进简政放权、放管结合、优化服务改革，积极协调、解决优化营商环境工作中的重大问题。以营商环境政策落地为导向，聚焦营商环境重点任务，坚持细化分工，压实具体责任，明确完成时限，督促各职能部门严格贯彻落实优化营商环境工作。不断健全工作激励机制，完善考核标准，将优化营商环境工作纳入政府绩效考核体系，通过专项督查、日常督导、社会公众监督等方式加强监督检查，坚决整治《深圳经济特区优化营商环境条例》贯彻落实中的形式主义、官僚主义问题。重视经验总结与推广工作，及时对实践中探索出的新经验、新方法、新模式进行总结，打造营商环境标杆性创新成果，2021 年深圳市场监管"秒报秒批一体化"智慧审批、"基础研究+技术攻关+成果产业化+科技金融+人才支撑"全过程创新生态链等举措入选国家发展改革委发布的《深圳经济特区创新举措和经验做法清单》。

（二）强化顶层设计，政策框架体系持续完善

2018 年以来，深圳营商环境改革从"搭框架""夯基础""补短板"到"促提升"，政策框架体系不断完善。2021 年被称为 4.0 版的改革政策出台，主要政策由《深圳市 2021 年深化"放管服"改革 优化营商环境重点任务清单》《深圳市 2021 年推进四个"十大"改革措施 持续打造国际一流营商环境工作方案》《深圳市贯彻〈深圳经济特区优化营商环境条例〉实施方案》组成。对标世界银行营商环境评价指标体系和中国营商环境评价指标体系，从构建要素高效配置的市场体系、对接国际通行的经贸规则、打造创新驱动的产业发展生态、夯实规范高效的公共服务基础、营造更加公平公正的法治环境等 5 大方面提出 26 个领域 222 项改革任务。推进市场准入和退出机制、公平竞争审查制度、用地制度、特殊工时管理制度等十大率先改革试点，建设公共资源交易信息化平台等十大功能性服务平台，推进《深圳经济特区反不正当竞争条例》等十大营商环境前瞻性立法，实施企业服务和政务服务双提升行动等十大市场主体获得感提升专项行动。《深圳经济特区优化营商环境条例》实施细则对《深圳经济特区优化营商环境条例》进行了更为细化的分工，在 6 个方面 30 个领域确定了 130 余项具体工作任务和相关责任单位。

（三）用足用好特区立法权，法律保障持续强化

深圳始终重视充分运用特区立法权，赋予营商环境改革更大的强制性和约束性，使其成为一项持续取得进展的改革部署。积极探索反不正当竞争、社会信用、外商投资、矛盾纠纷多元化解等重点领域以及大数据、数字经济、人工智能、无人驾驶等新兴经济领域的立法，填补相关领域法规空白。

一是《深圳经济特区优化营商环境条例》的制定和实施，为优化营商环境提供立法保障。立法把行之有效的改革实践固化成通行的规则和模式，使营商环境保持不可逆的进步与向上态势，朝着市场主体期待的方向一路向

前。2021 年 1 月 1 日正式实施的《深圳经济特区优化营商环境条例》，在总结深圳优化营商环境经验的基础上，聚焦深圳营商环境建设中的不足与短板，以推进要素市场化配置、全面衔接国际通行规则为重点，从营造公平竞争的市场环境、深化行政审批制度改革、提升政府公共服务、创新金融服务、加强产权保护、规范监管执法、促进企业依法经营、健全纠纷解决机制等方面提出积极可行的创新举措，其中不乏变通性和创新性设定。

二是推进重点领域立法，聚焦营商环境改革关键环节，对《深圳经济特区商事登记若干规定》《深圳经济特区知识产权保护条例》等有关优化营商环境的相关法规规章进行修订，率先在全国制定第一部破产条例——《深圳经济特区个人破产条例》，推动个人破产与国际规则对接，填补了个人层面市场主体救治和退出的制度空白；出台的《深圳经济特区科技创新条例》首次通过特区立法的形式确立公司"同股不同权"等制度，多项制度设计均为国内首创；出台《深圳国际仲裁院条例》，进一步完善了深圳国际仲裁院的法人治理结构，增强特区国际仲裁的独立性和公信力，为深圳经济特区建设稳定公平透明、可预期的国际一流法治化营商环境提供有力的制度保障。

（四）突出科技赋能，"放管服"智慧化水平持续提高

在优化营商环境过程中，深圳充分运用科技创新，为优化营商环境提供技术支持，将优化营商环境与"智慧城市""数字政府"建设有机结合，通过提高政务服务智慧化、智能化水平，打造体制机制新优势。专门组建政务服务数据管理局，统筹推进政务智慧化建设，让市民和企业充分享受数字化、信息化建设成果。积极落实智慧精准服务，切实简化企业办事流程，提高政务服务效率，降低企业综合成本和时间成本。如水、电、气接入服务刷脸智慧"无感报装"，500 多项政务服务实现"指尖办"，100 多项与企业和市民切身利益相关事项实现"智慧秒批"，企业"一证准营"、行业经营许可信息"一码覆盖"。深入推进"信用+智慧"驱动模式，构建智慧市场监管平台，建立智能指挥体系，初步形成业务闭环、全程留痕、过程可查的市

场监管智慧化体系，提升监管精准度和有效性。按照企业信用风险分类等级开展差异化的分类监管模式，实现对较优企业少干扰、对较差企业多监管。

（五）深圳营商环境优化工作取得良好成效

经过一系列营商环境改革措施的深入推进，深圳营商环境优化工作取得了显著的成绩，企业发展全生命周期的服务效率得到大幅提高。在国家发展改革委公布的《中国营商环境报告2020》中，深圳除在招标投标这一指标领域外，在其余17项指标领域均入选"标杆城市"，其中在多个具体指标排名中名列前茅。在全国工商联《2020年万家民营企业评营商环境报告》中，深圳获评"营商环境最佳口碑城市"第一名。在工信部中小企业发展促进中心发布的《2020年度中小企业发展环境评估报告》中，深圳在36个参评城市中综合排名第二，其中市场环境评价排名第一、融资环境评价排名第三、创新环境评价排名第三。深圳营商环境优化水平获得企业认可，商事主体数量持续快速增加，2021年商事主体总量达380.4万户，每千人拥有商事主体215.7户，创业密度居全国第一。①

二 企业对深圳营商环境的评价

市场主体的感知度和满意度是营商环境优化的主要目标之一，因此，从企业的满意度方面来考察营商优化建设效果具有重要意义。为了解深圳优化营商环境系列环境改革和《深圳经济特区优化营商环境条例》2021年1月1日正式实施后相关措施带来的营商环境的变化，特别是企业对深圳营商环境的满意度和对深圳优化营商环境措施的实施效果的主观感受，深圳市社会科学院课题组于2021年9~11月开展了2020~2021年深圳营商环境满意度问卷调查。调查共收回有效问卷3129份，样本覆盖深圳10个区各种规模（见图

---

① 《重磅！深圳再次入选一线榜单！2022年开始，深圳要全面爆发了！》，"深圳梦"微信公众号，2022年6月5日，https://mp.weixin.qq.com/s/_ Vv4xPwEUZbcZ2nAAn6crw。

1)、性质（见图2）、行业的企业，受访者覆盖企业投资人、法定代表人、其他高管、部门负责人和办事人员，各种类型的企业及各种身份的人员均有一定样本量。本次调查具有广泛性与代表性，能够反映深圳营商环境优化情况。

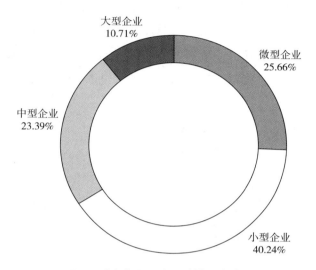

图1 受访者所属企业规模分布情况

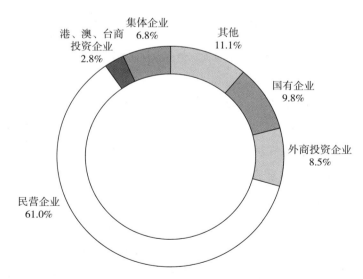

图2 受访者所属企业性质分布情况

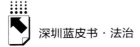

调查结果如下。

（一）企业对深圳营商环境综合满意度高

1. 企业对深圳营商环境的综合满意度高，小型企业的综合满意度最高

在对深圳营商环境的综合满意度方面，超过四成（42.09%）的企业"非常满意"，其次是"比较满意"（36.78%），接着依次为"一般"（16.91%）、"不太满意"（2.33%）、"很不满意"（1.89%）（见图3）。

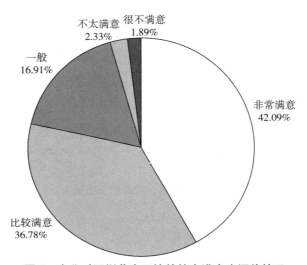

图3 企业对深圳营商环境的综合满意度评价情况

按照"非常满意"赋值5分，"比较满意"赋值4分，"一般"赋值3分，"不太满意"赋值2分，"很不满意"赋值1分，根据每一个选项人数加权取平均值，得出受访者对深圳营商环境的综合满意度评价平均得分为4.15分，介于"比较满意"和"非常满意"之间，整体水平倾向于"比较满意"。

交叉分析结果发现，不同规模的企业对深圳营商环境的综合满意度评价有一定的显著性差异（chi=88.179，p=0.000<0.01）。从综合满意度评价得分来看，小型企业的综合满意度评价得分为4.22分，大型企业的综合满意度评价得分为4.16分，这两类企业的综合满意度评价得分高于总体平均水平。微型企业综合满意度评价得分最低，为4.05分（见图4）。

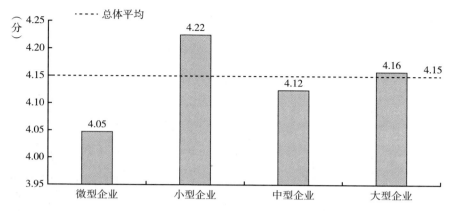

图4 不同规模的企业对深圳营商环境的综合满意度评价得分情况

2. 企业对深圳营商环境具体改革优化方面的总体评价均偏向于"比较满意",对政务服务水平的满意度最高

《深圳经济特区优化营商环境条例》主要从市场主体、政务服务、经营环境、融资便利、规范监管、权益保障六个方面对营商环境优化进行规定,课题组依此就企业对市场准入政策、政务服务水平、市场经营环境、融资便利性、监管规范性、权益保障体系完善度的满意度进行调查。从整体趋势看大多数企业对所有指标的评价,选择"非常满意"的企业数量>选择"比较满意"的企业数量>选择"一般"的企业数量>选择"不太满意"的企业数量>选择"很不满意"的企业数量(见图5)。

按照"非常满意"赋值5分,"比较满意"赋值4分,"一般"赋值3分,"不太满意"赋值2分,"很不满意"赋值1分,剔除"说不清"的选项,根据每一个选项人数加权取平均值,得出企业对深圳营商环境六个具体方面的满意度评价得分。其中,政务服务水平的满意度评价得分最高(4.10分),其次为市场准入政策和融资便利性满意度评价得分(4.03分),接着依次为监管规范性(3.99分)、市场经营环境(3.96分)和权益保障体系完善度(3.96分)(见图6)。具体改革优化方面满意度评价的平均分为4.01分,总体评价偏向于"比较满意"。

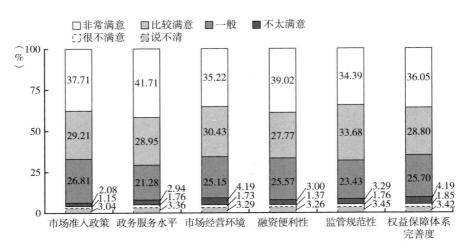

图5 企业对深圳营商环境具体改革优化方面的满意度评价情况

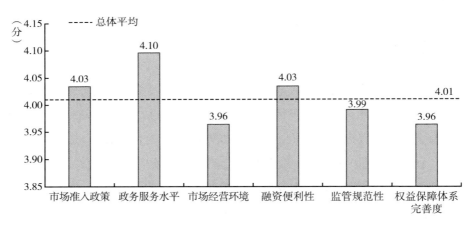

图6 企业对深圳营商环境具体改革优化方面的满意度评价得分情况

3. 小结

调查结果显示,企业无论是对深圳营商环境的总体情况,还是对市场准入政策、政务服务水平、市场经营环境、融资便利性、监管规范性、权益保障体系完善度等具体方面,满意度均很高,总体评价均偏向于"比较满意"(见表1)。

表1　企业对深圳营商环境满意度情况

	得分	调查结果说明
综合满意度总体平均	4.15 分	综合满意度评价偏向于"比较满意"，具体方面，对政务服务水平的满意度最高，对市场经营环境、权益保障体系完善度的满意度略低
市场准入政策	4.03 分	
政务服务水平	4.10 分	
市场经营环境	3.96 分	
融资便利性	4.03 分	
监管规范性	3.99 分	
权益保障体系完善度	3.96 分	

注：满分为 5 分。

（二）深圳营商环境改革政策落实情况较好

1. 企业对深圳市政府优化营商环境政策落实情况的总体评价偏向于"比较满意"，小型企业对落实情况的满意度最高

在企业对深圳市政府落实改革优化营商环境相关政策工作的满意度评价方面，填写该问题的 1672 份答卷中，有接近五成（48.56%）的企业表示"非常满意"，有接近四成（39.65%）的企业表示"比较满意"，有接近一成（9.39%）的企业表示"一般"，仅有 1.20%、1.20%的企业分别表示"不太满意""很不满意"（见图 7）。

按照"非常满意"赋值 5 分，"比较满意"赋值 4 分，"一般"赋值 3 分，"不太满意"赋值 2 分，"很不满意"赋值 1 分，根据选择相应选项的企业数量进行加权取平均值，得出企业对政府落实相关政策工作的满意度评价得分。数据显示，总体平均满意度得分为 4.33 分，介于"比较满意"与"非常满意"之间，总体评价更偏向于"比较满意"。

交叉分析结果显示，不同规模的企业在对本市政府落实改革优化营商环境相关政策工作的满意度方面呈现显著性差异（chi = 87.776，p = 0.000 < 0.01）。比较满意度赋值得分情况，其中小型企业对深圳市政府落实改革优化营商环境相关政策工作的满意度评价得分为 4.48 分，高于总体平均分（4.33 分）。接下来，大型企业满意度评价得分>中型企业满意度评价得分>微型企业满意度评价得分（见图 8）。

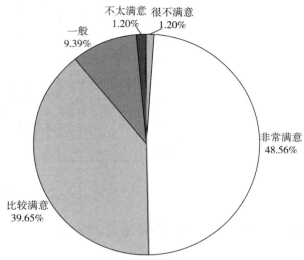

图7　企业对深圳市政府落实改革优化营商环境相关政策工作的满意度评价情况

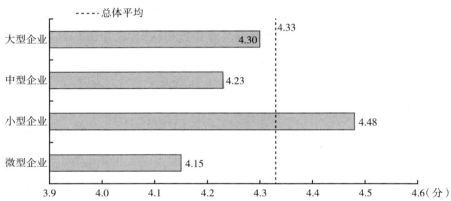

**图8　不同规模的企业对深圳市政府落实改革优化营商环境相关政策工作的
满意度评价得分情况**

2. 企业对深圳各类要素资源获得与保障情况的总体评价偏向于"比较满意"，大型企业的满意度相对较高

课题组从用水获得与保障、用电获得与保障、用气获得与保障、用地获得与保障、用网获得与保障、用工获得与保障、物流设施与保障等七个方面了解企业对各类要素资源获得与保障的满意度。关注要素资源获得与保障的

企业对深圳用水、用电、用气、用地、用网、用工的获得与保障，物流设施与保障等的满意度均较高，表示不满意的占比均较低。其中对用水获得与保障表示不满意的最少，仅2.47%；对用电、用工、用网的获得与保障表示不满意的分别为3.11%、3.29%、3.47%；用气获得与保障、用地获得与保障、物流设施与保障总体满意度均较高，但表示不满意的相较其他要素略多，分别为4.94%、5.12%、6.04%（见图9）。

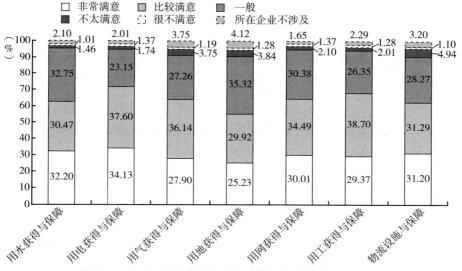

图9　企业对深圳各类要素资源获得与保障的满意度情况

按照"非常满意"赋值5分，"比较满意"赋值4分，"一般"赋值3分，"不太满意"赋值2分，"很不满意"赋值1分，剔除"说不清"的选项，根据每一个选项人数加权取平均值，得出企业对深圳各类要素资源获得与保障的满意度评价得分。数据显示，满意度评价得分最高的是用电获得与保障（4.03分），其次为用工获得与保障（3.95分），接着依次为用水获得与保障（3.93分）、用网获得与保障（3.91分）、用气和物流设施获得与保障（3.89分），满意度评价得分最低的是用地获得与保障（3.78分）。企业对深圳市各类要素资源获得与保障满意度评价的总体平均分为3.91分，总体评价偏向于"比较满意"（见图10）。

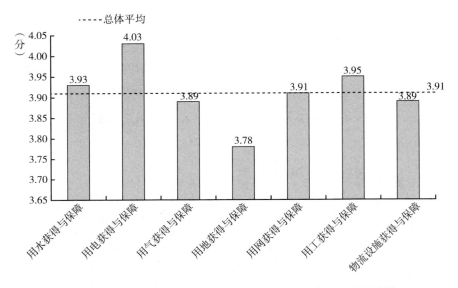

图 10　企业对深圳各类要素资源获得与保障的满意度评价得分情况

交叉分析结果发现，不同规模的企业在对深圳各类要素资源获得与保障方面的满意度评价有一定的显著性差异（用水获得与保障 chi＝66.52，p＝0.000<0.01；用电获得与保障 chi＝28.94，p＝0.016<0.05；用气获得与保障 chi＝50.24，p＝0.000<0.01；用地获得与保障 chi＝51.45，p＝0.000<0.01；用网获得与保障 chi＝48.54，p＝0.000<0.01；用工获得与保障 chi＝30.79，p＝0.009<0.01；物流设施获得与保障 chi＝30.79，p＝0.009<0.01）。从不同规模的企业对深圳各类要素资源获得与保障满意度赋值得分总体趋势来看，大型企业的满意度评价得分高于其他规模的企业，其次是中型企业，接着是微型企业，满意度评价最低得分是小型企业。其中用工方面与其他方面有所不同，小型企业的满意度评价得分要高于中型企业和微型企业（见图 11）。

3. 企业对政务服务便利化措施落实情况的总体评价偏向于"比较满意"，其中对政务服务"一网通办"的满意度最高

在企业对政务服务便利化措施落实情况的满意度方面，课题组从政务服务"一网通办"，政务服务事项"最多跑一次"，简易事项"马上办"，"一件事一次办"，人才事项、便民服务"就近办"，"深 i 企"服务平台，政务

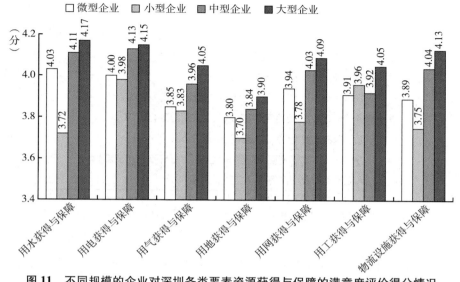

图11 不同规模的企业对深圳各类要素资源获得与保障的满意度评价得分情况

信息共享，政企沟通平台等八个方面进行调查。

按照"非常满意"赋值5分，"比较满意"赋值4分，"一般"赋值3分，"不太满意"赋值2分，"很不满意"赋值1分，剔除"说不清"的选项，根据每一个选项人数加权取平均值，得出企业对深圳市政务服务便利化措施落实情况的满意度评价得分。数据显示，满意度评价得分最高的是政务服务"一网通办"（4.20分），其次为政务信息共享（4.18分），接着为"一件事一次办"，人才事项、便民服务"就近办"，得分均为4.13分，政务服务事项"最多跑一次"、"深i企"服务平台和政企沟通平台得分均为4.11分，最后是简易事项"马上办"（4.09分）。企业对深圳市政务服务便利化措施落实情况的满意度评价的总体平均分为4.13分，总体评价偏向于"比较满意"。

交叉分析结果发现，不同规模的企业对政务服务便利化措施落实情况的满意度评价有一定的显著性差异（政务服务"一网通办"方面 chi = 41.77，p = 0.000 < 0.01；政务服务事项"最多跑一次"方面 chi = 36.83，p = 0.001 < 0.01；简易事项"马上办"方面 chi = 43.14，p = 0.000 < 0.01；"一件事一次办"方面 chi = 32.03，p = 0.006 < 0.01；人才事项、便民服务"就近办"方

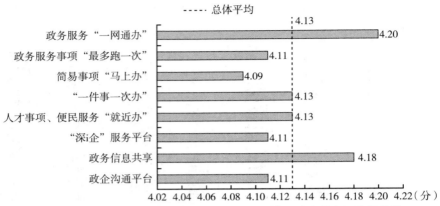

图 12　企业对深圳市政务服务便利化措施落实情况的满意度评价得分情况

面 chi＝42. 27，p＝0. 000＜0. 01；"深 i 企"服务平台方面 chi＝43. 24，p＝
0. 000＜0. 01；政务信息共享方面 chi＝46. 33，p＝0. 000＜0. 01；政企沟通平
台方面 chi＝39. 02，p＝0. 001＜0. 01）。从不同规模的企业对政务服务便利化
措施落实情况的满意度赋值得分总体趋势来看，小型企业、大型企业的满意
度评价得分高于微型企业、中型企业。除了政务服务事项"最多跑一次"措
施外，中型企业对各项便利化措施落实情况的总体满意度评分排在第三位，
微型企业在各项便利化措施落实情况的满意度评分均为最低（见图 13）。

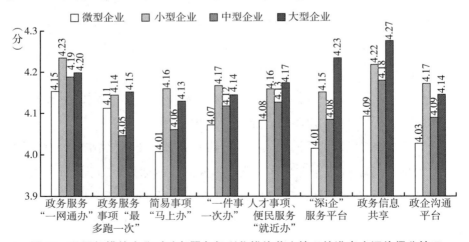

图 13　不同规模的企业对政务服务便利化措施落实情况的满意度评价得分情况

4. 企业对政府规范市场监管措施落实情况的总体评价偏向于"比较满意"，对"双随机、一公开"监管的满意度最高

在企业对政府规范市场监管措施落实情况的满意度方面，课题组从"双随机、一公开"监管，监管规则标准公开，"信用+监管"，"互联网+监管开展"，处罚与教育相结合、柔性执法等五个方面进行调查。

按照"非常满意"赋值5分，"比较满意"赋值4分，"一般"赋值3分，"不太满意"赋值2分，"很不满意"赋值1分，剔除"说不清"的选项，根据每一个选项人数加权取平均值，得出企业对政府规范市场监管措施落实情况的满意度评价得分。数据显示，满意度评价得分最高的是"双随机、一公开"监管（4.05分），其次为处罚与教育相结合、柔性执法（4.01分），接着依次为"互联网+监管开展"（3.97分）、"信用+监管"（3.96分），最后是监管规则标准公开（3.88分）。企业对深圳市政府规范市场监管措施落实情况的满意度评价的总体平均分为3.97分，总体评价偏向于"比较满意"（见图14）。

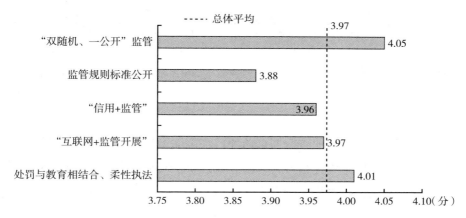

图14 企业对政府规范市场监管措施落实情况的满意度评价得分情况

交叉分析结果发现，除了"处罚与教育相结合、柔性执法"这项措施外，不同规模的企业在对政府规范市场监管措施落实情况的满意度评价有一定的显著性差异（"双随机、一公开"监管方面 chi=30.73，p=0.010<0.05；监管规则标准公开方面 chi=35.72，p=0.002<0.01；"信用+监管"方面 chi=

32.25，p＝0.006＜0.01；"互联网+监管开展"方面 chi＝33.51，p＝0.004＜0.01）。从总体趋势来看，不同规模的企业对政府规范市场监管措施落实情况的满意度评价呈现不同结果。在"双随机、一公开"监管方面，基本趋势是随着企业规模变大，满意度评分有所降低；在监管规则标准公开方面，随着企业规模变大，满意度评分逐渐升高；在"信用+监管"和"互联网+监管开展"方面，大型企业的满意度评价得分最高（见图15）。

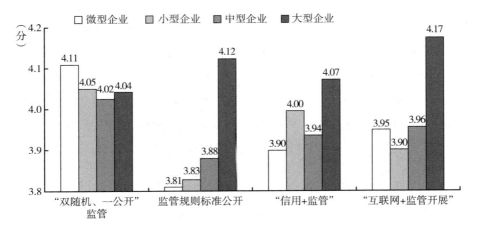

图15　不同规模的企业对政府规范市场监管措施落实情况的满意度评价得分情况

5. 小结

调查结果显示，企业对深圳营商环境改革优化政策落实的总体情况满意度较高，以及对要素资源获得与保障、政务服务便利化措施、规范市场监管措施等方面的具体措施均比较满意（见表2）。

表2　企业对深圳营商环境改革政策和具体措施落实情况的满意度情况

	具体措施	得分	调查结果说明
政策落实 总体平均满意度		4.33 分	总体评价在"比较满意"和"非常满意"之间，略偏向于"比较满意"

续表

	具体措施	得分	调查结果说明
要素资源获得与保障满意度	用水获得与保障	3.93分	总体评价偏向于"比较满意",其中用电获得与保障的满意度最高,用地获得与保障的满意度最低 总体而言,要素资源获得与保障的满意度低于其他方面
	用电获得与保障	4.03分	
	用气获得与保障	3.89分	
	用地获得与保障	3.78分	
	用网获得与保障	3.91分	
	用工获得与保障	3.95分	
	物流设施与保障	3.89分	
总体平均满意度		3.91分	
政务服务便利化措施满意度	政务服务"一网通办"	4.20分	总体评价偏向于"比较满意",其中政务服务"一网通办"的满意度最高,简易事项"马上办"的满意度最低 总体而言,政务服务便利化措施的满意度最高
	政务服务事项"最多跑一次"	4.11分	
	简易事项"马上办"	4.09分	
	"一件事一次办"	4.13分	
	人才事项、便民服务"就近办"	4.13分	
	"深i企"服务平台	4.11分	
	政务信息共享	4.18分	
	政企沟通平台	4.11分	
总体平均满意度		4.13分	
规范市场监管措施满意度	"双随机、一公开"监管	4.05分	总体评价偏向于"比较满意",其中"双随机、一公开"监管的满意度最高,监管规则标准公开的满意度最低
	监管规则标准公开	3.88分	
	"信用+监管"	3.96分	
	"互联网+监管开展"	3.97分	
	处罚与教育相结合、柔性执法	4.01分	
总体平均满意度		3.97分	

注:满分为5分。

(三)营商环境优化政策落实效果较好

1. 企业认为深圳营商环境系列政策对企业营商环境改善程度的总体评价偏向于"改善比较大",对小型企业的营商环境改善效果最明显

对于2020年以来深圳出台的营商环境系列政策对企业营商环境改善程度的评价,在调查样本中,分别有超过四成的企业认为"改善非常大"(41.39%)

和"改善比较大"（40.19%），14.06%的企业认为"改善一般"，仅有1.79%、2.57%的企业分别认为"改善不大""没什么改善"（见图16）。

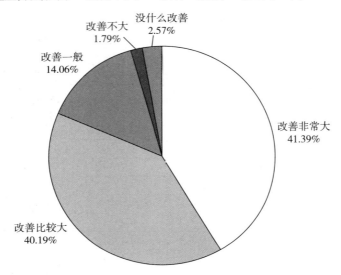

图16 企业认为深圳营商环境系列政策对企业营商环境改善程度的评价情况

按照"改善非常大"赋值5分，"改善比较大"赋值4分，"改善一般"赋值3分，"改善不大"赋值2分，"没什么改善"赋值1分，根据选择相应选项的企业数量进行加权取平均值，得出企业对深圳营商环境系列政策对企业营商环境改善程度的得分。数据显示，整体改善评价得分为4.16分，介于"改善非常大"与"改善比较大"之间，总体评价更偏向于"改善比较大"。

交叉分析结果显示，不同规模的企业在营商环境系列政策对企业营商环境改善程度方面呈现显著性差异（chi = 91.876，p = 0.000<0.01）。比较改善程度赋值得分，其中小型企业认为给其带来营商环境的改善程度评价得分4.33分，高于总体平均分（4.16分）。中型企业认为给其带来营商环境的改善程度评价得分最低（3.99分）（见图17）。

2. 企业对办事成本的总体评价偏向于"有所降低"，小型企业感觉降低最明显

2020年深圳开展优化营商环境改革以来，有超过四成（42.54%）的企业认为企业办事成本"有所降低"，其次是超过1/3（34.32%）的企业认为

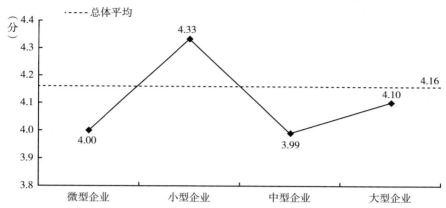

图 17 不同规模的企业认为深圳营商环境系列政策对企业营商环境改善程度的评价得分情况

"大大降低",有 10.93% 的企业认为"没变化"。值得关注的是,有 12.21% 的企业认为"有所增加"(见图 18)。

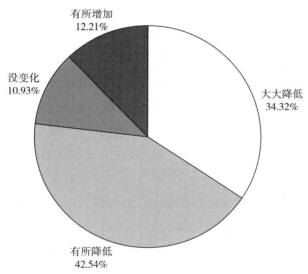

图 18 企业对 2020 年以来深圳企业办事成本评价情况

按照企业成本"大大降低"赋值 3 分,"有所降低"赋值 2 分,"没变化"赋值 1 分,"有所增加"赋值 0 分,根据每一个选项人数加权取平均值,得出不同规模的企业对 2020 年以来深圳企业办事成本评价得分。数据结果显示,不同规模的企业对办事成本评价的总体平均分为 1.99 分,总体评价更偏向于"有所降低"。

交叉分析结果发现,不同规模的企业在办事成本评价方面具有一定的显著性差异(chi = 57.123,p = 0.000<0.01)。根据赋值评分比较,小型企业办事成本评价得分为 2.09 分(见图 19),偏向于"有所降低"。小型企业办事成本降低幅度最大,中型企业、大型企业的评价得分则介于"没变化"与"有所降低"之间。

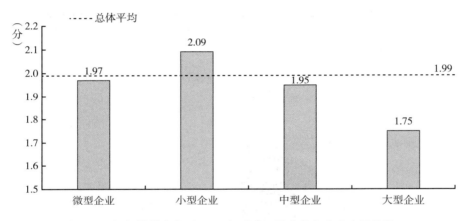

图 19 不同规模的企业对 2020 年以来深圳企业办事成本评价情况

3. 深圳吸引企业投资、留住企业经营的原因有多方面,企业认为法治环境好是最主要原因

对于深圳吸引企业投资、留住企业经营的原因,在调查样本中,选择法治环境好的企业最多,占 44.52%,其次有 43.69% 的企业认为是区位好,接着依次为政府办事效率高(42.95%)、科技创新资源集聚(32.34%)、社会治安良好(26.33%)(见图 20)。

4. 小结

调查结果显示,企业认为深圳营商环境系列政策对企业营商环境改善比较大,企业办事成本有所降低,企业认为法治环境好是深圳吸引企业投资、

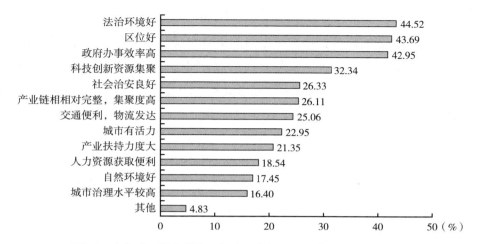

图20　企业对深圳吸引企业投资、留住企业经营的原因分析情况

留住企业经营的最主要原因，这说明营商环境改革总体效果明显，法治化营商环境建设成效凸显（见表3）。

表3　企业对深圳营商环境改革效果的评价情况

	总体平均得分	调查结果说明
营商环境改善情况	4.16分（满分5分）	总体评价偏向于"改善比较大"
办事成本降低情况	1.99分（满分3分）	总体评价偏向于"有所降低"

（四）企业建议

在问卷调查中，部分企业对深圳在营商环境改革和优化营商环境工作方面提出了一些具体的建议。

1.继续提升政府服务水平

继续提高一线办事人员专业素质，提高服务流程熟悉度，加快办事速度。改进作风，进一步优化审批流程，缩短耗时，提高效率。进一步简化办事程序，使企业能够不依靠中介机构自己办好事。

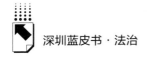

2.加大对小微企业的扶持和相关政策宣传的力度

加强对企业的扶持，特别是更多的资金支持。政策扶持要兼顾民营企业、小微企业，降低企业经营成本。加大扶持政策的宣传力度，增加政策的公开透明度和制度保障的透明度。畅通政策咨询通道，通过宣传和咨询让企业熟悉、了解政府服务流程，方便企业申请。

3.提升执法工作水平

执法检查要尊重客观实际。例如经营地址核查，要根据小微企业人员少、出去办事时无人在营业场地值守的情况，巡查发现无人情况，在列入经营异常前，应电话联系法人代表核实。建议实行监管审查复查制度，第一次出现问题可能是疏忽导致，可通过复查让企业有改进的机会，重复出现问题再进行处罚。各项检查特别多，特别是安全方面，希望能够适当减少。

4.采取措施降低企业经营成本

稳定租金，给予租金补贴、税收优惠等政策，降低企业经营成本。针对原料成本涨幅太大的问题，建议政府能出台政策控制原料价格涨跌幅度。加强用电、用水、用地保障，稳定要素资源供给。解决好人才租房住房问题，增加保障性住房的供给，特别是人才保障房的供给，降低居住和交通成本，留住人才和稳定用工。

此外，有些企业希望政府为行业或产业链指明整体发展方向和制订局部竞争计划；有些企业反映融资门槛比较高，希望能够得到改善；有些企业希望加强要素市场保障，减少限电。

三　进一步优化深圳营商环境的建议

当前，全国各地都在全力优化营商环境，深圳要有危机意识，要认识到营商环境建设是一场"不进则退"的竞逐赛。作为国家营商环境创新试点城市，深圳要持续用力，在实施好国务院发布的《优化营商环境条例》，推动在全国打造市场化、法治化、国际化营商环境的同时，要继续聚焦市场主体和群众关切，对标国际先进水平，进一步深化"放管服"改革，持续优化营商环境。

（一）强化营商政策的稳定性和精准性，打造稳定、可预期的营商市场环境

良好的营商环境不仅追求政策措施的实用性，还要求政策具有一定的精准性和稳定性，进而保障市场的可预期性。要处理好政府与市场的关系，找准市场功能和政府行为的最佳结合点。要加强政策制定过程中的调研论证，增强公众参与的有效性，更多地听取民营企业、劳动密集型企业和中小型企业的意见，努力推进与企业相关政策制定的科学化、民主化和法治化，充分考虑不同规模的企业、行业的发展诉求和承受能力等因素，提升营商环境治理的精准性。要重视保持宏观政策的连续性和稳定性，进一步提高营商环境透明度和可预期性，建立健全公平开放透明的市场规则，提供普惠均等、便捷高效、智能精准的公共服务。加大惠企政策宣传和落地力度，开展全方位宣传，提高政策宣传的精度和温度，切实把惠企政策送进园区、送进企业，帮助企业把握准、把握全，释放惠企政策更大红利。

（二）持续深化涉企服务与监管改革，打造精准高效的政务服务与监管环境

用好深圳综合改革试点关键一招，以政府权力的"减法"、服务的"加法"，激发市场活力的"乘法"。全面落实好国家和省、市关于减税降费、普惠金融等政策，确保纾困措施全面惠及市场主体。加快主动、精准、智能的整体式数字政府建设，构建统一企业服务体系，提供智慧高效的政务服务，统筹协调市、区、街道相关部门以及行业协会、公用事业服务单位等为市场主体提供相关服务；畅通有效听取市场主体意见和诉求的渠道，及时回应企业关切；牢固树立全周期服务理念，做到有事服务、无事不扰，服务前移、贴心周到，进一步提升市场主体的获得感、幸福感；统筹线上线下服务系统和标准的对接与融合，提高政策执行力和效率；减少事前审批，及时清

理与许可目的不相适应和非必要的行政许可条件，加强事中、事后监管；推行行政机关之间监管标准互通、执法信息互联、处理结果互认，推动日常监督检查合并进行；继续创新和完善"智慧+监管""信用+监管"，提升涉企服务、监管的精准度。

（三）健全多元纠纷解决机制，打造透明、公正的法治环境

加快完善矛盾纠纷多元化解机制，推动建立非诉优先的纠纷化解机制，鼓励当事人优先选择非诉讼方式化解矛盾纠纷，鼓励律师引导非诉化解，促进和解、人民调解、商事调解、行政裁决、行政复议、仲裁、诉讼等多元解纷方式的平衡发展，为矛盾纠纷的化解提供更经济、更高效、更符合当事人需求的方式。建立专业化的商事纠纷解决体系，大力发展专业审判，继续加强深圳金融法庭、知识产权法庭建设，增强金融审判、知识产权审判能力，增强司法保障能力。强化诉讼与协商和解、调解、仲裁、公证等非诉讼解纷机制之间的程序衔接，推进多元纠纷解决机制落地实施，快速高效化解纠纷，恢复经济秩序，维护当事人合法权益。重视商事调解对抗性小、成本低、效率高等优势，构建专业化、国际化的商事调解制度，探索建立与国际规则衔接的商事调解员的职业准入制度和统一的行为管理规范，加快深圳国际商事调解高地建设。加强涉外、涉港澳法律服务交流，打造前海涉外法治建设高地。积极搭建涉外、涉港澳交流合作平台，充分拓展涉外、涉港澳法律服务领域，不断增强涉外、涉港澳法治人才能力，为更高水平改革开放提供坚实法治保障和优质法律服务。

（四）构建科学的营商环境评估指标体系，强化评估与反馈

构建深圳营商环境评估指标体系不仅是推进改革措施落地落实的客观需要，也是发挥先行示范的重要使命要求。营商环境指标化有利于实现以评促改、以评促优、以评促经验推广。科学合理的指标体系是有效开展评估工作，客观、准确、真实反映营商环境优化情况的前提和基础。构建深圳营商环境评估指标体系应按照国际可比、对标世界银行、中国特色原则，在借鉴国际通行标准体

系的基础上，深圳应当贯彻建设中国特色社会主义先行示范区发展要求，体现先行示范区发展路径和成果；强化法治化导向，突出深圳营商环境建设与探索实践特色。

具体指标设置应以《深圳经济特区优化营商环境条例》《深圳经济特区商事登记若干规定》及《深圳市国民经济和社会发展第十四个五年规划和二〇三五年远景目标纲要》《深圳市贯彻〈深圳经济特区优化营商环境条例〉实施方案》《深圳市建设营商环境创新试点城市实施方案》等地方性法规和规范性文件为依据，强化指标与具体任务措施之间的有效衔接，切实发挥评估在推进措施落地落实中的作用。可将深圳近年来探索创新的柔性执法、"双随机、一公开"监管、政府法律顾问制度的标准化和规范化发展、最严知识产权保护机制打造、企业合规建设推进、涉外仲裁调解、法律查明服务发展等，充分纳入评估体系，以发展的眼光更科学地评估营商环境。

参考文献

冯烨：《法治化营商环境评估指标体系构建》，《理论探索》2020年第2期。

谢红星：《法治化营商环境的证成、评价与进路——从理论逻辑到制度展开》，《学习与实践》2019年第11期。

钱玉文：《我国法治化营商环境构建路径探析题——以江苏省经验为研究样本》，《上海财经大学学报》2020年第3期。

曾宪聚、严江兵、周南：《深圳优化营商环境的实践经验和理论启示：制度逻辑与制度融贯性的视角》，《经济体制改革》2019年第2期。

吴思康：《深圳营商环境评估的五个维度及优势分析》，《人民论坛》2019年第28期。

立 法 篇
Legislation

B.4
《深圳经济特区外商投资条例》
主要制度的立法探讨

黄祥钊 *

摘　要： 《深圳经济特区外商投资条例》的立法背景、立法目的及立法思路表明，深圳始终坚持促进、服务和保护外商投资的政策。本报告探讨深圳经济特区外商投资立法中的市场准入、投资便利、政务服务和投资保障等方面的制度设计，旨在构建深圳外商投资立法的制度框架。

关键词：　立法　外商投资　深圳经济特区

深圳经济特区是中国对外开放的窗口，是外国投资者看好的投资地之一。外商投资不仅在促进深圳经济持续发展、培育市场主体、健全市场机制、扩大对外贸易、优化产业结构、增加社会就业等方面发挥着独特而重要

---

* 黄祥钊，深圳市司法局一级调研员，主要研究方向为行政法。

的作用，也是推动深圳现代化国际化建设和高质量发展的重要力量。实践中，外商投资企业和外国投资者对健全完善、公开透明的涉外法律法规制度高度关注，特别是对市场准入、投资便利、投资服务、知识产权保护及其他权益保障等问题十分关切，非常期待更加明确的政策制度保障。深圳积极回应外商关切，充分利用经济特区立法权，启动《深圳经济特区外商投资条例》立法工作，以期通过立法营造更加稳定、透明、可预期和公平竞争的市场环境。2021 年 8 月，《深圳经济特区外商投资条例（草案）》（以下简称《条例草案》）已提请深圳市人大常委会审议。

一 制定《深圳经济特区外商投资条例》的目的和意义

推动粤港澳大湾区和中国特色社会主义先行示范区建设，形成深圳经济特区全面开放新格局，必须加大外商投资促进力度，规范和完善外商投资管理，积极有效地保护外商投资合法权益，促进市场经济健康发展。深圳在贯彻执行《中华人民共和国外商投资法》（以下简称《外商投资法》）、《中华人民共和国外商投资法实施条例》（以下简称《实施条例》）等法律、行政法规的同时，要认真落实《中共中央、国务院关于支持深圳建设中国特色社会主义先行示范区的意见》，进一步加强外商投资促进、保护和服务，应当及时制定外商投资条例。此项立法的目的和意义有以下几点。

（一）贯彻落实习近平总书记重要讲话精神，建设现代化国际化创新型城市的要求

习近平总书记在深圳经济特区建立 40 周年庆祝大会上的重要讲话中指出，深圳要锐意开拓，全面扩大开放，加快推进规则标准等制度型开放，率先建设更高水平开放型经济新体制。[①]《中共中央、国务院关于支持深圳建

---

① 《习近平：在深圳经济特区建立 40 周年庆祝大会上的讲话》，中国政府网，2020 年 10 月 14 日，http：//www.gov.cn/xinwen/2020-10/14/content_ 5551299.htm。

设中国特色社会主义先行示范区的意见》明确提出，到2025年，深圳的经济实力、发展质量跻身全球城市前列，实现建成现代化国际化创新型城市的发展目标。深圳以粤港澳大湾区和中国特色社会主义先行示范区建设为契机，通过制定《深圳经济特区外商投资条例》（以下简称《条例》），坚持先行先试、引领示范，推进实施深圳在外商投资领域先行示范的重要举措，将有利于增强深圳市经济发展的外资驱动力，落实促进外商投资的各项措施，为深圳市建成现代化国际化创新型城市奠定坚实基础。

（二）贯彻实施《外商投资法》及《实施条例》，以法治推进更高水平对外开放的需要

《外商投资法》的实施，在外商投资促进、投资保护、投资管理等方面作出了顶层制度设计，为新形势下进一步扩大对外开放、积极有效利用外资提供了更加有力的法律保障。同时，《外商投资法》及《实施条例》也对规范外商投资管理、保护外商投资合法权益提出更高要求。因此，结合深圳经济特区实际及时制定《条例》，全面贯彻实施《外商投资法》及《实施条例》。对于上位法的原则性规定，可以通过特区立法细化补充，进一步予以落实。同时，立足深圳市毗邻港澳的区位优势和外商投资发展实际，借鉴国际先进经验，在遵循法律、行政法规基本原则的前提下，用足用好经济特区立法权，通过《条例》在加强外商投资促进、强化外商投资保护、提升政府公共服务水平等方面进行制度设计，实施更大范围、更宽领域、更深层次的全面开放，让外国投资者和外商投资企业吃下"定心丸"，以法治推进深圳更高水平对外开放，发挥好法治固根本、稳预期、立长远的保障作用。

（三）进一步加强外商投资促进、保护和服务，营造更加公平、更加开放的外商投资环境的需要

深圳经济特区作为改革开放前沿阵地，在促进外商投资和提升外商投资服务水平等方面具有先发优势。据深圳市统计局统计，截至2021年底，深圳市外商投资项目突破10万个，实际利用外资规模超过1500亿美元，位居

全国前列。深圳市商务局的数据显示，仅 2021 年深圳市全市设立的外商投资企业近 6000 家，同比增长 30%；实际利用外资超过 100 亿美元，同比增长 20%。外商投资环境虽然优良，但对标国内国外先进城市，深圳外商投资企业在投资准入、政府采购、政务服务等方面的获得感仍有待进一步提升。为了回应外商投资企业的现实关切，按照问题导向、目标导向着手制定《条例》，营造更加开放公平的市场环境，在继续夯实深圳市外商投资促进政策的基础上，推动加强外商投资保护和服务，让外资既要进得来，还要留得住，更要发展好。制定并实施《条例》，为营造深圳外商投资领域法治化、国际化的营商环境提供法规依据和制度保障，促进外资准入更自由、投资活动更便利、服务体系更健全、权益保护更有效、市场竞争更公平，不仅要使外商"定心"，也要让外商"暖心"。

二 《深圳经济特区外商投资条例》的立法思路与制度优化设计

鉴于全国人民代表大会已于 2019 年 3 月 15 日通过《外商投资法》，国务院也于 2019 年 12 月 12 日发布了《实施条例》，且均于 2020 年 1 月 1 日起实施，从国家层面就外商投资促进、投资保护、投资管理等方面作出了顶层制度设计。依照《中华人民共和国立法法》和《深圳市制定法规条例》的有关规定，《条例》作为特区法规，应当坚持有需求、特定化、不重复的立法思路，着眼于深圳外商投资的特定需求，不重复上位法，突出深圳特色，以外商投资准入与经营的生命周期为脉络，围绕促进外商投资、明确外商投资准入、规范外商投资管理和服务、保护外商投资合法权益等方面，立足深圳经济特区实际，制定有深圳特色的特区法规。

在上述立法思路下，《条例》在《外商投资法》及其实施条例的基础上，可根据综合改革试点授权、优化制度设计、突出制度框架的主体作用，使立法更实用、更管用。《条例》中的主要制度，应包括但不限于市场准入、投资便利、政务服务和投资保障等方面的基本制度。

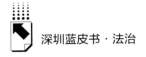

（一）市场准入制度

根据国家发展改革委、商务部 2022 年 1 月联合印发的《关于深圳建设中国特色社会主义先行示范区放宽市场准入若干特别措施的意见》，经中央和国务院同意，国家允许深圳在放宽和优化先进技术应用和产业发展、完善金融投资领域准入方式、创新医药健康领域市场准入机制、放宽教育文化领域准入限制、推动交通运输领域放宽和环境优化以及放宽其他重点领域市场准入等六大领域，持续推动放宽市场准入。这些在国家政策层面已明确的优惠政策，应在深圳经济特区的立法中对接落地，在《条例》的法条中体现。国家为深圳提出的 24 条特别措施，进一步加大对深圳市场准入方面的支持力度，引导社会资本包括外商投资加大对新技术、新产业和公共服务等领域的投入，也进一步增强了外国投资者的信心。在市场准入制度的规定上，《条例》应侧重以下几个方面。

一是明确外商投资的重点领域。鼓励和引导外国投资者在国家《鼓励外商投资产业目录》和深圳市重点发展领域内进行投资。重点鼓励和引导外国投资者在先进制造业、新兴产业、高新技术、节能环保等重点发展领域进行投资。

二是加强对外商投资的规划引领。深圳要结合产业布局、战略定位等特点，加强对外商投资的宏观规划引领，鼓励外国投资者进一步加大在深圳经济特区的投资力度，扩大利用外商投资规模，提升外商投资的质量，推动形成全面开放新格局。

三是放开公用事业特许经营。《条例》特别规定，外商投资企业依法可以从事本市供水、供气、供热、污水处理、垃圾处理，以及公共交通等公用事业特许经营活动。本市公用事业特许经营政策，依法同等适用于外商投资企业。

四是外商投资准入负面清单以外的行业、领域、业务等，内资、外资同等条件进入。外商投资准入负面清单许可准入事项，由外国投资者提出申请，有关部门依法依规作出是否准入的决定。对外商投资准入负面清单以外的行业、领域、业务等，外国投资者与内资企业同等条件进入。

（二）投资便利制度

一是鼓励银行业金融机构为外商投资企业提供涉外收支便利化和结算电子化服务，在深圳经济特区内推广适用规则统一的本外币一体化账户，金融机构应为外商投资企业开展本外币跨境融资提供便利；鼓励外国投资者在深圳设立跨国公司地区总部和投资性公司，支持其集聚业务、拓展功能，升级为亚太总部、全球总部。鼓励金融机构为外商投资企业提供知识产权侵权损失保险等知识产权保护相关的金融服务。

二是支持专业化基金参与深圳各类园区发展，建设外商投资企业重点产业集聚园区，保障园区内外商投资企业平等享受各类优惠政策和便利化服务。外商投资企业可在规定区域内的银行办理境内直接投资基本信息登记、变更与注销手续。

三是建立健全外商投资企业产业用房分类、分级管理机制，加强对外商投资企业产业用房的指引、协调，降低外商投资企业产业用房成本，稳定外商投资企业产业用房预期。

四是对促进地方经济发展、技术创新、劳动就业等有重大贡献的外商投资项目，在费用减免、用地保障、公共服务供给等方面实施投资便利化政策，依法落实用地、税收、金融、财政等优惠待遇。

五是因经营活动需要，外国投资者和外商投资企业在深圳经济特区内使用境外证件、证照和其他证明文件的，相关部门和机构可以通过接受公证、认证等方式提供便利化服务；要求境外当事人现场办理经营活动相关事项的，可以通过在线办理方式提供便利化服务。优化资金、人才、物流、通关等措施，为外商投资企业的股权交易、资金进出、外籍人才引进、物流通关等提供便利。

（三）政务服务制度

一是加强外商投资工作的统筹协调。加强外商投资工作的组织领导，制定外商投资促进和便利化政策措施，统筹推进、及时协调和解决外商投资工

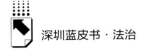

作中的重大问题。市、区政府要建立外商投资权益保护服务机制,为外商投资企业提供业务指引、政策投送、投资咨询、投资协调等服务。

二是建立全市外商投资促进服务信息平台,统一公布外商投资方面有关法律、法规、规章、规范性文件、政策措施和投资项目信息,为外国投资者、外商投资企业提供投资指南、项目对接、信息咨询等服务。建立重大外资项目跟踪服务制度,提供专项台账管理和全流程服务,统筹推进重大项目准入、规划、用地、环保、建设、外汇和税务等事项。

三是推进外商投资政务服务标准化办理,公布外商投资政务服务事项目录及其办事指南,列明办理条件和流程、所需材料清单、容缺条件、办理环节和时限、收费标准、投诉渠道等。

四是建立健全外商投资企业政企沟通机制,实施直通车制度,广泛听取外商投资企业和外国投资者的意见建议,及时了解并解决外商投资企业生产经营的有关问题。

五是为外商投资企业引进外籍高层次人才提供落户、税收、医疗、社保、住房和子女入学等方面的便利服务,为符合条件的外籍人员提供签证便利。

(四)权益保障制度

一是依法保障外商投资企业在项目申报、土地供应、税费减免、资质许可、政策评审、人力资源管理等方面享有的合法权益;依法保障外国投资者、外商投资企业与本市各类市场主体、科研主体开展技术合作;在应对自然灾害、公共卫生突发事件等方面平等对待外商投资企业。

二是依法平等保护外商投资企业和外国投资者的知识产权,外商投资企业和外国投资者可以依法平等享受知识产权快速审查、快速确权和快速维权等各类知识产权公共服务;对于外商投资企业和外国投资者涉及知识产权的财产保全、证据保全、行为保全申请,应当及时受理和审查,依法快速裁判。推进知识产权跨区域、跨部门快速协同保护机制建设。

三是保障外商投资企业平等参与有关标准制定工作。外商投资企业可以推荐代表参加深圳市各类专业标准化技术委员会,支持外商投资企业在标准立项、起草、技术审查以及标准实施信息反馈、评估等过程中提出意见和建议，外商投资企业可以制定高于推荐性标准和具有国际先进水平的企业标准，可以将外商投资企业科技创新成果转化为企业标准。

四是健全外资投诉工作机构。市主管部门承担外商投资企业及其投资者的投诉工作，受理涉及市级事权投诉事项、跨区投诉事项、本市内影响重大的投诉事项和上级部门转交的外商投资投诉事项，定期通报投诉处理情况。外商投资企业或者外国投资者认为行政机关的行政行为侵犯其合法权益的，可以申请政府外商投资投诉部门协调解决。

五是为外商投资企业提供普惠式、智能化、便捷化的法律风险测评服务，支持和引导外商投资企业做好风险防控管理。建立健全仲裁调解、行政裁决、行政复议、法律诉讼等国际化、多元化纠纷解决机制，为外商投资企业提供便捷高效的纠纷解决途径。

三 《深圳经济特区外商投资条例》应突出深圳特色

先行示范区背景下，运用特区立法权制定《条例》，应当从以下几个方面突出深圳特色。

（一）凸显先行示范

一是确立实施外商投资准入前国民待遇和负面清单制度。根据国家发展改革委的统一授权，深圳目前已经可以制定并实施市场准入特别措施清单，以立法形式明确在深圳经济特区实施准入前国民待遇和负面清单制度方面可以先行先试。

二是大力鼓励和引导外商积极来深投资。鼓励和引导外国投资者在国家《鼓励外商投资产业目录》和本市重点发展领域内进行投资。深圳鼓励和引导外国投资者在先进制造业、新兴产业、高新技术、节能环保等重点发展领域进行投资。

三是外商投资企业依法可以从事本市供水供气、污水处理、垃圾处理以

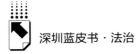

及公共交通等公用事业特许经营活动。深圳市公用事业特许经营政策，也同等适用于外商投资企业。作为特许经营行业，国家及地方政府一般都会审慎开放，尤其是面对外商投资企业，深圳作为经济特区和先行示范区，率先将政府特许经营的公用事业向外商投资企业开放，这是特区立法的变通和创新规定。

四是保障外商投资企业公平参与市场竞争，明确规定深圳市公用事业特许经营政策，依法同等适用于外商投资企业；外商投资准入负面清单以外的行业、领域、业务等，外国投资者与内资企业同等条件进入，并按照内资、外资一致的原则管理，不得在外商投资准入负面清单以外制定外商投资准入限制性措施。

五是提高外商投资政策透明度，将符合条件的外商投资企业纳入立法联系点，出台与外商投资有关的地方性法规、规章、规范性文件应当听取外商投资企业和有关商会、协会的意见和建议，以外商投资企业易于理解的方式进行解读。

（二）加强规范管理

一是健全外商投资企业投诉工作机制。《条例》规定，市商务部门承担外商投资企业及其投资者的投诉处理工作，涉及市级投诉事项、跨区投诉事项、本市内影响重大的投诉事项和上级部门转交的外商投资投诉事项，并定期通报投诉处理情况。

二是市、区政府及其工作部门要按照国家外商投资安全审查制度和工作要求，配合国家外商投资审查机构开展外商投资安全审查相关工作。

三是各级政府应当指导政府工作部门或者机构受理本辖区内外商投资投诉事项。外商投资企业或者外国投资者认为深圳市行政机关及其工作人员的行政行为侵犯其合法权益的，可以依法申请政府外商投诉处理部门或者机构协调解决。

（三）强化平等保护

一是依法保障外商投资企业平等参与政府采购，不得对政府采购供应商的所有制形式、股权结构、投资者国别、产品或服务品牌等有限制性或者歧视性行为。

二是加强对外商投资企业的产权保护，外国投资者在境内出资、利润、收益、资产处置所得、知识产权许可使用费、依法获得的补偿或者赔偿，可以依法以人民币或者外汇自由汇入汇出；依法平等保护外国投资者和外商投资企业的知识产权，对涉及外国投资者和外商投资企业知识产权的财产保全、证据保全、行为保全申请应及时受理和审查。推进知识产权跨区域、跨部门快速协同保护机制建设，探索建立与国外知识产权保护先进城市以及港澳台的知识产权合作机制。

三是强化对涉及外商投资有关规范性文件和政策措施制定的刚性约束。政府及其工作部门制定涉及外商投资的规范性文件或者政策措施，应当符合法律、法规和上级规范性文件的规定；没有法律和法规依据的，不得减损外商投资企业或者外国投资者的合法权益，不得设置市场准入和退出条件，不得干预外商投资企业的正常生产经营活动。

（四）因应实际需要

外国投资者和外商投资企业负责人在办理经营活动相关事项时，按规定需要提供境外证件原件或者亲自到场确认，但鉴于新冠肺炎疫情的影响，此项要求难以做到，在一定程度上打击了外商投资经营活动的积极性。深圳经济特区之特，在于特事特办，必须从疫情防控要求和外国投资者与外商投资企业负责人的实际工作特点出发，设置相应的便利化措施，为此，必须特别规定，因经营活动需要，外国投资者和外商投资企业在深圳经济特区内使用境外证件、证照和其他证明文件的，相关部门和机构可以通过接受公证、认证等方式提供便利化服务；要求境外当事人现场办理经营活动相关事项的，可以通过在线办理方式提供便利化服务。

（五）提供服务便利

一是规定外国投资者在深圳经济特区内的出资、利润、资本收益、资产

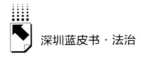

处置所得、知识产权许可使用费、依法获得的补偿或者赔偿以及企业清算所得等，可以依法以外汇自由汇入、汇出。

二是规定外商投资企业的外籍职工和港澳台籍职工在深圳经济特区内的工资收入和其他合法收入，可以依法自由汇出。

三是鼓励深圳经济特区内的银行业金融机构加大金融科技应用力度，为外商投资企业提供涉外收支便利化和结算电子化服务，探索实施外籍和港澳台籍职工薪酬购汇便利化措施。

四是建立对外商投资政府协议的合法性审查机制和跟踪管理机制，涉及外商投资的各类协议应当事先由司法行政部门进行合法性审查，相关部门对未能按期完成合同进度的，应当及时分析原因并提出处理建议，依程序报请政府决定。

（六）明确法律适用

一是规定香港特别行政区、澳门特别行政区定居在国外的中国公民在深圳经济特区内投资，参照本条例执行。台湾投资者在深圳经济特区内投资，适用国家有关台湾同胞投资保护的法律、法规的规定；国家有关台湾同胞投资保护的法律、法规未规定的事项，参照本条例执行。

二是依照《中华人民共和国立法法》的规定，深圳经济特区法规作出变通上位法规定的，在深圳经济特区范围内优先适用。当上位法给予外商投资更多便利或者更多优惠时，必须在深圳经济特区法规中作出明确的规定。为此，规定"法律、行政法规或者广东省法规对于外国投资者和外商投资企业的营商活动有更加便利或者优惠规定的，适用其规定"，充分体现了深圳经济特区立法灵活性和变通性的精神。

四　结语

制定《条例》，应结合深圳经济特区的实际，着眼于外商投资企业和外国投资者的特定需求，围绕有效促进外商投资、规范外商投资管理、保护外商投资合法权益等方面优化制度设计，构建起市场准入、投资便利、政务服务和投资保障等方面的制度框架。

参考文献

孔庆江、丁向群：《关于〈中华人民共和国外商投资法〉立法过程及其若干重大问题的初步解读》，《国际贸易问题》2019 年第 3 期。

廖凡：《〈外商投资法〉：背景、创新与展望》，《厦门大学学报》（哲学社会科学版）2020 年第 3 期。

段威：《我国外商投资企业法律制度的立法思考》，《社会科学》2012 年第 9 期。

《关于〈中华人民共和国外商投资法（草案）〉的说明》，中国人大网，2019 年 3 月 15 日，http：//www. npc. gov. cn/npc/c30834/201903/e167985f1a3a449b8815739326e3bd 52. shtml。

《国家发展改革委 商务部关于深圳建设中国特色社会主义先行示范区放宽市场准入若干特别措施的意见》，国家发展改革委网站，2022 年 1 月 26 日，https：//www. ndrc. gov. cn/xwdt/wszb/fbhsz/xgwj/202201/t20220126_ 1313317. html？code＝&state＝123。

张西峰：《迈进制度型开放：〈外商投资法〉的亮点与意义》，人民网，2019 年 3 月 18 日，http：//finance. people. com. cn/n1/2019/0318/c1004－30981057. html。

B.5
深圳商业秘密保护地方性标准探析

沈 澄[*]

摘　要： 强化商业秘密保护是实现知识产权体系闭环保障和促进改善营商环境的重要手段。本报告从深圳商业秘密保护的规范现状出发，结合深圳的地方性标准，探讨商业秘密规范化保护中需要进一步完善的内容，厘清商业秘密的准确范围，避免遗漏或不当扩大保护范围；关注鉴定手段在商业秘密保护案件中的运用，提高鉴定意见类证据的可采性；发现并采取预防二次泄密的有效措施，避免二次伤害。

关键词： 地方标准　商业秘密　司法鉴定　二次泄密

　　强化商业秘密保护是知识产权保护的重要内容，《知识产权强国建设纲要（2021—2035年）》《"十四五"国家知识产权保护和运用规划》等政策文件一再强调商业秘密保护立法和制度建设的重要性。深圳在商业秘密保护及知识产权方面的立法起步早，并不断完善。早在1995年，深圳市人民代表大会常务委员会就出台了《深圳经济特区企业技术秘密保护条例》，并分别于2009年和2019年进行了修订。2020年7月深圳市人民代表大会常务委员会出台的《深圳经济特区知识产权保护条例》，也明确将商业秘密列入知识产权客体范畴。2021年7月，深圳市市场监督管理局公布了全国首个商业秘密市级地方标准《企业商业秘密管理规范（征求意见稿）》（以下简称

---

* 沈澄，上海市汇业律师事务所合伙人律师，主要研究方向为反不正当竞争法、商业秘密保护、互联网与数据安全。

《深圳标准》①），并征集确定了 18 家试点应用企业，后于 2022 年 4 月 25
日发布了正式定稿的 DB4403/T 235－2022《企业商业秘密管理规范》。《深
圳标准》涉及商业秘密管理制度、信息、员工、外部人员、物理区域、物
品及载体、信息系统及软件、泄密事件等多个维度和流程，形成了一定的体
系性，对于企业建立健全可落地的商业秘密保护体制有重大参考价值。但就
目前商业秘密侵犯案件中遇到的一些实务问题，比如商业秘密的识别与界
定、鉴定举证、维权尺度等，部分条款仍需进一步优化。

一　《深圳标准》中商业秘密范围界定的问题

《中华人民共和国反不正当竞争法》（以下简称《反不正当竞争法》）
已经明确了商业秘密的内涵，那么，在此前提下，商业秘密外延范围的识
别与界定，是解决侵犯商业秘密案件的逻辑起点。《深圳标准》对此做了
一些尝试，其在附录 A 中以表格的形式列举了 5 类技术信息和 8 类经营信
息，但是仍然存在一些值得商榷的问题，一方面是遗漏了一些重要的秘密
信息类型，另一方面似乎又引入了带有争议的秘密信息类型。

（一）缺少关于"其他商业信息"的界定

在 2019 年修订《反不正当竞争法》之前，商业秘密在法规层面上被分
为技术信息和经营信息两大类。国家市场监督管理总局于 2020 年 9 月 4 日
发布的《商业秘密保护规定（征求意见稿）》和最高人民法院于 2020 年 9
月 10 日发布的《关于审理侵犯商业秘密民事案件适用法律若干问题的规
定》（以下简称《商业秘密民事案件解释》）对于技术信息和经营信息均作
了详细列举（见表 1）。

---

① 需要注意区别的是，深圳市服务贸易协会于 2020 年 12 月 30 日发布的一份团体标准《企业
商业秘密管理规范》（T/SZATS 0001－2021）与《深圳标准》除名称相同外，其他并不
相同。

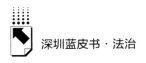

表1 关于技术信息和经营信息的相关规定

	《商业秘密民事案件解释》	《商业秘密保护规定（征求意见稿）》
技术信息	与技术有关的结构、原料、组分、配方、材料、样品、样式、植物新品种繁殖材料、工艺、方法或其步骤、算法、数据、计算机程序及其有关文档等信息	包括但不限于设计、程序、公式、产品配方、制作工艺、制作方法、研发记录、实验数据、技术诀窍、技术图纸、编程规范、计算机软件源代码和有关文档等
经营信息	与经营活动有关的创意、管理、销售、财务、计划、样本、招投标材料、客户信息、数据等信息	包括但不限于管理诀窍、客户名单、员工信息、货源情报、产销策略、财务数据、库存数据、战略规划、采购价格、利润模式、招投标中的标底及标书内容等信息

2019年修订的《反不正当竞争法》进一步扩大了"商业秘密"的外延，商业秘密不再局限于前述"技术信息""经营信息"，也包括任何符合"三性"要求的"其他商业信息"。虽然目前理论或实务界均尚未识别哪些是不能被纳入前述"技术信息"和"经营信息"的"其他商业信息"，但这种看似"大而不精"的兜底条款却很好地为实践中难以准确归类的商业信息提供了足够的容纳空间，有高度实务价值。

但比较遗憾的是，《深圳标准》附录A中虽然对技术信息和经营信息进行了较为系统化的划分，技术信息被分为研发信息、生产信息、配置信息、软件信息和其他，经营信息被分为公司基础信息、决策信息、经营信息、销售信息、财务信息、人力资源信息、信息技术信息和其他，但对"其他商业信息"并没有作任何说明。那么，这在实务中可能会引发问题：侵权人通过非法获取的手段取得了权利人与客户之间长期业务积累形成的往来邮件，这些邮件中虽然没有明确的采购意向、联系方式、产品价格等对商业交易而言具有直接关联性和形成直接竞争优势的信息，但是在大数据分析和算法工具不断成熟的情况下，侵权人可能通过挖掘、计算并结合其他市场公开信息能够推算客户的需求、喜好、定价、区位等信息的"客户名单"。但显然该"客户名单"并非来源于权利人的"客户名单"，亦非来源于权利人的"价格策略""货源情报"等经营信息，而是基于权利人长期商业实践积累所形成的"数据"或深度信息。那么，该"商业信息"虽然无法直接归为某类经营信息，但仍应受司法保护。

（二）"电子数据"与"大数据"

《深圳标准》的附录 A 中有"电子数据"的表述，容易引起的误解是"大数据"是否也能构成商业秘密。有人认为，因其形成过程的不公开、为企业带来竞争优势而具有经济价值、存储使用上具备保密管理性，大数据也应当被视为商业秘密。[①] 理论界也曾经出现过许多类似的观点，包括数据控制者权、企业数据权、大数据有限排他权、企业数据知识产权等。这种看法的实质是将数据资产视作企业的专有财产，并强调应以商业秘密的形式予以保护。

然而，数据权属不由某一方所独享，比如个人信息的原始数据经过加工处理后所生成的衍生数据通常享有财产性权益，同样可能归属于数据处理者。从立法变迁和历史解释看，法律亦无意对数据赋权：《中华人民共和国民法总则》的草案修订稿中曾试图将"数据信息"列入知识产权的保护客体，但后来仍然因争议太大被改为"法律对数据、网络虚拟财产的保护有规定的，依照其规定"并沿用至今。将大数据纳入商业秘密的范畴似乎并无成文法意义上的有力支撑。

对于市场主体的"数据"保护诉求，目前较多采用行为法（竞争法）规制而非权利法赋权的方式进行保护。在"生意参谋案"中，法院否定了经营者对涉案"生意参谋"数据产品享有财产所有权的主张，认为"财产所有权作为一项绝对权利，如果赋予网络运营者享有网络大数据产品财产所有权，则意味着不特定多数人将因此承担相应的义务。是否赋予网络运营者享有网络大数据产品财产所有权，事关民事法律制度的确定，……违反物权法定原则"。[②]

在司法实务中亦尚未见到将数据资产作为"商业秘密"提供司法保护

[①] 俞风雷、张阁：《大数据知识产权法保护路径研究——以商业秘密为视角》，《广西社会科学》2020 年第 1 期。

[②] 参见《安徽美景信息科技有限公司、淘宝（中国）软件有限公司商业贿赂不正当竞争纠纷二审民事判决书》，（2018）浙 01 民终 7312 号。

的案例。例如，在号称"大数据竞争第一案"的"新浪诉脉脉案"中，北京知识产权法院虽然判决认定脉脉公司非法抓取、使用新浪微博用户数据的行为是一种不正当竞争行为。[①] 但法院未对新浪微博的运营方与脉脉软件运营方签署的《开发者协议》中将用户数据定义为新浪微博的商业秘密的性质问题作出进一步说理。

值得注意的是，2021 年 12 月 31 日，全国信息安全标准化技术委员会秘书处发布的《网络安全标准实践指南——网络数据分类分级指引》中，也将商业秘密区别于其他数据信息，例如区别于由原始数据经过统计、关联、挖掘或聚合等加工活动而产生的衍生数据，并且在公共数据的定义中也明确排除了商业秘密。

（三）阶段成果、失败成果、实验数据的保护

现行《反不正当竞争法》不再设置"实用性"要件，统一以"经济性"（是否具有商业价值）作为商业秘密的构成要件。《商业秘密民事案件解释》进一步阐明了何谓"具有商业价值"。商业价值可以是现实的商业价值，也可以是潜在的商业价值。特别地，如果生产经营活动中形成的"阶段性成果"被认定具有现实或潜在的价值，则应当按照商业秘密予以保护。

司法实务中，商业秘密权利人的员工离职并将"半成品"带到竞争对手方，从而引发商业秘密侵权纠纷的情形十分常见。由于"半成品"不具备直接的变现能力，通常难以据此直接计算商业秘密侵权所造成的实际损失或侵权获利数额。但倘若竞争对手获得了该"半成品"，侵权人无疑是找到了通往"成品"的捷径，从而非法获得竞争优势，因此对"半成品"的保护具有必要性。譬如对于研发性企业来说，失败的实验数据（"消极"商业秘密）甚至可能比成功的实验数据更具有价值。

---

① 参见《北京淘友天下技术有限公司等与北京微梦创科网络技术有限公司不正当竞争纠纷二审民事判决书》，（2016）京 73 民终 588 号。

二　《深圳标准》中鉴定条款的可操作性

《深圳标准》第十四条第二款第三项中规定，"商业秘密信息的非公知性、同一性、损失数额的确定可向有资质的专业机构申请协助鉴定或评估"，而该条中却对于何种情况进行鉴定或评估、何谓有资质、如何取得有可采性的鉴定意见等问题缺乏指导，相比其他条款的执行性稍差。

（一）区别商业秘密"三性"鉴定的适用场景

商业秘密"三性"鉴定是办理侵犯商业秘密案件中的重要辅助手段，甚至因为鉴定的"权威性"和"技术性"特点一度产生了"以鉴代审"的实务问题，其重要性可见一斑，但"三性"鉴定的适用情境各不相同。

1. 秘密性鉴定

秘密性是商业秘密的根本属性，是其区别于其他权益（尤其是强调"已公开换保护"的专利权）而获得法律特别保护的关键。秘密性也是商业价值的来源，一旦商业秘密被公开，例如某一产品配方、研发技术被公众知晓，那么该等信息本身的价值将一落千丈，权利人将极难因掌握该等信息而获得或保持竞争优势。

2. 同一性比对

同一性比对是指鉴定机构对被诉侵权信息与权利人主张的商业秘密是否一致作出判断。在深圳市南山区市场监督管理局查处的深圳市为美致新科技有限公司侵犯商业秘密行政处罚案①中，南山区市场监督管理局委托司法鉴定机构对查扣的办公电脑和权利人的相关资料做了同一性比对鉴定，进而认定涉案公司存在侵犯商业秘密的违法行为。

3. 损失鉴定或价值评估

在实践中，当事人或执法、司法机关有时也通过鉴定或评估的方式证成

---

① 该案入选广东省市场监督管理局公布的2020年度广东省商业秘密保护大事件。

商业秘密"价值性"的构成，鉴证报告、审计报告、评估报告①等侵权数额的证明形式也多为法院所采纳。比如在2020年上海飞帆智能科技有限公司侵犯上海万可姆高科技有限公司商业秘密一案中，行政机关委托江苏五星资产评估有限责任公司对涉嫌侵犯商业秘密的技术信息的价值进行了评估。

（二）影响鉴定意见可采性的主要问题

1. 鉴定资质瑕疵

因为技术性强的特点，处理商业秘密侵权案件中普遍存在通过专业机构进行鉴定以查明案件事实的需求。但是目前在知识产权鉴定领域中比较"尴尬"的一个问题在于，"四类（法医类鉴定、物证类鉴定、声像资料类和环境损害类）外"鉴定机构的鉴定资质存在授权瑕疵。2017年7月中共中央办公厅、国务院办公厅印发的《关于健全统一司法鉴定管理体制的实施意见》以及之后司法部发布的《关于严格准入严格监管提高司法鉴定质量和公信力的意见》《关于严格依法做好司法鉴定人和司法鉴定机构登记工作的通知》，均要求"对已登记从事四类外鉴定的鉴定机构鉴定人，要依法坚决注销登记"。这意味着知识产权类鉴定机构本身有"违法"登记之嫌，其出具的鉴定意见如何得到采纳。换言之，有能力出具鉴定意见的鉴定机构可能没有鉴定资格。

遗憾的是，司法部并未就"四类外"司法鉴定机构及其出具的意见如何处理给出新的规定。这几年商业秘密领域影响较大的"香兰素案""天赐案""优选锯案"中，最高人民法院均没有对知识产权鉴定机构出具鉴定意见的资质问题作否定表态。但是，虚假鉴定、违规鉴定、重复鉴定、多头鉴定等鉴定乱象仍然存在，对鉴定意见的不信任在根源上还是对鉴定程序规范性的担忧，资质瑕疵问题则是对此类担忧的集中表现。

2. 鉴定意见不明确或鉴定标准不合理

由于深圳法院民事案件判决中较少涉及鉴定问题，本报告检索了其他省

---

① 例如，深圳市中级人民法院在（2020）粤03民终7962号案中采纳了会计师事务所出具的研究开发费用鉴证报告、在（2019）粤03民终13114号案中采纳了评估公司出具的评估报告、在（2018）粤03民终12865号案中引用了财务审计信息。

（区、市）法院的判决，以举例说明法院在是否采纳鉴定意见上的态度。

在实务中，鉴定意见不被法院采纳的原因主要集中于鉴定意见不明确或鉴定标准不合理。关于"秘密性"鉴定，在江阴挪赛夫玻璃钢有限公司与华汉守、江阴耐波特船舶设备有限公司、江阴万国玻璃钢有限公司侵害技术秘密纠纷上诉案中，江苏省高级人民法院认为一审鉴定结论中关于"逐渐为公众所知悉"的表述模糊，从而不采信一审鉴定结论作为评判涉案技术是否构成侵害商业秘密的证据。关于"损失数额"鉴定，在福建省厦门市中级人民法院（2015）厦刑终字第 590 号案中，法院认为在证明该损失的《司法会计鉴定报告书》把不相关的其他客户利润计入缺乏客观性、合理性，鉴定的时间与伟联公司实际交易的时间不符，鉴定报告体现利润与上报税务机关的毛利润不符，从而判定鉴定对象不当，认定造成损失的依据不足。

三 《深圳标准》中二次泄密问题规定的缺失

《深圳标准》第十四条规定了"泄密事件管理"。该条规定主要集中在发生泄密事件后企业应当立即采取的措施。但在实践中，权利人除面临日常经营中商业秘密被非法侵犯和获取的威胁外，对进行维权时可能遭遇二次泄密的风险，亦应有所预防。

根据泄密主体不同，二次泄密大致有以下三类：当事方泄密、第三方泄密以及司法或执法机关人员泄密。

当事方泄密是指商业秘密侵犯案件中的当事方通过司法程序交换取得相对方信息后引起的泄密，一种典型的情况是原告通过诉讼获取被告的商业秘密。这种泄密利用了侵犯商业秘密案件举证责任倒置的规则：权利人提供初步证据合理表明商业秘密被侵犯时，被诉侵权人应当证明其不存在侵犯商业秘密的行为。在此情形下，难免存在有投机取巧的当事人以他人侵犯商业秘密为由提起诉讼，而实为利用公权力取证便利之优势，在案件中获取竞争对手的商业秘密。被诉侵权方由于处于举证责任分配上的被动地位，可能不得不披露其商业秘密。此类二次泄密问题给商业秘密保护的司法开展带来了极大的挑战，由于担心秘密的二次外泄，权利人即便启动司法或执法程序后也可能投鼠忌器，不敢提交必要的举证资料，导致维权或诉讼行动失败。比如在某技术秘密案中[①]，权利人在庭前会议、司法鉴定申请、庭后说明等多个环节和程序中，始终不肯将其"3000多页图纸"的技术信息提呈法庭交换。审理期间，法院亦多次释明并要求权利人将其保护的技术信息或秘密请求事项具体化，但权利人始终不予明确，导致该案无法继续。最终，法院认为权利人提出诉讼主张的权利基础不具体、不明确，其起诉缺乏实质要件，不符合起诉条件，裁定驳回起诉。

第三方泄密是指除了当事方、司法、执法机关外的第三方取得商业秘密后引起的泄密。由于商业秘密类案件存在专业性强、环节繁多、诉讼程序交织复杂、涉及人员广泛等特点，在各程序的各步骤中都可能因引入鉴定、审计、评估、公证、勘验、查验等第三方产生二次泄密的风险。在实践中就曾经发生过这样的案件：A公司起诉B公司通过前雇员违法披露使用其技术秘密，为进行司法鉴定，A公司将载有秘密点的技术资料以Word电子文档的形式交由法院指定的某鉴定机构进行鉴定。A公司在某鉴定机构回传的文档中发现了B公司名称缩写的"作者"信息，据此判断鉴定机构将其技术资料传给了B公司，造成二次泄密。后A公司另行对鉴定机构提起了侵犯商业秘密之诉。

司法或执法机关人员泄密较好理解，是指办理商业秘密案件的司法或执法机关的人员因职务关系获取了当事方的商业秘密后引起的泄密。

四　关于相关条款完善的建议

（一）关于商业秘密范围界定条款的完善建议

首先，周延商业秘密的外延，在《深圳标准》附录A"技术秘密"和

---

① 参见《原告平湖英厚机械有限公司诉被告浙江合为机械有限公司等侵害技术秘密纠纷浙江省杭州市中级人民法院民事裁定书》，（2020）浙01知民初391号之一。

"经营秘密"之外再增加一项"其他商业信息",在表述上应当将其摆到与"技术信息"和"经营信息"同等重要的地位并说明因其文义的概括性强而不便列举。

其次,应明确"电子数据"的内涵,至少将其与互联网平台企业手握的"大数据""用户数据""衍生数据"等概念进行区分。

最后,应明确阶段成果、失败成果、实验数据因其潜在或者说"消极"的商业价值而有可能得以作为"商业秘密"保护,这一类信息也是值得纳入《深圳标准》附录 A 的。

(二)关于商业秘密鉴定或评估条款的完善建议

《深圳标准》宜从两个方面增加对上述影响鉴定意见可采性问题的指引。

针对资质瑕疵问题,首先应阐明当委托鉴定机构进行鉴定时,如何选定具有合理资质的机构,比如通过起诉维权时可以优先选择最高人民法院公布的或者属地法院资产采购目录中公布的相关鉴定机构;其次,委托之后仍应保持对鉴定程序合规性的把关,确保鉴定人员、材料传递、技术规范、记录、讨论等程序没有瑕疵,避免由此引发的资质问题。

针对鉴定意见不明确或标准不合理的问题,首先应阐明选取提交鉴定的秘密点必须明确、具体且适当,应当提供电子文档、合同、账册等文件并说明秘密点的具体构成;其次,主动向鉴定机构提供与涉案技术信息或经营信息相关的国家标准、行业标准、团体标准等;最后,应避免引导鉴定机构在鉴定意见中作出法律判断,而应仅围绕待鉴定事实发表意见,比如:是否需要购买专门设备及设备的价格、是否需要反复多次测量、信息本身是否简单以及是否是标准化/程式化的技术、是否只需常规手段获取、是否能通过观察或反向工程即容易获得。

(三)关于二次泄密问题条款的增加建议

2020 年 11 月 18 日起施行的《最高人民法院关于知识产权民事诉讼证

据的若干规定》第二十六条就二次泄密问题规定了签订保密协议,作出保密承诺,裁定不得泄密、限制商业秘密的接触人员范围等防范措施。亦有地方法院已出台细化规定,例如江苏省高级人民法院在《关于实行最严格知识产权司法保护为高质量发展提供司法保障的指导意见》中对此便作出了详细规定,采取下达保密令、签订保密协议或承诺、分步骤披露、不允许复印和拍照、交由第三方专家审查等方式,以防范商业秘密在诉讼中被不适当地二次泄露。因此,《深圳标准》可以借鉴这一做法,对于司法、行政程序中需要提交相应涉密文件或载体时,应当通过司法或执法行政部门要求相对方签署保密协议、承诺函或者由指定第三方审查方式处理商业秘密。

五 结语

深圳作为中国特色社会主义先行示范区,建设知识产权保护高地是其应有之义,应当继续在商业秘密保护领域作出表率和成绩。在地方性立法和规范化建设方面,可以引导企业结合行业特征和企业管理场景,从信息和载体定密、员工竞业管理和背景调查、设备和场所使用权限设置、人事制度和规范条款设置、合作方和供应商管理等角度出发构建有"颗粒度"的商业秘密管理制度,同时建立好信息存证、载体保管机制,以发生泄密和侵权事件后能够第一时间复原为管理目标。各市场主体抓住商业秘密保护热潮的难得机遇,加强自身合规建设,以求在日益激烈和公正的竞争环境中能够持久立足和长远发展。

参考文献

孜里米拉·艾尼瓦尔:《试论反不正当竞争法修正案的商业秘密条款》,《科技与法律》2020 年第 2 期。

林秀芹:《商业秘密知识产权化的理论基础》,《甘肃社会科学》2020 年第 2 期。

政府法治篇
Government Ruling by Law

B.6

2021年深圳市法治政府建设回顾总结
与未来展望

邓达奇　郝晶晶*

摘　要： 2021年，深圳深入学习贯彻习近平法治思想，全面贯彻落实中共中央、国务院关于法治政府建设的决策部署，深入推进依法行政，推动法治政府建设迈上新台阶。在规章和规范性文件制定方面，加大重点领域制度创新力度，稳步推动高质量制度出台，健全依法行政制度体系，为改革提供法治保障。在行政制度改革方面，深圳通过健全重大行政决策制度体系，推进行政复议体制改革、"放管服"改革和营商环境4.0版改革等，进一步健全政府机构职能体系，落实依法全面履行政府职能。深圳通过深化行政执法体制改革、加强对行政执法权的制约监督等，实现了严格规范公正文明执法，有效化解社会矛盾。展望2022年，深圳将以"双区"建设为契机，搭

---

* 邓达奇，法学博士，深圳市社会科学院政法研究所副研究员，主要研究方向为法理学、法律经济学、法律社会学；郝晶晶，深圳大学法学院副教授，主要研究方向为民事诉讼法、司法制度。

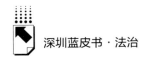

建深圳法治政府建设的"四梁八柱",聚力打造一流的法治化营商环境,全面提升行政执法品质,进一步推进深圳法治政府建设。

关键词: 法治政府　先行示范城市　深圳

2021 年,深圳市委、市政府认真贯彻落实《法治政府建设实施纲要(2021—2025 年)》《中共中央、国务院关于支持深圳建设中国特色社会主义先行示范区的意见》等法治政府建设工作重要部署,深入推进依法行政,推动法治政府建设迈上新台阶、取得新成效、实现新发展。

一　以习近平法治思想为指导统筹推进法治政府建设

(一)深入学习贯彻习近平法治思想

推进法治政府建设,必须以习近平法治思想为引领。2021 年,深圳市委、市政府主要负责同志带头深入学习贯彻习近平法治思想,将推进法治政府建设摆在工作全局的重要位置,扎实做好各项工作。第一时间邀请知名专家学者作了习近平法治思想专题报告,掀起了一股学习习近平法治思想的高潮。此外,深圳市委、市政府通过党委组织学习、个人自学等方式,系统学习习近平总书记关于全面依法治国的重要论述,深刻领悟习近平法治思想的精髓要义,进一步增强"四个意识"、坚定"四个自信"、做到"两个维护",切实把习近平法治思想贯彻到全面依法治市全过程。

(二)继续推进法治建设第一责任人职责

实现依法治国、建设法治国家的目标,党政一把手是少数关键。深圳市为贯彻中共中央、国务院关于全面依法治国的部署要求,落实《党政主要负责人履行推进法治建设第一责任人职责规定》,充分发挥深圳市委、市政府主要负责人在推进本地区法治建设中的领导核心作用，出台了《深圳市党政工作部门及区委区政府主要负责人履行推进法治建设第一责任人职责述职工作实施细则（试行）》，将"述法"工作固化为长效机制，持续推动"述法"工作规范化、法治化、常态化。同时，将落实全面依法治国要求和加强法治政府建设等工作实效列入各级领导班子和领导干部年度考核，加强对主要负责人履行法治建设第一责任人职责情况的评议，提升"述法"工作规范化水平，率先形成可复制可推广的经验，全面提高深圳市法治建设水平。2021年，深圳市、区两级法治党政主要负责人"年终述法"实现全覆盖，完成16名市领导"述法"抄报工作，选取4家市直部门主要负责人在市委全面依法治市委员会会议上进行"会议述法"。

（三）统筹安排深圳法治政府建设发展规划

一是完善深圳法治政府建设发展规划。在现有的深圳法治政府建设发展规划基础上，启动《深圳市法治政府建设实施方案（2021—2025年）》《法治深圳建设规划（2021—2025年）》等法治政府建设相关文件编制工作。深圳市司法局研究编制了深圳市法治政府指标体系2.0版，印发实施《深圳市法治政府建设2021年度重点工作安排》。

二是扎实推进深圳法治政府建设各项工作的落实。扎实推进法治政府建设督察和法治政府考核创建，圆满完成中央依法治国办来深开展法治政府建设督察迎检工作。同时，积极开展2021年全国法治政府建设示范创建活动，推荐福田区申报全国法治政府示范创建综合项目。

二 完善规章和规范性文件制定工作机制，健全依法行政制度体系

（一）不断完善政府立法机制

高质量制定政府规章，不断完善政府立法机制是加强法治政府建设的重

要前提。

一是建立立法公开意见征集机制和公众意见采纳情况反馈制度，健全公众有序参与立法的制度，合理吸收各方意见，积极回应公众立法关切。深圳市司法局通过司法局门户网站、信函、立法听证、立法座谈会等多种方式，面向社会各界公开征集《深圳市人民政府 2021 年度立法工作计划》建议，并及时公布了《深圳市人民政府 2021 年度立法工作计划》。

二是创新完善规章起草工作机制。根据立法起草工作安排，由市政府立法工作机构负责起草的规章、主管部门不明确或者涉及多个主管部门的规章，以及市政府交办的或者其他需要由市政府立法工作机构组织起草的规章，由市政府立法工作机构会同相关单位开展集中起草工作。完善立法工作常态化的沟通联络机制，建立联席会议机制和立法项目工作进度定期通报机制、立法项目常态化征求意见机制、立法工作计划协调机制。启动规章立法后评估常态化工作，有效提高立法质量和效率。

（二）加强行政规范性文件制定和监督管理

为贯彻落实《优化营商环境条例》《广东省行政规范性文件管理规定》《深圳市行政机关规范性文件管理规定》，进一步加强深圳市行政规范性文件管理，经市政府同意，深圳市人民政府办公厅印发了《深圳市人民政府办公厅关于加强行政规范性文件管理的实施意见》，完善规范性文件管理制度体系，要求规范性文件应当报送本级司法行政部门审查（审核）后再发布。

2021 年，深圳市司法局严格实施规范性文件前置审查和备案审查。审查市政府各部门规范性文件 193 件，通过 163 件，通过率 84.46%（见表1）；审查区政府规范性文件 85 件；向省政府和市人大报备规范性文件 9 件。

表1 2021年深圳市司法局规范性文件审查工作情况

单位：件

序号	单位	提请审查	审查通过
1	市发展和改革委员会	17	13
2	市教育局	8	7
3	市科技创新委员会	11	10
4	市工业和信息化局	15	15
5	市民政局	6	4
6	市司法局	2	2
7	市财政局	4	3
8	市人力资源和社会保障局	16	15
9	市规划和自然资源局	9	9
10	市生态环境局	5	4
11	市住房和建设局	17	14
12	市交通运输局	9	9
13	市水务局	3	2
14	市商务局	6	5
15	市文化广电旅游体育局	1	0
16	市卫生健康委员会	3	3
17	市退役军人事务局	2	0
18	市应急管理局	5	5
19	市市场监督管理局	5	4
20	市统计局	1	1
21	市医疗保障局	10	10
22	市地方金融监督管理局	12	8
23	市城市管理和综合执法局	1	0
24	市人民政府口岸办公室	1	1
25	市扶贫协作和合作交流办公室	2	1
26	市政务服务数据管理局	1	1
27	市人民防空办公室	2	1
28	市国防科技工业办公室	1	0
29	市公安局交通警察局	1	1
30	市前海深港现代服务业合作区管理局	9	9
31	市气象局	3	2
32	市消防救援支队	1	1
33	市科学技术协会	2	1
34	市残疾人联合会	2	2
	总计	193	163

资料来源：《深圳市司法局审查审核规范性文件统计表（2021年度）》，深圳市司法局网站，2022年1月17日，http://sf.sz.gov.cn/ztzl/gfxwj/scshgfxwjtjsj/content/post_9523357.html。

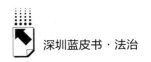

（三）开展涉《民法典》和《行政处罚法》的规章和规范性文件清理工作

深圳市政府在深入学习《民法典》和《行政处罚法》的基础上，启动对涉《民法典》和《行政处罚法》的清理工作，深圳市司法局对 13 件规章、4 件规范性文件提出了拟修改、废止意见，并公开征求意见，其中修订规章 9 件、规范性文件 3 件，废止规章 4 件、规范性文件 1 件。①

一是清理涉及《民法典》相关规章和规范性文件。主要对涉及《民法典》的《深圳市房地产登记若干规定（试行）》《深圳市房屋征收与补偿实施办法（试行）》《深圳市城市道路管理办法》《深圳市龙华现代有轨电车运营管理暂行办法》等规章和规范性文件进行了拟修改或废止理由说明。

二是清理涉及《行政处罚法》相关规章和规范性文件。主要对涉及《行政处罚法》的《深圳市网络预约出租汽车经营服务管理暂行办法》《深圳市行政听证办法》《深圳经济特区政府采购条例实施细则》《深圳经济特区在用机动车排气污染检测与强制维护实施办法》《深圳经济特区污染物排放许可证管理办法》等规章和规范性文件拟修改或废止理由作出说明。

三 健全政府机构职能体系，依法全面履行政府职能

（一）健全重大行政决策制度体系

一是严格落实重大行政决策法定程序。贯彻落实《重大行政决策程序暂行条例》《广东省重大行政决策程序规定》，严格实施重大行政决策目录管理制度，严格落实重大行政决策事项发布前报送同级党委同意和向同级人大报告等程序，并将各单位落实决策程序情况和归档要求情况纳入法治深圳

---

① 《深圳市司法局关于公开征求修改废止部分市政府规章和市政府行政规范性文件意见的通告》，深圳市司法局网站，2021 年 7 月 30 日，http：//sf.sz.gov.cn/ztzl/zflf/lfxmyjzj/content/post_ 9030539. html。

考评。为此，深圳市人民政府印发了《深圳市人民政府办公厅关于印发深圳市人民政府2021年度重大行政决策事项目录及听证事项目录的通知》，依法对9项重大行政决策事项进行了公示，并严格按照相关规定进行了听证（见表2）。根据相关规定，政府各工作部门也公布了重大行政决策事项，并举行了听证会进行听证。

表2　深圳市人民政府2021年度重大行政决策事项

序号	决策事项名称	承办部门
1	编制深圳市人口与社会事业发展"十四五"规划	市发展和改革委员会
2	编制深圳市科技创新"十四五"规划	市科技创新委员会
3	研究出台进一步推动5G发展和应用的若干措施	市工业和信息化局
4	制定深圳市临时救助实施办法	市民政局
5	制定深圳市支持农业保险高质量发展的政策措施	市财政局
6	制定深圳市饮用水水源保护区划定和优化调整工作规定	市生态环境局
7	研究制定《深圳市关于服务构建新发展格局　推动商务高质量发展　建设全球重要商贸中心的实施意见》	市商务局
8	修订深圳市扶持金融业发展的若干措施	市地方金融监督管理局
9	制定"双随机、一公开"监管实施细则	市市场监督管理局

资料来源：《深圳市人民政府办公厅关于印发深圳市人民政府2021年度重大行政决策事项目录及听证事项目录的通知》，深圳政府在线网站，2021年6月1日，http：//www.sz.gov.cn/zwgk/zfxxgk/zfwj/szfbgtwj/content/post_ 8823601.html。

二是进一步注重发挥政府法律顾问的作用。加强政府法律顾问制度工作，有利于健全行政决策机制，提高行政机关运用法治思维和法治方式解决发展难题的能力，是提升全面依法治市水平的重要举措。《深圳市2021年法治政府建设年度报告》统计显示，深圳市人民政府法律顾问室审查行政决策、重大项目430次，审查合同463份，出具法律意见755份，为新冠肺炎疫情防控、重大项目建设、重大决策、历史遗留问题和突发事件应对提供法律支持，全面防控政府法律风险。[①]

[①]　《深圳市2021年法治政府建设年度报告》，深圳市司法局网站，2022年1月29日，http：//sf.sz.gov.cn/gkmlpt/content/9/9549/post_ 9549556.html#21954。

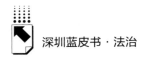

（二）深化行政复议体制改革

2021 年，深圳认真落实中央重要指示，深入推进行政复议体制改革，逐步实现行政复议的机构编制集约化、案件审理信息化、案件管理标准化、人员专业化。

一是机构编制集约化。市、区司法局以市、区人民政府行政复议办公室名义办理行政复议案件，深圳全市的行政复议机关由原来的 71 家精简为 10 家。

二是案件审理信息化。深圳市司法局建成"深圳市行政复议办案平台"，市、区司法局统一使用。同时，深圳打通行政执法机关、行政复议机关、人民法院之间的信息壁垒，实现全过程的信息互联互通，提高办案效率和质量。深圳通过"i 深圳"App 推出"掌上复议"功能，当事人可以凭此在网上进行复议申请、办案进度查询、听证等一系列活动。一方面让群众少跑腿，提高行政复议效率，节约行政复议成本；另一方面，行政复议的全过程得以置于当事人的监督之下，促使案件审理公平公正、行政复议透明高效。

三是案件管理标准化。深圳市司法局制定了《深圳市行政复议服务保障标准》，在行政复议案件管理上打造了"深圳标准"，实现了办案程序、文书格式、服务保障标准、案件管理、行政复议咨询委员会的全市统一。

四是行政复议人员专业化。深圳通过调任等方式，吸引了一批专业人才。同时，深圳探索市、区行政复议工作人员交流转任机制。从事复议的工作人员由原来以兼职为主的 266 名精简为约 80 名专职复议工作人员，业务能力得到显著提升。

（三）大力推进"放管服"改革

面对国际经济下滑以及全球疫情的影响和冲击，深圳的发展也面临诸多压力，迫切需要统筹疫情防控和经济社会发展，直面市场主体需求，创新实施宏观政策，深入推进"放管服"改革，进一步把简政放权、放管结合、优化服务改革结合起来，大力推动深圳经济社会稳定发展。2021 年，深圳市继续深入推进"放管服"改革，以优化营商环境为重点方向，发布的任务清单涵盖了构建要素高效配置的市场体系、对接国际通行经贸规则、营造更加公平公正的法治环境等五大方面，提出了220余项具体任务；进一步推动出台放宽市场准入特别措施清单，进一步放宽科技创新、金融投资、医疗卫生、交通运输、教育文化、前沿技术等领域的外商投资市场准入。

深圳市各部门积极响应，进一步推动"放管服"改革在深圳落地。例如，深圳市财政局进一步下放资产处置审批权限，调整资产处置审批权限，对于达到或超过规定使用年限、计提折旧（摊销）后账面净值为"0"的资产，其处置由单位行政主管部门负责审批。深圳银保监局印发《深圳银保监局关于简化中国（广东）自由贸易试验区深圳前海蛇口片区内银行保险机构和高级管理人员市场准入有关事项的通知》，推出包括"四减"的"放管服"新举措：一是简化部分准入事项办理方式，减少备案环节；二是减少审批事项申请材料；三是压减审批事项办理时限；四是减少规范性文件数量。"四减"进一步简化市场准入，推动优化金融服务体系改革，为金融服务前海建设提供更多支撑。南山公安分局在科技高地南山区，推动户政、车管业务等"放管服"改革，实现相关业务24小时"不打烊"，南山市民可根据自己的时间安排，随时自助办理相关业务。龙华区聚焦减轻市场主体负担、扩大有效投资、激发消费潜力、加强事中事后监管、优化民生服务等方面，实施了一系列删繁就简、便民利企的政策措施，不断提升政务服务水平。

据统计，深圳深化"证照分离"改革，对527项涉企经营许可事项分类进行改革，其中取消审批72项，审批改为备案15项，实行告知承诺61项。"i深圳"App已接入8070项服务，累计注册用户数达1603万人。提升智能服务水平，推出"秒报"事项539项、"秒批"事项350项、"秒报秒批一体化"事项165项、"一件事导办"服务2155个、"一件事一次办"2091个。

（四）全力推进营商环境4.0版改革

2021年，在前三版营商环境改革政策的基础上，深圳迭代推出营商环境4.0版改革政策。该政策打出了一套"组合拳"，由《深圳市2021年深

化"放管服"改革 优化营商环境重点任务清单》《深圳市 2021 年推进四个
"十大"改革措施 持续打造国际一流营商环境工作方案》《深圳市贯彻〈深
圳经济特区优化营商环境条例〉实施方案》三份文件构成，提出了 26 个领
域 222 项改革任务，推出了四个"十大"改革措施，从 6 个方面 30 个领域
确定了 130 余项具体工作任务和相关责任单位，着力解决了一批制约市场主
体投资兴业的突出问题，为深圳高质量发展按下"加速键"。截至 2022 年 1
月 20 日，深圳商事主体已超 380 万户，总量、增速和创业密度连续多年保
持全国第一。深圳已经成为国内市场干预最少、经济最活跃的城市之一。

（五）健全突发事件应对处置制度体系

一是健全应急管理制度。结合深圳实际情况，进一步推进"1+4"（应
急管理法+安全生产法、自然灾害防治法、消防法、应急救援组织法）应急
管理地方立法框架的构建，进一步完善深圳应急管理地方立法，健全突发事
件应对处置制度体系。（1）研究起草《深圳经济特区城市安全发展条例》，
从安全基础设施规划建设、城市生命线安全运行保障、突发事件应对等角
度，对安全发展的基础性、原则性问题予以规范，并以该条例为核心法规，
统领、指导和协调深圳市相关安全立法。该项立法已于 2021 年上半年启动
法规起草工作，现已形成征求意见稿。（2）推动《深圳经济特区安全生产
监督管理条例》立法进程，明确安全生产监管责任，规范监管行为和创新
监管方式，构建完整的安全生产监管责任体系。该条例已经深圳市人大常委
会第三次审议，2022 年 6 月 23 日由深圳市人大常委会进行表决。（3）研究
起草《深圳经济特区自然灾害防治条例》，突破国家现行的"单灾种"立法
模式，构建多灾种、全链条的自然灾害防治体系。该条例已于 2021 年 2 月
报请深圳市司法局审查。（4）研究起草《深圳经济特区应急救援条例》，强
化应急救援力量建设管理，优化应急救援流程，提高应急救援效率。
（5）制定《深圳市支持社会应急力量参与应急工作的实施办法（试行）》
《深圳市自然灾害救助应急预案》《深圳市应急管理局关于深入推进工贸企
业安全生产三级标准化达标创建工作的通知》《深圳市应急管理局关于开展

安全培训机构登记及信息公开工作的通知》等规范性文件，对法律法规相关规定进行细化，有效填补应急管理制度空白。

二是加大突发事件预防处置行政执法工作力度。（1）提高突发疫情处置能力。坚持以"快速精准"为目标，阻击新冠病毒变异毒株，实现"双战双胜"。加快提升疫情应急处置能力，及时修订突发疫情处置预案，全面开展疫情处置应急演练。（2）开展安全执法行动。组织指导全市各级应急管理部门对工矿商贸、危险化学品生产经营等行业领域开展执法行动，有力打击安全生产违法行为。2021年以来，全市各级应急管理部门共执法检查各类生产经营单位52867次，共查处事故隐患71642项，共实施行政处罚7294次，有力促进深圳市安全生产形势好转。[①]（3）合理行使安全执法裁量权。根据《行政处罚法》《安全生产法》等法律最新修改情况，及时对《深圳市应急管理行政处罚自由裁量权实施标准》进行修订，指引执法人员合法合理行使行政处罚自由裁量权。（4）推行包容柔性执法。制定《轻微违法行为不予处罚事项清单》，明确轻微违法行为首次被发现后能够按要求整改消除危害后果的，且执法人员经现场检查认为企业现场安全管理状况良好的，一般不予立案查处，已经立案的可不予处罚。

四 严格规范公正文明执法，有效化解社会矛盾纠纷

（一）深化行政执法体制改革

一是深化街道综合行政执法体制改革。为贯彻落实《中共中央办公厅国务院办公厅印发〈关于推进基层整合审批服务执法力量的实施意见〉》《中共广东省委印发〈关于深化乡镇街道体制改革完善基层治理体系的意见〉的通知》（粤发〔2019〕27号）以及《广东省人民政府关于乡镇街道

[①] 《深圳市应急管理局2021年法治政府建设年度报告》，深圳政府在线，2021年12月29日，http://www.sz.gov.cn/szzt2010/wgkzl/jggk/lsqkgk/content/post_9487548.html。

综合行政执法的公告》（粤府函〔2020〕136 号），深圳市出台了《深圳市人民政府关于街道综合行政执法的公告》（深府函〔2021〕213 号）。统筹配置行政执法职能和执法资源，深化应急管理综合行政执法改革。明确纳入街道综合行政执法范围的 475 项职权实施清单和 74 个街道办事处，实现街道以自身名义执法，切实提升基层治理能力和水平。2021 年 9 月，"深圳市南山区西丽街道办事处综合行政执法办公室（综合行政执法队）"正式挂牌，标志着深圳市街道综合行政执法体制改革正式启动，拉开了深圳市街道综合行政执法工作的序幕。深圳开启了全面推进街道综合行政执法"五化"（执法职责法定化、队伍正规化、执法规范化、手段智能化、参与社会化）的建设，为构建权责明晰、运转顺畅、执法规范、服务热情的街道综合行政执法体系，打造全国一流的街道综合执法队伍奠定基础。

二是进一步完善行政执法程序。全面严格落实行政执法"三项制度"，健全行政执法主体、人员管理制度，大力开展行政执法案卷评查和"三项制度"考核工作。《深圳市 2021 年法治政府建设年度报告》显示，深圳市在 2021 年一共发布行政执法主体及委托执法公告 21 个，开展行政执法人员、听证人员岗前培训 39 期，培训 4715 人，换发行政执法证件 6005 人次。

三是进一步创新行政执法方式。大力推动包容柔性执法，在市场监督管理、生态环境保护等 16 个领域已梳理形成不予处罚清单，形成的"小错免罚"包容柔性执法经验得到了国家发展改革委认可并在全国推广。例如，针对"三小"场所住人安全隐患，梅林街道采取"安全警示教育法"非强制性执法方式，改变了违法经营者的安全观念，并增强了辖区居民的安全意识。道德伦理引导、说理开导和协商沟通，使辖区居民在心理上产生认同、在行为上自觉遵从，从源头上整治和消除了各类安全隐患，有效地推动辖区隐患治理工作的开展。深圳市还首创全国工地噪声监管"远程喊停"模式，借助科技手段为环境监管赋能，被生态环境部推广至全国使用；召开 2021 年国家机关"谁执法谁普法"履职报告评议会，对 5 个单位进行评议，约 23.32 万人参与评议投票，取得良好社会效果。

（二）加强对行政执法权的制约监督

一是加大行政机关内部监督力度。研究编制法治政府指标体系 2.0 版，积极配合中央依法治国办来深督察，加强对各区及重点单位的督导，严格落实被督察单位的主体责任，顺利完成迎检工作；扎实做好法治广东建设考评迎检工作，获评 2020 年度法治广东建设全省第一名。

二是自觉接受人大、政协的监督。把人大代表建议、政协委员提案办理工作作为听取意见、接受监督、加强和改进工作的重要抓手。自觉接受人大监督、民主监督，市政府各部门主动向市人大常委会和市政协对口机构汇报沟通。《深圳市 2021 年法治政府建设年度报告》统计显示：2021 年，深圳市办理人大代表建议 821 件、政协提案 645 件。主动倾听代表呼声，多次邀请人大代表、政协委员参加座谈会听取意见，研究推进建议转化为具体工作措施，切实把人大代表、政协委员的监督作为推动行政执法工作高质量发展的"助推器"。

三是自觉接受司法监督和检察监督。印发《深圳市人民检察院、深圳市司法局关于加强行政检察与行政执法监督衔接工作的实施方案》，推动检察监督、司法监督与行政执法监督相衔接。修订完善 2021 年深圳市行政执法案卷评查标准，对全市 1000 余宗案卷进行评查。积极推动特邀行政执法监督员工作。《深圳市 2021 年法治政府建设年度报告》统计显示：全市法院共受理行政诉讼案件 6745 宗（含旧存），行政机关负责人出庭应诉案件 865 宗，行政机关败诉案件 222 宗，败诉率为 7%；全市行政公益诉讼立案 660 件，公益诉讼诉前程序 469 件，被监督的行政机关到期回复率 100%；强化审计工作，全市审计机关共完成审计项目 236 个，提出审计建议 962 条，推动被审计单位建立健全规章制度 367 项。

四是落实政务公开制度。认真落实全国人大常委会执法检查组到深圳开展公证法执法检查时提出的工作要求，严格落实政务公开、财务公开，认真办理依申请公开事项 24 件，涉司法监督、法律监督问题零发生。积极配合市委第八巡察组开展政治巡察，不断提高司法行政工作规范化水平。完善政务公开平台，全面推动政府网站集约化建设，健全政务新媒体监管机制，加

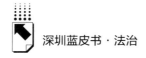

强政府信息公开专栏建设，推进规章集中统一公开，主动公开政策性文件政策解读率达100%。规范办理依申请公开，2021年全市共办理依申请公开事项5000余件。全面开展主动公开基本目录编制。

（三）有效化解社会矛盾

一是健全社会矛盾纠纷行政预防调处化解体系。（1）加强行政调解工作。以制度建设为引领推动行政调解工作发展，制定行政调解实施办法、行政纠纷多元化解机制工作备忘录，加强行政纠纷化解中诉讼方式与非诉讼方式的衔接，探索构建行政纠纷分层多元化解机制。（2）创新推广宝安"三调联动"工作模式，打造新时代宝安"枫桥经验"。2019年12月，中央依法治国办将宝安区作为中央依法治国办人民调解、行政调解、司法调解"三调联动"试点。2021年，深圳市着手研究起草《深圳经济特区矛盾纠纷多元化解条例》，推动人民调解组织实现全覆盖。截至2021年10月，全市建立人民调解组织1852个，行业性、专业性人民调解组织93个，个人调解工作室54个，调解案件10.5万宗。

二是发挥行政复议化解行政争议主渠道的作用。《深圳市2021年法治政府建设年度报告》统计显示：自2021年6月1日起，市、区两级人民政府实现集中行政复议职能，市复议办新收行政复议案件6282宗，案件量较去年同期增长约3.1倍，受理后办结4737宗（含上年度结转），维持2647宗，驳回743宗，终止、撤销、责令履行、确认违法1347宗，综合纠正率28.4%，行政复议纠正行政机关不当或违法行为的作用得到充分发挥；开发"掌上复议"功能，扩展申请行政复议渠道；率先探索制定全国首个行政复议保障标准，通过标准化建设构建统一科学的行政复议运作机制。

五 以"双区"建设为契机，进一步推进深圳法治政府建设

2021年深圳法治政府建设工作取得一定的成绩，但也存在一些薄弱环

节，包括政务公开标准化、规范化建设水平有待提高，基层行政执法力量水平与管理要求还不相匹配，行政执法整体水平还需提升，法治人才培养存在不足等。随着"双区"建设战略的提出，深圳迎来了历史性法治机遇，必须继续进一步深入学习贯彻习近平法治思想，以"双区"建设为指向，坚持问题导向，抢抓"双区"驱动、"双区"叠加、"双改"示范、建设中国特色社会主义法治先行示范城市和粤港澳大湾区高水平法治人才高地的机遇，推动全市上下形成合力，采取切实有效措施推动新时代深圳法治政府建设更新升级，推进法治政府建设薄弱环节的全面改进工作，为建设好中国特色社会主义先行示范区、创建社会主义现代化强国的城市范例、率先实现社会主义现代化提供更加有力的法治保障。

（一）搭建深圳法治政府建设的"四梁八柱"

一是要坚持以新时代习近平法治思想为统领，全方位推动法治政府建设。习近平法治思想内涵丰富、论述深刻、逻辑严密、系统完备，要坚持以习近平新时代中国特色社会主义思想为指导，深入贯彻习近平法治思想，全面贯彻党的十九大和十九届历次全会精神，坚定捍卫"两个确立"、坚决做到"两个维护"，全力推动法治政府建设，为"双区"建设提供更坚实的法治保障、更优质的法律服务。

二是要加快出台深圳市法治政府建设方案。要紧密结合中央依法治国办就法治中国、法治政府、法治社会建设出台的"一规划两纲要"（《法治中国建设规划（2020—2025年）》《法治政府建设实施纲要（2021—2025年）》《法治社会建设实施纲要（2020—2025年）》）最新精神，紧扣深圳市第七次党代会以及深圳市"十四五"规划的法治使命，扎实推进《深圳市建设中国特色社会主义法治先行示范城市的实施方案（2021—2025年）》各项创新举措，进一步研究制定和实施深圳市法治政府建设方案，搭建起深圳法治政府建设的"四梁八柱"。

（二）聚力打造一流的法治化营商环境

一是全面落实《国家发展改革委、商务部关于深圳建设中国特色社主义先行示范区放宽市场准入若干特别措施的意见》，对先进技术应用和产业发展、金融投资、医药健康、教育文化、交通运输等重点领域，持续推动放宽市场准入，打造市场化、法治化、国际化营商环境。在放宽市场准入的同时，有关部门要同步完善监管制度，健全各类监管措施，确保有关市场准入限制"放得开、管得好"。

二是着力提升公共法律服务能力。积极开展香港、澳门律师取得内地执业资质和从事律师执业试点工作，深化粤港澳联营律师事务所试点改革，支持在前海实行中国内地律所与外国律所联营，为港澳和国外法律人才的发展提供便利；支持前海深港国际法务区建设，支持前海商事调解中心、蓝海法律查明和商事调解中心等机构做大做强，推动商事调解活动规范化、市场化，打造国际商事争议解决枢纽城市。进一步加大高素质法治专业人才的引进，切实增强公务员依法行政能力和法治意识。

三是加快推进政务公开标准化、规范化建设。坚持需求导向，围绕经济社会发展需要和人民群众关注关切，着力推进决策、执行、结果、管理、服务"五公开"，进一步增强主动公开的针对性和实效性。坚持规范引领，全面推进政务公开标准化、规范化建设，着力构建公开、解读、回应、互动、平台有序衔接的政务公开制度体系。

（三）全面提升行政执法品质

一是继续深化街道行政执法体制改革，强化街道综合行政执法队伍建设，推动执法力量向基层下沉。积极推广"场景式执法"培训。强化协调监督体系建设，推进双系统的深度应用，强化行政执法数据的高质高效归集。完善市、区、街三级工作衔接机制，鼓励各区创新执法模式，探索联络专员、执法队员跟班学习和业务骨干随队指导等新模式，确保各项职权事项"放得下、接得住、管得好、有监督"。

二是继续推进重大行政决策制度改革。修订完善《深圳市人民政府重大行政决策程序规定》，严格落实重大行政决策法定程序，实施重大行政决策目录管理制度，重大行政决策事项应当在发布前报送同级党委同意和向同级人大报告，并将各单位落实决策程序情况和落实决策归档要求情况纳入法治深圳考评。

三是进一步打造数字政府，进一步推动服务型政府优化升级，实现数字化政务服务。大力推动"数字政府改革"建设，提升政府服务智慧化水平，提升政务服务可及性。推进"互联网+监管"建设，实现数字化监管。完善新型监管机制，创新包容审慎监管，维护公平竞争秩序。

参考文献

胡建淼主编《法治政府建设：全面依法治国的重点任务和主体工程》，人民出版社，2021。

应松年：《从依法行政到建设法治政府》，中国政法大学出版社，2019。

江凌：《法治政府建设有关问题研究》，法律出版社，2019。

江国华：《法治政府要论——程序法治》，武汉大学出版社，2021。

中国政法大学法治政府研究院主编《法治政府蓝皮书：中国法治政府发展报告（2020）》，社会科学文献出版社，2021。

付子堂、张善根：《地方法治建设及其评估机制探析》，《中国社会科学》2014年第11期。

田昕：《新时期法治政府建设的顶层设计与实践要求——〈法治政府建设实施纲要（2021—2025年）〉理论解读》，《中共中央党校（国家行政学院）学报》2022年第1期。

B.7
深圳行政裁量基准设定研究

李明超　蓝植涛*

摘　要：　行政裁量基准是行政机关依职权对法定裁量权具体化的控制规则。深圳最早于2008年颁布了《深圳市规范行政处罚裁量权若干规定》，市、区两级政府部门制定了大量的行政裁量基准文件，主要分布在行政处罚与行政许可领域。当前，行政裁量基准的设定存在着标准不统一、程序不完善、变更规则缺失等突出问题。行政裁量基准设定规则的完善需要吸纳《行政处罚法》中的新规定，同类型行政裁量基准设定所依据的法律规范应当一致，针对违法主体、违法情节以及违法行为手段等的考量因素应当大体一致，要完善行政裁量基准设定程序，并确立行政裁量基准变更规则。

关键词：　行政裁量权　裁量基准　规则设定　深圳

一　问题提出

所谓行政裁量基准，是指行政机关在法律规定的裁量空间内，依据立法者意图以及比例原则等要求，并结合执法经验的总结，按照裁量涉及的各种不同事实情节，将法律规范预先规定的裁量范围加以细化，并设以相对固定

---

*　李明超，深圳大学法学院特聘副研究员、硕士生导师，主要研究方向为行政法与行政诉讼法；蓝植涛，广东省茂名市茂南区人民检察院政治部一级科员，主要研究方向为行政法。

的具体判断标准。① 周佑勇教授将行政裁量基准定性为"一种行政自制规范",认为行政裁量基准是对有关裁量权行使范围等方面的法律规范加以具体化的解释。② 王贵松教授将行政裁量基准的主要功能归纳为四个方面,即控制裁量基准的运作、提升裁量基准的品格、减少裁量的不确定性以及便于司法对裁量的审查。③ 总体上,行政裁量基准是行政机关自己制定的内部行政规则,意在限制行政权力、规范行政行为。在我国,行政裁量基准设定并没有统一的标准和规则。当前的研究也主要集中于行政裁量基准的性质、定位、类型以及变更等方面,无法为行政裁量基准设定规则提供充分的理论支撑。深圳较早便开始关注对行政裁量权的控制问题,市、区两级政府部门制定了大量的行政裁量基准文件,有效地规范了行政裁量权的行使。以深圳各级政府部门制定的行政裁量基准文件为分析样本,可以梳理总结当前行政裁量基准设定中存在的问题,并结合新《行政处罚法》的制度创新,完善行政裁量基准的设定规则。

二 行政裁量基准设定的实证考察

(一)深圳行政裁量基准文件制定情况

深圳是国内较早探索制定行政裁量基准文件的城市,于 2008 年出台了全国第一部关于行政裁量基准的地方政府规章《深圳市规范行政处罚裁量权若干规定》。之后,市、区两级政府便开始制定大量的行政裁量基准规范性文件。在市级层面,主要由市政府各职能部门制定、发布行政裁量基准文件。例如,《深圳市环境行政处罚裁量权实施标准》自 2012 年被制定以来,经过多次修改,目前已经是第六版(2021 年增补版)。在区级层面,除了各

① 卢芳、周训芳、诸江:《行政裁量基准制度在林业行政处罚中的实践与完善》,《北京林业大学学报》(社会科学版)2016 年第 4 期。
② 周佑勇:《裁量基准的制度定位——以行政自制为视角》,《法学家》2011 年第 4 期。
③ 王贵松:《行政裁量基准的设定与适用》,《华东政法大学学报》2016 年第 3 期。

职能部门单独制定、发布的行政裁量基准文件外，还存在由区政府发布"一揽子"行政裁量基准文件的方式。例如，福田区政府组织全区 19 家执法部门会同各部门法律顾问，对福田区行政处罚权裁量事项进行全面梳理、充分论证，于 2014 年发布《福田区行政处罚裁量权实施标准（试行）》。在制度创新方面，龙岗区在全国率先全面推行行政处罚裁量标准定额化，在 2012 年 953 项裁量权实施标准的基础上，根据权责清单编制要求，将所有事项细化为不可再分的子项，区属 19 个执法单位对 1987 项行政处罚事项，以及街道受委托实施的 5000 多项执法事项，全部按照标准定额化的要求设定了裁量权实施标准，实现了行政处罚"零裁量"。

2021 年 8 月，中共中央、国务院印发《法治政府建设实施纲要（2021—2025 年）》，明确提出要全面落实行政裁量基准制度，细化量化本地区各行政执法行为的裁量范围、种类、幅度等并对外公布，这对行政裁量基准的设定提出了更高的要求，特别是新修订的《行政处罚法》也在同年生效实施，许多新的制度规定需要在现行的行政裁量基准中体现。对此，深圳市、区政府部门迅速响应，根据纲要精神和《行政处罚法》的新规定对现行部分行政裁量基准进行了修订、完善。例如，深圳市在市场监督管理、生态环境保护等 16 个领域已梳理形成不予处罚清单，形成的"小错免罚"包容柔性执法经验得到了国家发展改革委认可并在全国推广。

行政裁量基准的内容涉及领域范围较为广泛，包括了政治建设、经济建设、社会建设、文化建设、生态文明建设五个方面。本报告对深圳市级以及罗湖、南山等 10 个区级的行政裁量基准文件进行了归纳总结（见表 1）。①总体上，在所搜集到的 83 件行政裁量基准文件中，关于行政许可的行政裁量基准的文件有 20 余件，其余的基本是关于行政处罚的裁量基准文件。其中，大部分集中在社会建设领域，占比高达 49%。

---

① 本报告所有数据、图表资料来源于作者统计，相关数据文件来源于深圳市政府网站以及各区政府网站所公布的政务文件，检索日期截至 2021 年 10 月，特此说明。

表1   深圳行政裁量基准文件梳理情况

单位：件

	政治建设	经济建设	社会建设	文化建设	生态文明建设	汇总
深圳市	5	5	16	3	3	32
罗湖区	2	0	6	1	0	9
南山区	0	0	2	0	0	2
福田区	1	0	1	0	0	2
盐田区	4	2	1	0	0	7
龙华区	2	1	3	0	0	6
龙岗区	3	0	1	0	0	4
坪山区	2	0	1	0	0	3
光明区	1	1	6	1	1	10
宝安区	2	1	2	0	0	5
大鹏新区	1	0	2	0	0	3
汇总	23	10	41	5	4	83

（二）行政裁量基准设定主体

从深圳行政裁量基准设定的实际情况来看，在上级机关设定行政裁量基准的情况下，下级机关一般不再设定行政裁量基准。例如，2020年1月23日深圳市城市管理和综合执法局出台的《深圳市城市管理行政处罚裁量权实施标准》，包括了市容和环境卫生、绿化、园林、照明以及养犬等五部分内容。深圳市各区均使用了市级部门制定的《深圳市城市管理行政处罚裁量权实施标准》，而非自行设定行政裁量基准。至于在此之前已经制定相关行政裁量基准文件的，例如龙岗区政府在2019年4月23日，即《深圳市城市管理行政处罚裁量权实施标准》正式适用之前，便宣布2017年出台的龙岗区城市管理相关规定从此废止。这一做法有利于行政执法的规范化，避免行政执法人员在执法过程中因多头引用产生混淆。总体上，区级的行政机关大多数在不同的领域使用市级的行政裁量基准文件，其中以文化建设和生态文明建设这两个领域最为集中。从表1中可以看出，除了深圳市级文化建设和生态文明建设各有3件行政裁量基准文件外，其余区级行政机关大多数没

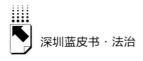
有制定与这两者相关的行政裁量基准文件。当然，这并不意味着下级机关没有权力制定行政裁量基准文件。但是，下级机关制定行政裁量基准文件时，不宜与上级行政机关制定的相关行政裁量基准文件的规定相抵触。

（三）行政裁量基准设定程序

在深圳的行政裁量基准文件中，关于行政裁量基准设定程序的规定较少。反观，《湖南省行政程序规定》第九十条第二款则明确规定："裁量权基准的制定程序，按照规范性文件的制定程序办理。裁量权基准应当向社会公开。"参照重要规范性文件的制定程序，行政裁量基准设定程序主要包括五个步骤：评估论证、公开征求意见、合法性审核、集体审议决定、向社会公开发布。虽然行政裁量基准的设定程序通常不必如行政法规、行政规章一般严苛，但是，出于对行政相对人以及第三方利害关系人的利益考虑，"公开征求意见"和"向社会公开发布"两个环节都是不可或缺的。例如，深圳市政府官网上《市安委办关于征求深圳市安全生产行政处罚自由裁量权实施标准修改意见的函》以及历年《深圳市应急管理局关于向社会公开征求〈深圳市应急管理行政处罚自由裁量权实施标准〉意见的通告》等相关公告，都体现了政府设定行政裁量基准时的程序性要求，体现出政府对公民权利的尊重与保障。

（四）行政裁量基准设定的考量因素

以《深圳市应急管理行政处罚自由裁量权实施标准》为例，可以从违法主体、违法次数以及违法后果三方面分析影响行政裁量基准设定的因素。

从违法主体的角度来看，在《深圳市应急管理行政处罚自由裁量权实施标准》中，针对编号1002的违法行为，生产经营单位未完善相关安全措施的，单独将矿业、化学等产业归为一类的，其划分依据便是这些产业一旦发生安全事故的危害性大小。如果有该违法行为的，应当责令限期改正，并可以处4万元罚款，而其他生产经营单位有该违法行为的，按照从业人员少于9人到从业人员多于300人的区间，以人数来划分6个处罚幅度，处罚金额为 900 元~4 万元。这考量的是以违法主体不遵守安全生产管理可能带来的危害后果来区分不同的裁量区间。单纯从该条中针对"其他生产经营者"的规定来看，以人数区分生产经营单位的体量，考虑到了规模不同的单位对安全生产经营领域可投入资金以及必要性不尽相同。因此，违法主体带来的社会危害性越大，行政裁量基准的规定也相应地更加严格。

从违法次数的角度来看，同样是上述编号 1002 的违法行为，生产经营单位如存在"逾期未改正"的情形，一并作出相应的行政处罚，即停产停业整顿、对生产经营单位罚款 8 万元以及对其人员单独处 1.5 万元罚款。同时，在该标准第十七条第三款中，还规定了在 1 年时间内发生 2 次或 2 次以上相同违法行为的，同时又尚未触及犯罪的，应该予以从重处罚。同样的违法行为，对于逾期未改正的处罚要较初次处罚更重。这是考虑到了违规生产经营单位的违法成本，初次处罚并不能使其体会到违法的严重性，因而需要更进一步的处罚措施。同样地，对于特定时间段内屡次违法的企业，也会相应从重处罚。

从违法后果的角度来看，在《深圳市应急管理行政处罚自由裁量权实施标准》中，针对编号 1003 的违法行为，相关负责人没有按规定考核合格的，按照逾期 1 个月以下到逾期 5 个月以上的区间，分为 6 个处罚档次，处罚金额为 2 万~4.8 万元。这与上述编号 1002 违法行为中"责令限期改正，并可处 4 万元罚款"有着明显的差异。两者的违法主体一致，违法次数也一致，处罚结果不同的原因便是两者带来的违法后果不同。在编号 1003 的违法行为中，第六档也就是顶格处罚，为 4.8 万元，在于该生产经营单位逾期了 5 个月以上，其危害后果已经比不配备安全生产管理人员更为严重了。因此，才会出现两者处罚力度不相同的情况。

总体上，行政机关在设定行政裁量基准时，所考量的因素不只是违法主体、违法次数以及违法后果这三项。只是就深圳行政裁量基准文件的梳理情况而言，这三者之间的对比更为强烈。具体而言，行政裁量基准设定的考量因素可以分为两类：一类是违法行为本身，包括违法动机、违法目的、违法行为人主观上存在过错的大小、违法行为人使用的手段与方法、违法行为造成的危害后果以及违法对象等；另一类是与违法行为人相关的考量因素，比如违法行为人的现实情况、违法行为人的责任能力以及违法行为发生后有无悔改表现等。①

三　行政裁量基准设定规则之反思

根据对深圳行政裁量基准文件的梳理，当前行政裁量基准设定存在以下三个较为突出的不足之处。

（一）行政裁量基准设定标准不统一

行政裁量基准设定的原意在于适应不同行政区域的实际状况和需要。在政治、经济等基本要素相似的地区，行政裁量基准应该保持基本一致，这样才可以使各方不至于受到复杂的裁量基准干扰，保障行政执法的公平公正。在梳理深圳行政裁量基准文件时，本报告仍然发现存在着裁量基准设定标准不统一的情况。例如，同为关于教育局行政处罚裁量权实施标准，《深圳市罗湖区教育局行政处罚裁量标准》（以下简称《罗湖区标准》）与《深圳市龙华区教育局行政处罚自由裁量权标准》（以下简称《龙华区标准》）中的某些裁量标准就不尽相同。比如，同属于"擅自分立、合并民办学校"的违法行为，《龙华区标准》第二条规定了"一般、严重、特别严重"三档处罚，"一般"的处罚档次是"责令限期整改"。而《罗湖区标准》第四十一条只规定了两档处罚，和《龙华区标准》的"严重"以及"特别严重"两者类似。相较于《罗湖区标准》，《龙华区标准》进一步细化了行政处罚的档次，将"责令限期整改""责令停止招生""吊销办学许可证"分别归为三档不同的行政处罚，而将"没收违法所得"贯彻始终。同时，龙华区的裁量基准的设定依据是《民办教育促进法》第六十二条的规定，而罗湖

---

① 郑琦：《行政裁量基准适用技术的规范研究——以方林富炒货店"最"字广告用语行政处罚案为例》，《政治与法律》2019 年第 3 期。

区的裁量基准没有明确其设定的法律依据。在设定行政裁量基准的过程中，应当明晰其设定的法律依据、规范其设定标准。当然，每一个拥有行政裁量权的行政机关都具有设定行政裁量基准的权限，讨论行政裁量基准的设定标准不是为了使裁量基准文件完全一致，而是为了求同存异，以实现在同一城市不同区域保持相对统一的行政裁量基准设定标准。

（二）行政裁量基准设定程序不完善

目前，行政裁量基准设定程序并不完善，这可能会导致行政裁量基准的设定不当。从理论上来说，行政裁量基准的制约对象是行政机关自身的行政行为。但是，在实践中，行政相对人和利害关系第三人的合法权益也会受其影响。这是因为行政裁量基准具有外部效力，这种效力来自行政自我拘束原则以及信赖利益保护原则。行政相对人有权利要求行政机关遵守其设定发布的裁量基准，由此，该行政裁量基准便具有了外部效力，尽管这种外部效力并不是直接的。但行政裁量基准外部效力的存在，也就意味着裁量基准设定不能仅关注行政机关本身，还需要兼顾行政相对人以及利害关系第三人的利益。所以，建立起完整的行政裁量基准设定程序便显得十分重要，特别是，需不需要设定行政裁量基准，这就需要用到评估论证的程序机制，评估现行法律有无进一步解释的必要、裁量基准设定可能会对行政执法以及公民带来的影响等。

（三）行政裁量基准变更规则缺失

在梳理深圳行政裁量基准文件时，本报告并没有发现关于行政裁量基准设定后变更的规则要求。在行政裁量基准发生变更时，极可能会触及公民的信赖利益保护。在行政裁量基准变更时，需对变更的内容进行审查监督，以保证其合法性和合理性。同时，行政裁量基准变更会引发其效力是否溯及既往这一问题。法不溯及既往原则指的是当下颁布的法律法规，针对在它正式生效前发生的事实或者行为，并不能适用。若非如此，便会违背法的安定性原则，即针对同一行为，却给予了两种不一致的评价，这会引起人们对法律

127

规定以及自身行为的不确定感，最终可能会影响公民对法律的信赖度。但是，这里的"法"是否囊括了那些只具有间接法律效力的行政规则，例如行政裁量基准，长期以来都还没有定论。周佑勇教授将该争议归纳为两种观点：一是容许说，即假如选择适用，这一问题在裁量基准发生变更之后并不需要考虑，那么，对于在裁量基准变更前便已经发生的事实或行为，它可以自然地适用；二是阻却说，也就是从形式上而言，法律规范和相对人权利义务的变化并不会由裁量基准变更而引起。但是，从相对人权利义务受到真实影响的角度出发，应该考虑到由此产生的信赖保护问题，换而言之，对于裁量基准变更的溯及既往应该予以一定程度的禁止。①

四 行政裁量基准设定规则之完善

"法治城市示范"是深圳建设中国特色社会主义先行示范区的五大战略定位之一，《深圳市建设中国特色社会主义法治先行示范城市的实施方案（2021—2025 年）》明确提出，要完善行政执法裁量权基准制度。这就需要在清理深圳现行行政裁量基准制度的基础上，完善行政裁量基准设定规则，进一步提升行政裁量基准的规范性与可操作性。

（一）吸纳《行政处罚法》的新规定

深圳现行的行政裁量基准文件大多是关于行政处罚裁量基准的规定。新修订的《行政处罚法》自 2021 年 7 月 15 日起施行，其中，关于行政处罚的实施规则有许多新的规定，行政处罚裁量基准的设定需要及时吸纳并细化《行政处罚法》的新规定。

1. 首违可不罚

《行政处罚法》明确了"首违可不罚"的规则，即第三十三条第一款规定"初次违法且危害后果轻微并及时改正的，可以不予行政处罚"。《深圳

---

① 周佑勇：《裁量基准的变更适用是否"溯及既往"》，《政法论坛》2018 年第 3 期。

市规范行政处罚裁量权若干规定》第十一条第一款规定了，如果违法行为判定为不予行政处罚的话，那么该违法行为应当同时满足三个要件，即违法行为轻微、违法行为没有造成危害后果以及违法行为得到及时纠正。和前者相比，深圳市的相关规定主要缺失了初次违法要件。而"初次违法"这一要件在考虑行政处罚情节轻重时，是非常重要的要素。例如，某些占道经营的摊档会因为违反《治安管理处罚法》而受到处罚。"危害后果轻微"其实是一种很难判断的情形。占道经营占据的是城市主干道，或是步行街，或是消防通道，现实生活中会遇到非常复杂的情况，不同的占道类型会导致差异巨大的后果，而"后果"指的是实际发生的结果，抑或是预期发生的结果，这在现实执法中是难以准确判定的。《行政处罚法》实际上为这种问题的解决提供了一个思路，即"首违可不罚"。该条规定针对的是首次违法行为，可以而不是绝对不予行政处罚，这一点区别于《深圳市规范行政处罚裁量权若干规定》，其并没有明确提出是可以或者是应该不予行政处罚。"初次违法"与违法行为后果的危害性是否息息相关，当一个具备微弱危害性的后果重复多次，就有可能造成严重的后果。比如，占道经营里的占据消防通道，一般情况下是不会造成实际危害的，因为火灾的发生在区域内属于小概率事件。但是如果多次占道经营，当火灾发生时，堵塞消防通道的可能性大为增加，会延误灭火的时机。

2. 无过错不处罚

《行政处罚法》第三十三条第二款新增规定了"无过错不处罚"原则，这一规定涉及违法行为人的主观过错问题，同时强调行为人有证据可以自证本身并非具有主观过错的，可以免除处罚。在《深圳市规范行政处罚裁量权若干规定》第十一条不予行政处罚的情形中，并没有提及"无过错不处罚"的情况。《行政处罚法》这一新增条文是十分具有指导意义的。应该注意的是，"主观"一词的意思在这里并非通常意义上理解的"故意"，而是应该包含着"故意"和"过失"两者，类似于刑法学上的"故意"和"疏忽大意"。也就是说，不能因为行为人的不知情或者是不主动，而判定行为人不存在主观过错，只要是行为人的主动故意或是疏忽大意导致违法行为发生的，均需要承担相应的法律责任。同时，在这一条中，还存在着兜底条款"法律，行政法规另有规定的，从其规定"。这一规定的存在，使得该条款更加贴切行政执法的实际操作，既确定了"无过错不处罚"这一基本原则，又给实际操作中的法律适用保留了一定空间。

3. 从轻或减免处罚

《行政处罚法》还涉及了有关从轻或减免处罚的新规定：第三十一条新增了关于智力残疾人违法免罚轻罚的规定；第三十二条新增了针对违法行为人事后行为的规定，即在行政机关尚且存在未掌握的违法行为的情况下，违法行为人主动向行政机关交代的，也属于减轻或者减免行政处罚的情形；第三十三条第三款规定了依照法律不予行为人行政处罚的，不能免除教育，即明确了免处罚不免教育。同时规定了兜底条款，即法律法规、规章制度所规定的其他情形，也属于减罚免罚的情形。《深圳市规范行政处罚裁量权若干规定》第十二条第一款规定了假若违法行为人主观上具有消除或者减轻危害结果的行为，相应机关应当对其依法处以从轻处罚。在这里，"主动消除或者减轻违法行为危害后果的"和《行政处罚法》中"主动供述行政机关尚未掌握的违法行为的"有类似的地方，都是强调行为人的意愿是"主动"的，前者更注重违法行为的危害后果，而后者着重于违法行为本身。《深圳市规范行政处罚裁量权若干规定》第十二条第四款规定了在此过程中，违法行为人对行政机关查处违法行为确有功劳的，也应当依照规定从轻处罚，其实也是在强调违法人"主动"这一方面。需要注意的是，《行政处罚法》中关于"精神病人、智力残疾人"违法免罚轻罚的规定，是《深圳市规范行政处罚裁量权若干规定》中没有提及的，该条款针对的是违法行为的特殊主体，体现的是行政机关对于特殊群体的关注，也为行政执法带来了人性化的考量。

（二）统一行政裁量基准设定标准

如果行政裁量基准设定没有相对一致的标准，就有可能会造成一个各项要素基本相当、地理位置相邻的地区形成复杂不一的裁量基准。当然，这并不意味着拥有裁量权的行政机关绝对不能设定与其他情况类似的行政机关不一致的行政裁量基准。出于行政实践的考虑，统一深圳市内各区行政裁量基准，可以为行政机关跨区联合执法提供便利。首先，同类型行政裁量基准设定所依据的法律规范应当一致。例如，前文中的《龙华区标准》第二条设定是有其相应的法律依据的，并且是明确标记在违法行为描述之后，即《民办教育促进法》第六十二条第一款的相关规定，而在《罗湖区标准》第四十一条相关规定中，没有明确指出其设定的法律依据，这导致两者在处罚档次、处罚细则上都有明显的差异。其次，针对违法主体、违法情节以及违法行为手段等的考量因素应该大体一致。行政辖区内的居民进行某项活动时，都希望对自己的行为有一个明确的可预见性规范。而为了保护这种可预见性，行政机关在设定行政裁量基准时，需得尽量保障相同的违法要素间维持一个相对一致的标准。最后，当出现特殊情况时，行政裁量标准可以适当不同。每个行政区域间的现实差异是存在的，行政裁量基准设定的本意就在于适应不同区域的现实情况，赋予行政机关适度的执法裁量空间。裁量基准设定标准也并非一成不变，各地区间同样存在着适度差异。

（三）完善行政裁量基准设定程序

行政程序正当性具有三项最低要求，其中之一便是程序公开。行政裁量基准设定程序应当向社会公布，并且在设定裁量基准的过程中，公开向社会征求意见，以保证公民的参与。行政裁量基准设定程序可以参考重要的行政规范制定程序，包括评估论证、公开征求意见、合法性审核、集体审议决定、向社会公开发布。其中，合法性审核应列为必经程序，是行政裁量基准设定的"把关者"。具体来说，从合法性审核的客体上来看，行政裁量基准设定主体的合法性需要审核，即审查设定主体是否具有法定权限；行政裁量基准设定的程序需要审核，即审查裁量基准设定的程序是否公开；行政裁量基准的具体内容需要审核，即审查其内容的合法性与合理性。从合法性审核的主体上来看，行政裁量意味着具有裁量权的行政机关能够做出一定程度的判断选择，但是这种判断选择并不等同于绝对的"自由"，反之，则会构成一种裁量权的滥用。对于行政裁量基准的审查监督可以归结为三类：自我监督、立法监督、司法监督。自我监督强调行政机关的自制力，也就是自我约束的程度；立法监督意味着以行政裁量基准设定的内容合法性为重点监督对象，从立法源头上对裁量基准进行监督；司法监督的主体是人民法院，其表现形式是被动的司法审查。三种审查监督方式互相配合，尽可能使行政裁量基准的设定合法合理。

（四）确立行政裁量基准变更规则

依照前后时间段里是否存在行政裁量基准文件，可将行政裁量基准的变更分为三种情况：一是此前没有设定行政裁量基准，后来才设定的；二是此前已经设定行政裁量基准，后来因必要而进行修改的；三是此前曾经存在过相关行政裁量基准，但后来废止的。三种情况各不相同，第一种情况是之前存在法律上的空白，其后通过设定行政裁量基准，弥补了这个法律漏洞；第二种情况是之前已经存在行政裁量基准，但是因为行政实践的发展，其后需要修改已经设定完成的行政裁量基准；第三种情况是之前已经设定行政裁量基准，为了适应现实发展，现有的行政裁量基准不适应如今的行政实践，抑或是上一级行政机关统一辖区内某类行政裁量基准，下级行政机关废止原有的裁量基准。例如，新修订的《行政处罚法》实施后，势必会影响地方行政处罚裁量基准的设定。基于最新的法律法规，对现行的行政裁量基准进行变更，是必要的。而且，从行政裁量基准变更的现实因素来看，行政执法遇到的实际情况千变万化，作为行政执法准则的裁量基准适时变更本就是应有之义。

参考文献

周佑勇：《行政裁量基准研究》，中国人民大学出版社，2015。

熊樟林：《行政裁量基准运作原理重述》，北京大学出版社，2020。

李天相：《环境行政处罚裁量基准研究》，知识产权出版社，2020。

《北京市安全生产行政处罚自由裁量基准》，煤炭工业出版社，2016。

余凌云：《行政自由裁量论》（第三版），中国人民公安大学出版社，2013。

郑春燕：《现代行政中的裁量及其规制》，法律出版社，2015。

王贵松：《行政裁量的构造与审查》，中国人民大学出版社，2016。

B.8
深圳"一户一栋"政策
涉诉行政争议问题研究

王　玮*

摘　要： 深圳"一户一栋"政策，对保障城市化进程中被征地原村民的合法权益，平衡城市发展与集体、个人土地增值收益分配发挥了重要作用。在该政策施行的过程中，不可避免地出现行政诉讼案件。本报告通过梳理 2012~2021 年的 30 宗行政诉讼判决发现，"一户一栋"政策主要存在以下问题：一是"一户"中关于"户"的认定存在理解争议；二是"一户一栋"资格公示程序设置未保障相对人权益；三是信息公开和信访程序空转等其他问题。对此，本报告建议注重政策的连贯性、完善程序设置的合理性、注重争议的实质化解。本报告分析深圳"一户一栋"政策涉诉行政争议类型和影响，可为深圳今后政策的制定和我国其他快速城市化区域可持续发展提供借鉴与参考。

关键词： "一户一栋"　原村民　非商品住宅建设　行政争议

深圳"一户一栋"政策是指一户原村民可享受 480 平方米建房利益。该政策在规范深圳原村民非商品住宅建设行为、调整村民利益与行政管理秩序、堵疏结合构建长效工作机制方面发挥了重要作用。

---

* 王玮，光明区纪委监委工作人员。

一 "一户一栋"政策的由来和内容

（一）政策由来

为解决城市发展过程中土地供应不足的问题，2004 年，深圳关外的宝安、龙岗两区开启城市化进程。深圳针对宝安、龙岗两区土地城市化出台了专门规定，通过"统转"方式，在给予适当补偿的情况下原属于集体所有的土地归国家所有，同时两区农村集体经济组织全部成员转为城镇居民，深圳成为全国第一个没有农村的城市。然而，对于原村民来说，飞速上涨的住房价格与转地补偿并不相称，所以原村民加速通过"自建房"占地，由此滋生了大规模的违法建筑，成为城市发展的重大隐患。为进一步规范原村民的建房行为，在保障原村民建房利益的基础上加强非商品住宅的管理，改善非商品住宅建设的无序性、保障建设质量和工期、解决建筑品质不高等问题，2006 年，深圳市政府以规范性文件的形式，印发了原村民非商品住宅建设管理的相关规定①，确定了原村民"一户一栋"政策。

（二）政策主要内容

在原村民"一户一栋"政策中，"一户"是指原村民的户籍单位。原村民的"户"需同时满足两个要素：一是在特定期限之前以户为单位在公安机关登记在册；二是原村民为参加农村集体组织分红的成员。考虑到存在"未分户"的情形，市级政策列举了拟定为"一户"的其他情形，即以年龄为标准，规定"年满 30 周岁未婚"的可以认定为"一户"。原村民在满足"一户"条件的前提下，享有非商品住宅"一栋"的建设资格，即基底面积不超过 100 平方米、住宅建筑面积不超过 480 平方米。"特定期限"以深圳

---

① 《深圳市原村民非商品住宅建设暂行办法》，深圳政府在线网站，2006 年 6 月 19 日，http://www.sz.gov.cn/cn/xxgk/zfxxgj/zcfg/content/post_ 9048560. html。

关内关外城市化的启动时间节点为准。为确保政策充分结合实际，龙岗、宝安两区可根据实际情况对规范进一步细化。

"一户一栋"资格认定属于应申请的行政行为。原村民提出的建房申请经原农村集体经济组织的继受单位（股份合作公司）审核并公示，通过后分别经街道办审批后报国土主管部门、规划主管部门审查，并由街道办核发原村民建房用地批准文件，再分别办理规划、施工等手续。在具体操作中，宝安区由区政府成立"宝安区原村民非商品住宅建设管理领导小组"，负责审定辖区非商品住宅建设申请。龙岗区各街道办设立专门的工作部门（或指定的工作部门）负责受理、审核辖区内原村民非商品住宅建设申请。

二 "一户一栋"政策的具体适用

城市化的号角加速了原村民抢建、扩建、改建私房的步伐，占据了大量的可建设用地。深圳市人大常委会于2002年出台"两规"，2009年出台"三规"，解决了该类建筑的合法化问题。[①] 但由于可建设用地的短缺，此后"一户"原村民建设"一栋"非商品住宅已无可能。尽管如此，"一户一栋"政策作为原则性规定仍在多个领域适用，"一户一栋"资格的认定，依然是原村民为使自己利益最大化、从政府的征收行为中得到更多补偿的重要方式。所以"一户一栋"政策依然延续，主要适用于以下领域。

（一）统建楼项目领域

该适用领域将原来的"一栋"改为"统建上楼"。具体实践为，2007年9月，龙岗区为解决未建房户和部分重大项目拆迁户的住房问题，利用已经划定的未建房户的统建用地，实施了原村民统建上楼项目。大鹏新区成立后，延续了"统建上楼"政策，并增加了"统建漏报户"资格认定办法，

---

① "两规"，即《深圳经济特区处理历史遗留违法私房若干规定》和《深圳经济特区处理历史遗留生产经营性违法建筑若干规定》；"三规"，即《深圳市人民政府关于农村城市化历史遗留产业类和公共配套类违法建筑的处理办法》。

对于具备"一户一栋"政策条件的原村民,若符合"未建房户"的要求且无违法私房登记、交易记录等问题,在同意参与非商品住宅统建的基础上,可有申报非商品住宅统建漏报户资格。

(二)房屋征收项目领域

该适用领域将"一户一栋"资格作为政府房屋征收时的补偿原则,具体实践为:深圳市人民政府令(第 292 号)规定对符合原村民非商品住宅建设用地标准的被征收人最多可以给予 480 平方米产权调换;被征收人为非原村民的,享有不超过建筑面积 150 平方米产权调换的资格。

(三)土地整备领域

"一户一栋"资格可作为土地整备工作的补偿原则,具体实践为:采取收回土地使用权、房屋征收等多种方式进行土地整备的补偿标准,可依据深圳市人民政府令(第 292 号)对具备"一户一栋"资格的原村民给予 480 平方米的产权调换的方式进行制定。

(四)城市更新领域

2021 年最新施行的《深圳经济特区城市更新条例》显示,"一户一栋"资格亦可用于城市更新领域,具体实践为:在旧住宅区城市更新项目内原村民未签订搬迁补偿协议的情况下,区人民政府可以实施征收,参照深圳市人民政府令(第 292 号),依法分别作出征收决定,对符合"一户一栋"资格的原村民给予 480 平方米的产权调换。

三 "一户一栋"资格认定存在的争议

司法是维护社会公平正义的最后防线,在诸多纠纷解决机制中,司法救济是实现个人权益的最终屏障。"一户一栋"政策权益人认为自己的合法权益受到行政行为损害时,可向法院提起行政诉讼,使行政行为进入司法程序接受合法性审查。

中国裁判文书网相关行政诉讼裁中,2021 年涉及"一户一栋"资格的案件 4 宗,其中 2 宗因超过诉讼时效、1 宗因不属于受案范围、1 宗因无法律和事实依据均被法院驳回原告诉讼请求。从 2012~2021 年来看,深圳市中级人民法院、广东省高级人民法院和最高人民法院作出涉及"一户一栋"政策的生效裁决共 30 宗。① 从所涉行政区域来看,"关外区"涉案数量明显较多,其中大鹏新区 10 宗、龙岗区 5 宗、龙华区 5 宗、宝安区 4 宗,其余共 6 宗;从被告类型来看,街道及其部门作为被告的案件 11 宗,规划国土部门作为被告的案件 7 宗,区政府及其职能部门(规化土地监察部门、城市更新部门等)作为被告的案件 11 宗、市政府作为复议机关作为被告的案件 1 宗;从裁决结果来看,驳回原告诉讼请求案件 23 宗,撤销判决案件 7 宗(责令被告重新作出行政行为)。在驳回原告诉讼请求案件的裁决中,以超过诉讼时效为由驳回的案件 5 宗、以不属于受案范围为由驳回的案件 5 宗、以被告主体不适格为由驳回的案件 2 宗,占 52%。结合目前的行政裁决,涉诉情况见表 1。

表 1   2012~2021 年"一户一栋"政策涉诉情况

单位:宗

裁判年份	认定资格争议	认定主体争议	认定程序争议	其他
2012	1	0	0	0
2013	1	0	0	1
2014	0	0	0	2
2015	0	1	0	0
2016	0	1	0	1
2017	0	1	0	1
2018	1	1	3	0
2019	1	0	0	5
2020	3	1	0	1
2021	1	0	0	3

资料来源:中国裁判文书网中相关行政诉讼统计。

---

① 数据来源于中国裁判文书网和部分公开判决,同类型和重复裁决不计入。

从上述裁决情况看,"一户一栋"政策在施行过程中存在争议的典型问题主要集中在以下方面。

(一)"一户一栋"政策中关于"户"的界定问题

在市级政策的基础上,龙岗区 2008 年出台的实施细则将"一户"明确为三种情形:"在公安部门登记分户的原村民家庭""已婚但未到公安部门办理分户手续的原村民家庭""已满 30 周岁的单身原村民"。2013 年,宝安区在实施细则中将"一户"明确为"已婚的原村民家庭""已婚但未到公安部门办理分户手续的原村民家庭""已离异""年龄已满 30 周岁的单身原村民"四种情形。由于法律概念的不周延以及社会生活的复杂性,法律规定往往并不能涵盖现实中的所有情况,从行政权的角度来看,行政权力的运用则意味着有主体意志的作用空间,但这种把握尺度不应超出社会生活中的通俗理解。区级政策对上级政策中的概念进行扩大或限缩解释,特别据此作出涉及相对人切身利益的行政行为,极易引发行政争议。

典型案例一:深圳市中级人民法院(2018)粤行终 786 号判决
廖某某诉某区政府"一户一栋"资格认定案

在某房屋征收项目中,原告廖某某在某区征收项目范围内有一块宅基地,由于家庭原因,其年幼时与祖母生活并在同一个户籍簿。廖某某祖母去世后,其成为户主,个人成为独立的"一户"且在 2004 年 3 月前,已在股份合作公司参与股份分红至今。彼时其未满 30 周岁也未结婚,廖某某的未建房宅基地被某项目征收,政府仅给予其货币补偿,未认定其享有"一户一栋"的资格。廖某某以其符合"在公安部门登记分户的原村民家庭"为由,诉请政府认定其享有"一户一栋"资格。审批部门按照语义解释认为,政策中的"一户"与户籍管理中的"一户"并不是同一个含义,此处的"一户"仅包括两种情形,即已满 30 周岁或已结婚。在实践中,为防止原村民恶意"分户",对此两种情形之外的均不认定为"一户"。

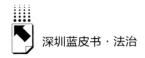

法院认为，"一户"首先是原村民的户籍单位，与户籍制度中的"一户"为同一概念。政策中所列的两种情形是对事实上"已分户"，但户籍仍在同一个户口簿上可以单独认定为"一户"的情形的列举。从上述规定来看，对于"一户一栋"的"一户"认定条件，户籍管理规定、市级政策与龙岗区的政策应是一致的。最终法院裁决行政机关应重新作出行政行为，应当认定廖某某享有"一户一栋"资格。

（二）"一户一栋"资格认定程序问题

由于"一户一栋"政策并没有典型的申请—受理—审批—告知的环节，原村民资格的认定更多依赖于公示，即通过其他股份合作公司成员的无异议来确认其资格的真实性。由于在程序认定中，没有明确的受理部门和审批部门，对未通过政府相关部门审核的行政相对人并未设定具体的告知程序。故对相对人来说，无从证明政府对其实施了具体行政行为，但其切身利益确实受到了影响。一般情况下，过程性行政行为由于不对行政相对人产生实质性影响，一般为不可诉的行为。在"一户一栋"资格认定程序设置中，对行政相对人来说，如其资格被认定，其自然不会有异议，但如果第三人对其资格有异议，且经政府机关审核异议通过，相对人资格被取消，对相对人来说反而没有申诉的渠道，故"一户一栋"政策中公示环节成为引起行政争议较多的部分。

典型案例二：最高人民法院（2018）最高法行再53号
钟某某公示资格纠纷申诉案

某区整体搬迁安置房统建项目中，钟某某因与项目所在地原村民廖某某结婚，符合"未满30周岁已婚"的条件，而共同享有"一户一栋"资格。2014年12月，某区整体搬迁安置工作领导小组办公室（办公室设在街道办事处）在某报C6-C8版刊登了《安置房统建户认购资格公示（第一批）》。该公示内容为"请相关权利人及知情人对公示内容进行监督和举报。如有异议,请于公示之日起 7 天内持相关证明资料到深圳市××整体搬迁安置工作领导小组办公室提出书面复核申请。对于公示期满无异议或异议不能成立,该公示内容将作为拆迁补偿安置的依据……"。该公示表格中,"申报人及配偶"为"钟某某、廖某某","是否符合统建户认购资格"为"符合"。在公示时,钟、廖二人已离异,廖某某提出异议并经领导小组办公室审核,认为异议成立,故在某报刊登了补充公示,"序号6"一行显示"申报人及配偶"为"廖某某","是否符合统建户认购资格"为"符合",公示批数为"更正第一批",备注内容为"按法院判决执行"。钟某某由于被排除在"一户一栋"公示名单以外,遂向法院提起行政诉讼。

法院判决认为,钟某某已于 2000 年 5 月 18 日经深圳市公安局葵涌派出所登记为家庭户主,拥有合法户籍单位,符合"一户一栋"补偿安置标准,应在符合"一户一栋"名单内。被诉补充公示行为虽是整体搬迁安置房统建户认购工作的一个环节,但是公示内容明确规定该公示内容将作为拆迁补偿安置的依据,且已经作为拆迁补偿安置依据执行,剥夺了钟某某的统建户认购资格。因此,被诉公示行为对钟某某的权利义务已经产生实际影响,应属于人民法院行政诉讼的受案范围。法院最终判令被告重新作出钟某某符合"一户一栋"资格的认定。

(三)"一户一栋"政策的其他问题

1. 信访途径

信访是民众利益表达的渠道,如今其权利救济的功能却不断彰显。在未获得"一户一栋"资格认定,且早已错过公示异议期的情况下,越来越多的原村民通过信息公开、信访等间接方式,取得政府机关对自己不符合"一户一栋"资格的行政确认,再以此为由提起行政诉讼。但是,此种方式往往容易陷入程序空转,耗费相对人的时间,浪费诉讼资源。2021 年的 3 宗案件的判决,均以不服信访处置意见方式提起诉讼,导致行政相对人的诉求在信访机关——一审——二审中来回反复。

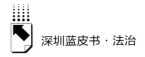

典型案例三：深圳市中级人民法院（2020）粤 03 行终 1538 号
王某某不服某街道办信访答复案

信访人王某某出生于 1992 年，户籍是某街道集体户。2014 年、2020 年，其分别向某街道提出信访诉求，请求确认其符合"一户一栋"资格。某街道办先后作出信访意见均认定王某某不符合"一户一栋"资格，内容及依据均一致。王某某不服 2020 年的信访意见，向法院提起诉讼。法院以 2020 年的信访意见只是对 2014 年信访意见的重申，未对其设定新的义务、产生实际影响，驳回其诉讼请求。

2. 信息公开途径

信息公开本意在于保障公众的知情权，现已逐渐发展成为申请人为"一户一栋"资格进入司法审查获取有利"证据"的路径。政府在受理信息公开申请时，可能因担心相关信息被作为证据而拒绝向申请人公开。

典型案例四：深圳市中级人民法院（2019）粤 03 行终 790 号
骆某与某区城市更新和土地整备局信息公开纠纷

某土地整备项目中，骆某向某区城市更新和土地整备局申请公开《土地整备项目实施方案》，信息用途为"申报房屋、土地权利"，并提供了"两证一书"。某区城市更新和土地整备局作出答复称骆某不具备主张相关宅基地等的权利，与本土地整备项目没有关联性，其不能证明申请信息公开是基于生产、生活、科研等特殊需要。骆某不服答复，提起诉讼。法院认为，按照相关规定，骆某可以基于自身生产、生活等特殊需要向行政机关申请公开有关政府信息，其已经说明其申请公开《土地整备项目实施方案》的特殊需要，是基于主张土地房屋补偿权益，其提出政府信息公开申请依据的土地房屋凭证，系案外债务人提供以履行债务，其主张的土地房屋补偿权益是否能够得到满足，是土地房屋补偿法律关系处理的范围，而其结果可能还影响债权债务法律关系的处理，因此应当认定被上诉人具备并合理说明了申请政府信息公开的特殊需要，上诉人作出的《复函》不予公开的理由不当且不足，判决撤销《复函》并责令重新处理。

四 完善"一户一栋"政策的建议

（一）保持政策制定的连贯性

"一户一栋"资格认定作为羁束性行政行为，行政主体只能严格依据行政规范的规定实施，首要的便是确定法律规范意义的内容。市级政策中的"一户"，从语言文字意义上进行解释，与《户口登记条例》中的"户"为同一语义，政策并未界定新的"户"的概念，符合一般公众的正常理解和认知。从法的协调性看，市级政策中的"一户"，是指原村民的户籍单位与"原村民中年满30周岁（深圳经济特区内截至1993年1月1日、深圳经济特区外截至2004年3月31日）未婚的可认定为一户"中间使用"句号"连接，意味着政策中的"一户"只要满足属于一个户籍单位即可，与《户口登记条例》中的"户口登记以户为单位"相呼应。至于市级政策中的"可认定为一户"的情形，绝非是对"一户"的完全列举。从城市化政策角度看，尽管原村民的身份已经转换为城镇居民，但对其安置始终无法实现传统意义上的生存保障，故给予其一定面积的建房资格，且以"户"为单位也更加方便政府管理。

基于此，第一，行政机关制定政策应当符合两个维度：一是制定规范性文件不得与上位法相抵触，特别是关系相对人切身利益的事项；二是无上位法依据的不得增加相对人义务或减损相对人权利，下级规范性文件根据上位法已有的权利义务的范围进行具体细化，或是根据上位法中的明确授权进行规则制定。当上位法空缺或模糊时，下级规范性文件在填补上位法空白和灵活处理新问题的创制规则的同时，应以"不增加义务，不减损权利"为前提。第二，"一户一栋"资格认定只是在某些方面为行政规范所明确规定，其认定的整个过程中还是包含大量的裁量性因素，行政主体适用行政规范应包含三个层次：其一是确定法律规范意义的内容；其二是没有行政规范时进行漏洞填补；其三是在规范过于抽象且不确定的情况下进行价值补充。

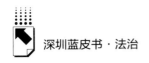

（二）增强程序设置的合理性

判断行政行为是否具有可诉性的重要标准是看行政行为是否对相对人产生实质性影响，由此排除了过程性行政行为的可诉性。"公示"看似是一种过程性行为，但对相对人产生权利义务的实质性影响，也可能被诉。政策统建户认购资格公示行为虽是整体搬迁安置房统建户认购工作的一个环节，但是公示内容明确规定"对于公示期满无异议或异议不能成立，该公示内容将作为拆迁补偿安置的依据"，且已经作为拆迁补偿安置依据执行，剥夺了特定人的统建户认购资格。因此，统建户认购资格公示行为对特定人的权利义务已经产生实际影响，应属于人民法院行政诉讼的受案范围。

在程序设置上，应当充分尊重相对人的异议权，并设置异议处置程序。同时，资格认定属于授益性行政行为，是一项财产性权利，属夫妻共有，政府仅能够对夫妻二人是否符合"一户一栋"资格作出认定，而对于相对人的民事纠纷，不宜"越界"作出定夺。基于此，在制度设计时，应遵循程序正当原则，给予相对人发表意见的机会，并充分重视其意见，拥有参与权才能进一步享有知情权、抗辩权及救济权。相对人和其他利害关系人均有权在公示期内对公示提出异议，行政主体对异议进行审核，在规定期限内答复异议人，答复结果影响相对人权益的，其可以申请审核主体的上一级行政机关复核，保障了相对人或者其他利害关系人提出异议的权利，促进公示行为效果的发挥，也有利于监督行政。

（三）注重行政争议实质化解

除了考虑"法律规范性"因素，政府作为信息公开和信访主体，在答复时会考虑"现实影响性"，即尽量维持行政行为的稳定性，避免答复不当造成类案冲击，进而影响政府重大项目进度。可以将信息公开、信访作为"实质性解决行政争议"的起点，做好政策解读，积极与相对人开展对话，努力通过案中调解促进达成和解，将纠纷在前端程序化解。

实践证明，无论怎样完备的政策体系，涉及行政相对人切身利益时，行政争议总是不可避免的。"一户一栋"政策在施行上，需要兼顾原则性和灵活性，既注重构建流程的规范，也注重实际效果，将行政争议进行有效化解，更好地平衡原村民利益与重大项目推进。

参考文献

王万华：《行政复议法的修改与完善——以"实质性解决行政争议"为视角》，《法学研究》2019 年第 5 期。

程琥：《解决行政争议的制度逻辑与理性构建——从大数据看行政诉讼解决行政争议的制度创新》，《法律适用》2017 年第 23 期。

张岩鸿：《深圳原住民城市化的政策演进》，《特区实践与理论》2014 年第 3 期。

毛胜利、陈雪：《民事和行政两种诉讼救济途径并存时当事人权利救济途径的选择——从中盐兰州分公司诉定西市安定区政府土地及房屋征收补偿一案谈起》，《法律适用》2020 年第 8 期。

贾亚强：《论行政诉讼实质性解决行政争议的实现——以争讼行政法律关系的确定为研究进路》，《法律适用》2012 年第 4 期。

B.9
珠三角、长三角城市政府法律顾问制度
建立和实施情况研究

李朝晖　蓝偲偲*

摘　要： 1988年深圳率先在全国建立政府法律顾问制度之后，陆续有一
些城市建立了政府法律顾问制度。党的十八届三中全会提出普遍
建立政府法律顾问制度后，各地陆续落实建立该制度。本报告通
过对珠三角和长三角共计36个主要城市相关信息的分析可以得
到，珠三角城市普遍建立政府法律顾问制度的时间早于长三角城
市，制度的实施情况也相对较好。总体而言，政府法律顾问制度
的作用还未充分发挥，本报告建议通过加强对领导干部关于政府
法律顾问制度的普法宣传，提高领导干部对政府法律顾问制度重
要性的认识，将政府法律顾问工作作为法治政府建设的必要内
容，建设政府专职法律顾问工作队伍，加强地区间政府法律顾问
工作的交流，快速完善具体实施细则，推动政府法律顾问制度实
实在在落地。

关键词： 政府法律顾问　法治政府　珠三角　长三角

政府法律顾问制度是深圳经济特区在法治建设过程中率先探索的一项制
度。早在1988年，深圳市人民政府就挂牌成立了政府法律顾问室，聘请5

---

* 李朝晖，深圳市社会科学院政法研究所所长、研究员，主要研究方向为经济法、地方法治、
信息法；蓝偲偲，深圳市资信统计师事务所项目主管，主要研究方向为社会调查、经济统计。

名律师（3 名深圳律师、2 名香港律师）担任政府法律顾问。截至 2022 年，政府法律顾问制度在深圳已实行 34 年。在此期间，深圳经历多轮机构改革，但政府法律顾问室一直被保留，并且队伍不断发展壮大。2003 年深圳开始设置政府专职法律顾问，政府法律顾问人数增多数倍，职能和作用不断拓展，政府法律顾问制度逐渐完善，并逐渐在全国推广。

政府法律顾问制度对于规范行政权力、推进依法行政、提高行政效能发挥了重要作用，得到了党和国家的重视。2013 年党的十八届三中全会通过的《中共中央关于全面深化改革若干重大问题的决定》在"推进法治中国建设"部分要求"普遍建立政府法律顾问制度"。2014 年党的十八届四中全会通过的《中共中央关于全面推进依法治国若干重大问题的决定》在"深入推进依法行政，加快建设法治政府"部分进一步细化了关于政府法律顾问制度的要求，提出要"积极推行政府法律顾问制度，建立政府法制机构人员为主体、吸收专家和律师参加的法律顾问队伍，保证法律顾问在制定重大行政决策、推进依法行政中发挥积极作用"。为贯彻落实党的十八大和十八届三中、四中、五中全会精神，2016 年 6 月中共中央办公厅、国务院办公厅印发了《关于推行法律顾问制度和公职律师公司律师制度的意见》（以下简称《意见》），对推进普遍的政府法律顾问制度作出全面部署。《意见》提出了 2017 年底前，中央和国家机关各部委，县级以上地方各级党政机关普遍设立法律顾问等目标任务①，明确了党政机关法律顾问的职责②。根据中央文件要求，各地陆续建立了政府法律顾问制度。

---

① 《关于推行法律顾问制度和公职律师公司律师制度的意见》明确规定了推行法律顾问制度的目标任务：2017 年底前，中央和国家机关各部委，县级以上地方各级党政机关普遍设立法律顾问、公职律师，乡镇党委和政府根据需要设立法律顾问、公职律师，国有企业深入推进法律顾问、公司律师制度，事业单位探索建立法律顾问制度，到 2020 年全面形成与经济社会发展和法律服务需求相适应的中国特色法律顾问、公职律师、公司律师制度体系。

② 《关于推行法律顾问制度和公职律师公司律师制度的意见》规定，党政机关法律顾问履行下列职责：1. 为重大决策、重大行政行为提供法律意见；2. 参与法律法规规章草案、党内法规草案和规范性文件送审稿的起草、论证；3. 参与合作项目的洽谈，协助起草、修改重要的法律文件或者以党政机关为一方当事人的重大合同；4. 为处置涉法涉诉案件、信访案件和重大突发事件等提供法律服务；5. 参与处理行政复议、诉讼、仲裁等法律事务；6. 所在党政机关规定的其他职责。

一　珠三角、长三角城市政府法律顾问制度建立情况[①]

为了解珠三角、长三角城市政府法律顾问制度建立和实施情况，课题组于2021年8月向珠三角9市、长三角27市[②]的市政府办公厅（室）提交了关于各市政府法律顾问制度建立及实施情况的政府信息公开申请，要求公开各市政府法律顾问制度建立时间、制定的制度文件，以及2020年各市政府法律顾问工作报告。2021年8～10月陆续收到各城市政府办公厅（室）的答复，32个城市政府办公厅（室）的回复函提供了各市政府法律顾问制度建立时间和相关制度文件，其中30个城市回复没有2020年政府法律顾问工作报告。广东深圳、浙江台州、江苏扬州、安徽池州4个城市表示相关信息已经主动公开，课题组自行通过城市官网检索获取相关信息。以下分析均主要基于各城市政府信息公开回复函，并通过各城市政府网站检索印证和调正。

（一）珠三角9市政府法律顾问制度建立情况

珠三角多数城市较早建立政府法律顾问制度。除深圳早在1988年率先在全国建立政府法律顾问制度外，惠州于2005年、东莞于2006年、佛山于2007年、广州于2013年就已建立政府法律顾问制度，均早于中央文件提出的时间要求；中山、江门分别于2014年、2015年建立政府法律顾问制度，早于中央办公厅、国务院办公厅发布《意见》进行统一部署；肇庆、珠海均在《意见》要求的时限内建立了政府法律顾问制度（见表1）。

[①] 本部分关于各城市政府法律顾问制度建立时间和制定的制度文件除专门注释外，均来自珠三角9市、长三角27市的市政府办公厅（室）于2021年8～10月向课题组提供的关于该市政府法律顾问制度建立及实施情况的政府信息公开申请的答复书。

[②] 珠三角所选取的9个城市为《粤港澳大湾区发展规划纲要》规划范围中内地的9个城市，长三角27个城市为《长江三角洲区域一体化发展规划纲要》规划范围中的27个主要城市。

表 1　珠三角 9 市政府法律顾问制度建立情况

城市	制度建立时间	制度文件名称
深圳	1988 年 9 月 9 日	《深圳市人民政府关于印发〈深圳市人民政府法律顾问工作规则〉的通知》（深府〔2003〕118 号）；《深圳市人民政府法律顾问室关于印发〈深圳市人民政府法律顾问及法律助理管理试行办法〉的通知》（深府法顾〔2003〕38 号）
惠州	2005 年 4 月 1 日	《印发〈惠州市人民政府法律顾问室工作规则〉的通知》（惠府〔2005〕42 号）
东莞	2006 年 6 月 15 日	《关于印发〈东莞市政府法律顾问工作规则〉的通知》（东府办〔2006〕35 号）
佛山	2007 年 8 月 21 日	《印发佛山市人民政府法律顾问室工作规则的通知》（佛府办〔2007〕280 号）
广州	2013 年 7 月 3 日	《广州市人民政府办公厅关于印发广州市政府部门聘请常年法律顾问办法的通知》（穗府办〔2013〕32）
中山	2014 年 6 月 10 日	《中山市人民政府办公室关于印发中山市建立镇级政府法律顾问制度实施方案的通知》（中府办函〔2014〕182 号）
江门	2015 年 7 月 8 日	《江门市人民政府办公室关于印发建立政府法律顾问制度工作方案的通知》（江府办〔2015〕15 号）
肇庆	2016 年 7 月 18 日	《肇庆市人民政府关于印发〈肇庆市人民政府法律顾问工作规则〉的通知》（肇府函〔2016〕299 号）
珠海	2017 年 8 月 28 日	《珠海市人民政府关于印发珠海市人民政府法律顾问工作规则的通知》（珠府函〔2017〕244 号）

资料来源：广东省 9 市政府办公厅（室）对课题组依申请公开的答复书和政府网站。

（二）长三角27市政府法律顾问制度建立情况

长三角城市建立政府法律顾问制度的时间有早有晚，绝大多数城市在党的十八届三中全会之后一两年内建立了政府法律顾问制度，但也有城市没在《意见》要求的时限内建立政府法律顾问制度，有个别城市到 2019 年才建立政府法律顾问制度。

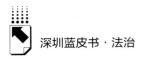

1. 上海市政府法律顾问制度建立情况

上海市政府法律顾问制度建立时间及出台的文件见表2。

表 2　上海市政府法律顾问制度建立情况

城市	制度建立时间	制度文件名称
上海	2015 年 5 月 25 日	《上海市人民政府关于推行政府法律顾问制度的指导意见》（沪府发〔2015〕19 号）

资料来源：上海市政府办公厅对课题组依申请公开的答复书和政府网站。

2. 江苏省9市政府法律顾问制度建立情况

在江苏省最主要的 9 个城市中，最早建立政府法律顾问制度的是苏州市，2009 年即已建立，并出台相关制度文件。其他城市均为党的十八届三中全会后才建立政府法律顾问制度。其中无锡于 2018 年 8 月才建立政府法律顾问制度，晚于《意见》规定时限（见表3）。

表 3　江苏省 9 市政府法律顾问制度建立情况

城市	制度建立时间	制度文件名称
苏州	2009 年	《市政府关于加强政府法律顾问制度建设的意见》（苏府〔2016〕121 号）
南京	2014 年 6 月 24 日	《南京市人民政府关于普遍建立法律顾问制度的意见》（宁政发〔2014〕167 号）
扬州	2014 年 10 月 16 日	《扬州市人民政府办公室关于普遍建立法律顾问制度的实施意见》（扬州办发〔2014〕132 号）《扬州市人民政府办公室关于成立市政府法律顾问工作办公室的通知》（扬府办发〔2015〕132 号）
泰州	2015 年 5 月 20 日	《市政府关于加强法律顾问制度建设的意见》（泰政发〔2015〕92 号）
镇江	2015 年 7 月 1 日	《镇江市人民政府办公室关于印发镇江市人民政府法律顾问工作规则的通知》（镇政办发〔2015〕140 号）
南通	2016 年 3 月 18 日	《市政府关于建立政府法律顾问制度的意见》（通政发〔2016〕19 号）
常州	2016 年 5 月 26 日	《市政府关于普遍建立法律顾问制度的意见》（常政发〔2016〕99 号）

城市	制度建立时间	制度文件名称
盐城	2016 年 7 月 7 日	《盐城市人民政府关于建立政府法律顾问制度的意见》（盐政发〔2016〕66 号）
无锡	2018 年 8 月 29 日	《市政府办公室关于印发无锡市政府法律顾问工作规则的通知》（锡政办发〔2018〕112 号）

注：扬州市制度建立时间为《扬州市人民政府办公室关于普遍建立法律顾问制度的实施意见》（扬府办发〔2014〕132 号）发布时间。

资料来源：江苏省 9 市政府办公厅（室）对课题组依申请公开的答复书和政府网站。

3. 浙江省9市政府法律顾问制度建立情况

在浙江省最主要的 9 个城市中，最早建立政府法律顾问制度的是宁波，2011 年 10 月即已建立，并出台相关制度。紧随其后的是舟山、温州，建立时间分别为 2011 年 11 月、2012 年 5 月。2017 年底前建立政府法律顾问制度的依次有绍兴、嘉兴、杭州、湖州。《意见》规定时限之后才建立的城市有两个，分别是金华（2018 年 8 月）、台州（2019 年 1 月）（见表 4）。

表 4　浙江省 9 市政府法律顾问制度建立情况

城市	制度建立时间	制度文件名称
宁波	2011 年 10 月 27 日	《关于加强政府法律顾问制度建设的意见》（甬政发〔2011〕81 号）、《宁波市人民政府办公厅关于推进普遍建立政府法律顾问制度的实施意见》（甬政办发〔2014〕131 号）、《宁波市人民政府办公厅关于进一步深化政府法律顾问工作的实施意见》（甬政办发〔2020〕28 号）
舟山	2011 年 11 月	《舟山市人民政府办公室关于建立政府法律顾问制度的通知》（舟政办发〔2011〕117 号）、《舟山市人民政府办公室关于印发舟山市人民政府法律顾问管理办法的通知》（舟政办发〔2021〕5 号）
温州	2012 年 5 月 16 日	《温州市人民政府关于全面建立政府法律顾问制度的通知》（温政发〔2012〕52 号）、《温州市人民政府办公室关于印发温州市人民政府法律顾问工作规则的通知》（温政办〔2012〕148 号）、《温州市人民政府办公室关于进一步推进政府法律顾问工作的意见》（温政办〔2015〕68 号）、《温州市人民政府办公室关于印发温州市人民政府法律顾问工作规则的通知》（温政办〔2017〕101 号）

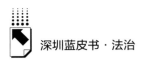

续表

城市	制度建立时间	制度文件名称
绍兴	2013 年 10 月 23 日	《绍兴市人民政府办公室关于印发绍兴市人民政府法律顾问工作规则的通知》(绍政办发〔2013〕149 号)、《绍兴市人民政府办公室关于全面推行政府法律顾问制度的实施意见》(绍政办发〔2015〕59 号)
嘉兴	2014 年 3 月 31 日	《嘉兴市人民政府法律顾问工作规则》(嘉政办发〔2014〕30 号)
杭州	2015 年 10 月 29 日	《杭州市人民政府办公厅关于全面推行政府法律顾问制度的意见》(杭政办函〔2015〕137 号)
湖州	2017 年 10 月 18 日	《湖州市人民政府办公室关于调整市政府法律顾问组组成人员及工作规则的通知》(湖政办发〔2017〕85 号)
金华	2018 年 8 月 16 日	《关于推行法律顾问制度和公职律师公司律师制度的实施办法》(金委办发〔2018〕48 号)
台州	2019 年 1 月	《台州市人民政府法律顾问工作规定(试行)》(台政办发〔2019〕3 号)

资料来源:浙江省 9 市政府办公厅(室)对课题组依申请公开的答复和政府网站。

4. 安徽省8市政府法律顾问制度建立情况

在安徽省最主要的 8 个城市中,马鞍山市在 2004 年就建立了政府法律顾问制度,并出台了相关制度。合肥、芜湖、安庆在党的十八届三中全会前就已经建立政府法律顾问制度。滁州、池州、铜陵、宣城在 2015 年陆续建立了政府法律顾问制度,安徽省 8 个城市均在《意见》出台前建立了政府法律顾问制度(见表5)。

表5 安徽省8市政府法律顾问制度建立情况

城市	制度建立时间	制度文件名称
马鞍山	2004 年 8 月 17 日	《马鞍山市人民政府办公室关于成立市人民政府法律顾问组的通知》(马政办〔2004〕53 号)
合肥	2006 年 10 月 16 日	《合肥市人民政府办公厅关于印发〈合肥市人民政府法律顾问工作规则〉的通知》(合政办〔2006〕62 号)
芜湖	2014 年 9 月 11 日	《芜湖市人民政府办公室关于印发芜湖市人民政府法律顾问工作规则的通知》(芜政办〔2014〕29 号)

城市	制度建立时间	制度文件名称
安庆	2013 年 5 月 27 日	《安庆市人民政府办公室关于印发〈安庆市人民政府法律顾问工作规则〉的通知》（宣政办秘〔2013〕38 号）
滁州	2015 年 1 月 6 日	《滁州市人民政府办公室关于普遍建立政府法律顾问制度的意见》（滁政办秘〔2015〕4 号）
池州	2015 年 5 月	《池州市人民政府办公室关于全面建立政府法律顾问制度的通知》（池政办秘〔2015〕84 号）
铜陵	2015 年 7 月	《铜陵市人民政府办公室关于印发铜陵市政府法律顾问工作规则的通知》（铜政办〔2015〕78 号）
宣城	2015 年 9 月 11 日	《关于印发〈宣城市人民政府法律顾问工作制度〉的通知》（宣政〔2015〕56 号）、《宣城市人民政府办公室关于进一步发挥法律顾问作用提升政府依法治理能力的意见》（宣政办秘〔2021〕7 号）

资料来源：安徽省 8 市政府办公厅（室）对课题组依申请公开的答复书和政府网站。

（三）珠三角城市普遍建立政府法律顾问制度的时间相对早于长三角城市

党的十八届三中全会前，中央并未要求各地普遍建立政府法律顾问制度，此前建立政府法律顾问制度是城市根据法治政府建设需要的自发行动。党的十八届三中全会提出了普遍建立法律顾问制度的要求后，较多城市根据中央精神建立了政府法律顾问制度，但此阶段并无具体的时限要求，属于地方自觉贯彻中央精神的行动。《意见》出台后，由于明确了建立政府法律顾问制度的时间，此阶段建立政府法律顾问制度属于落实具体要求。而《意见》对县级以上党政机关普遍建立政府法律顾问制度的时间要求是 2017 年底前，因此 2017 年底后才建立政府法律顾问制度的城市实际上有违规定。

为此，课题组按以上时间节点，将建立政府法律顾问制度的城市进行归纳发现，珠三角城市在党的十八届三中全会前建立政府法律顾问制度的城市有 5 个，占所有 9 个城市的 55.56%；在党的十八届三中全会至《意见》出台前，贯彻中央精神建立政府法律顾问制度的城市有 2 个，占 22.22%；所有城市都在规定时限内建立政府法律顾问制度。长三角只有少数城市在党的十八届三中全会前建立政府法律顾问制度，27 个城市中只有 9 个，占所有 27 个城市的 33.33%；在党的十八届三中全会至《意见》出台前建立政府法律顾问制度的城市有 13 个，占 48.15%；在《意见》出台后规定时间节点前，又有 2 个城市建立了政府法律顾问制度，占 7.41%；有 3 个城市在规定时间节点后才逐渐建立，占 11.11%（见表 6、图 1、图 2）。

表 6　珠三角、长三角城市各时间段建立政府法律顾问制度情况

单位：个

所在区域	所属省（市）	城市数量	党的十八届三中全会前	党的十八届三中全会至《意见》出台前	《意见》出台至 2017 年底	2018 年 1 月 1 日及以后
珠三角	广东	9	5	2	2	0
长三角	上海	1	0	1	0	0
	江苏	9	1	6	1	1
	浙江	9	4	2	1	2
	安徽	8	4	4	0	0

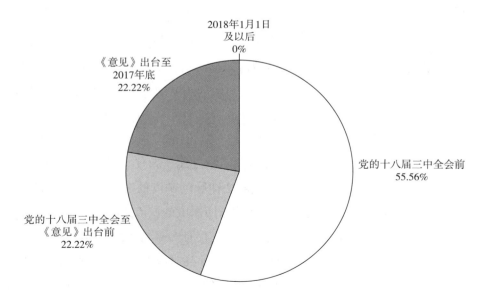

图 1　珠三角城市各时间段建立政府法律顾问制度情况

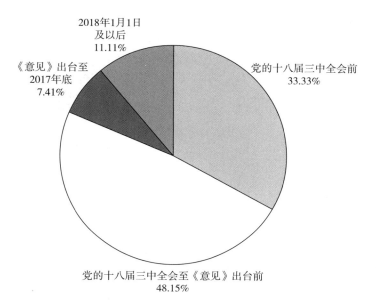

图2　长三角城市各时间段建立政府法律顾问制度情况

（四）政府法律顾问制度相关文件发文机构情况

各城市关于政府法律顾问制度文件的发文机构有的是市政府，有的是市政府办公厅（室），有的是市委办公室。有的发文机构虽然是市政府办公室，但挂的文号是政办秘。发文机构层级越高，文件权威性越强，这是无疑的，也会直接影响其实施。课题组对相关文件的发文机构进行了研究，并进行了统计，对于制定了多个文件的城市，在统计时只统计该市最高层级机构。

1. 珠三角城市政府法律顾问制度文件的发文机构情况

在珠三角9市中，深圳、惠州、肇庆、珠海4个城市的发文机构是市政府，东莞、佛山、广州、中山、江门5个城市的发文机构是市政府办公室（见图3）。

2. 长三角城市政府法律顾问制度文件的发文机构情况

在长三角27市中，上海、苏州、南京、泰州、南通、常州、盐城、宁

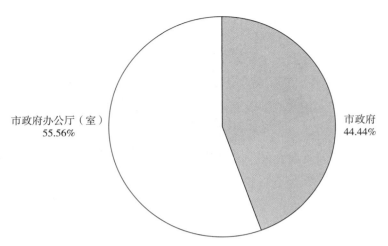

图3　珠三角城市政府法律顾问制度文件发文机构情况

波、温州、宣城 10 个城市的发文机构是市政府，占 37.04%；扬州、镇江、无锡、舟山、绍兴、嘉兴、杭州、湖州、台州、马鞍山、安庆、滁州、池州、铜陵、合肥、芜湖 16 个城市的发文机构是市政府办公厅（室），占 59.26%；金华的发文机构是市委办公室（见图4）。其中，安庆、滁州、池州用的是"政办秘"的文号。

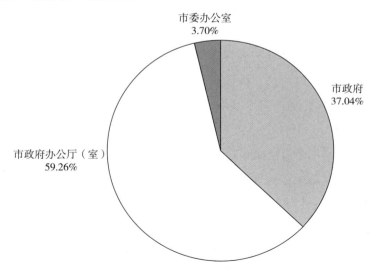

图4　长三角城市政府法律顾问制度文件发文机构情况

总体而言，珠三角城市普遍建立政府法律顾问制度的时间早于长三角城市，关于政府法律顾问制度的文件以市政府名义发文的占比略高于长三角城市。这可以在一定程度上说明，珠三角城市整体上较长三角城市更为重视政府法律顾问制度。

二　珠三角、长三角城市政府法律顾问制度实施情况

制度建立的目的在于发挥其作用，而制度作用的发挥主要取决于制度的实施。课题组在向珠三角、长三角主要城市申请提供政府法律顾问制度实施情况的信息时，只有江门、惠州、肇庆、深圳 4 个珠三角城市提供了相关信息的获取方式。其中，广东省的江门提供了 2020 年政府法律顾问工作报告《以法为纲　实干笃行　政府法律顾问优质高效服务法治江门建设》的查询网址；惠州、肇庆两市在答复书中说明在法治政府年度报告中有相关内容，并提供了查询网址；深圳市政府办公厅工作人员电话沟通说明已经主动公开，并告知在每年法治政府建设年度报告中有相关信息及查询方式。因此，课题组主要通过各城市门户网站检索收集各城市政府法律顾问制度实施情况的信息。由于相关信息零散，且政府法律顾问制度本身是法治政府建设的重要内容之一，课题组研究了各城市法治政府建设年度报告中关于政府法律顾问的内容，对政府法律顾问制度的实施情况有了大致了解[①]。

（一）各城市市、区、街道三级均设置和聘请了法律顾问

课题组通过在各城市门户网站站内检索"政府法律顾问"，均检索到关于政府法律顾问的信息，除市政府法律顾问信息外，还有部分政府工作部门、区、街道的法律顾问信息。内容除法律顾问工作规则外，更多的是聘请法律顾问的公告，或者关于法律顾问的招聘或服务采购的公告，还有部分媒

---

① 课题组研读了近 3 年相关城市的法治政府建设年度报告发现，各城市对政府法律顾问工作的说明总体相似，但有逐年改善趋势。为更好地显示最新情况，本部分统一以各城市 2021 年度法治政府建设报告中关于政府法律顾问的内容为研究对象。

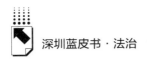

体报道。内容零碎，但说明各城市市、区、街道三级均设置或聘请了法律顾问。

（二）有些城市未将政府法律顾问工作作为法治政府建设的必要内容

检索各城市法治政府建设年度报告发现，有些城市未在报告中提及政府法律顾问工作情况。以2021年度报告为例，广东省的肇庆，浙江省的温州、金华、舟山、台州，江苏省的无锡、常州、盐城、泰州在报告中完全未提及政府法律顾问。长三角城市未将政府法律顾问工作作为法治政府建设内容的占比较高，占29.63%；珠三角城市的占比为11.11%。

（三）长三角城市对政府法律顾问工作仍停留于制度建设和队伍建设阶段

在提及政府法律顾问工作情况的8个珠三角城市2021年度法治政府建设报告中，除广州只简略提到"在有执法权的市政府部门率先试行首席法律顾问制度"外，其他7个城市均在报告中用一至两段说明政府法律顾问工作的具体内容，深圳、佛山、东莞、惠州等均有具体的工作项目及产生效果的数据，特别是深圳，每年的报告有统一的格式、内容，说明市政府法律顾问室审查行政决策、重大项目的次数，审查合同、出具法律意见的数量，以及所发挥的主要作用。相比较而言，在长三角城市21个提及政府法律顾问的报告中，部分城市的报告内容明显单薄。上海、杭州、安庆只简单提到队伍建设、人员聘任，扬州、铜陵只提到政府法律顾问制度全覆盖，苏州只笼统提到为重大决策提供法律服务，宁波、湖州等城市只提到作用发挥不充分，嘉兴、合肥、滁州等城市笼统提到政府法律顾问服务总次数或参加活动总次数，只有南京、南通、绍兴、马鞍山、池州有较详细的内容。

（四）珠三角城市政府法律顾问完成工作量明显多于长三角城市

2021年，深圳市政府法律顾问室审查行政决策、重大项目430次，审查合同463份，出具法律意见755份；佛山市政府法律顾问为市委、市政府的重大项目、重要战略提供法律审核意见 299 份，涉及金额 2820 亿元；东莞市政府法律顾问室全年对重大项目、重大合同出具合法性审查意见 700 余份；惠州市、县（区）法律顾问部门办理各类法律事务 2463 件，涉及金额达 1636.94 亿元。

相比较而言，长三角仅少数城市法律顾问提供服务次数较多。2021 年，江苏省南京市政府法律顾问全年审查市政府合同 30 份，出具审查意见 55 份；苏州市政府法律顾问全年参与处理市政府重大疑难涉法事务 10 多件，提供较高质量的决策服务 15 人次。浙江省绍兴市政府法律顾问对市政府 2021 年度 11 项重大行政决策草案提出法律意见。安徽省合肥市法律顾问全年为市委、市政府提供法律服务 200 余件次；马鞍山市法律顾问提出审查意见和建议 473 条；滁州在行政复议案件审理中邀请市政府法律顾问和法学专家论证 10 次；池州的报告中未提及市政府法律顾问的工作情况，但提及 225 家政府部门法律顾问提供法律意见 166 份，参与重大项目谈判 42 件，参与起草、修改或审查规范性文件 53 件。

三　结论与建议

综上分析研究发现，珠三角和长三角城市在市一级均已建立政府法律顾问制度。其中，珠三角城市在《意见》规定的 2017 年底前均已建立该制度并出台相关制度文件；长三角有 3 个城市未在规定时间节点前建立该制度，但均已经在 2018 年或 2019 年建立了该制度。该制度建立后，发挥作用的情况有所差异。珠三角城市重视发挥政府法律顾问制度作用的城市占比较高，长三角多数城市的政府法律顾问工作才刚刚起步，很多城市仍停留在制定制度、人员聘任阶段，政府法律顾问参与行政决策、规范行政行为、发挥防范行政法律风险的作用还很不充分。另外，政府法律顾问制度建立时间较长的城市，多数更为重视该制度在法治政府建设中的作用，政府法律顾问工作内容更为清晰，并较好总结每年工作情况。如珠三角的深圳、惠州、东莞、佛山已经将政府法律顾问工作制度化到行政决策的具体环节，长三角的南京、南通、绍兴、马鞍山、池州等是对政府法律顾问工作开展情况有较为详细说明的城市，也是在该区域相对较早建立政府法律顾问制度的城市。总体而言，政府法律顾问制度在法治政府建设中的作用还未充分发挥，本报告建议从以下几方面予以完善。

（一）加强对领导干部关于政府法律顾问制度的普法宣传

党的十八届三中全会以来，党和国家多项重要文件明确要求各级党政机关普遍建立政府法律顾问制度，发挥政府法律顾问在制定重大行政决策、推进依法行政中的积极作用，将该项制度作为法治政府建设的重要内容和深入推进依法行政、加快建设法治政府的重要手段。但是从现状来看，有些地方对政府法律顾问制度的重要性认识不足，该项制度建立拖沓，建立之后未很好的实施。因此，有必要从关键的领导入手，开展有关政府法律顾问制度的普法工作，提高领导干部对政府法律顾问制度重要性的认识，主动在重大行政决策程序、重大纠纷解决中增加听取政府法律顾问意见或法律审查意见的程序，形成制度，充分发挥政府法律顾问提升依法决策、依法行政水平的作用。

（二）将政府法律顾问工作作为法治政府建设的必要内容

我国已经建立法治政府建设年度报告制度，各地区、各部门均应在次年初报告上一年度法治政府建设情况，但目前有的地方还未将政府法律顾问制度实施情况纳入报告范围，有的地方虽然提到政府法律顾问工作，但仅在依法决策等内容中简略带过，并未专项报告有关工作情况和取得的效果。政府法律顾问制度虽是为依法决策、依法行政而设定的，本身是手段，不是目的，但要落实好，就必须呈现该项工作具体地开展情况。具体就是要展现法律顾问参与重大决策和针对重大项目提供法律意见的情况、参与重大社会事件提供法律服务的情况以及代理各类行政案件的情况等，以数据推动政府落实相关制度，从而推动政府法律顾问制度在政府运作中真正发挥作用，推进行政决策的科学化、行政行为的规范化。

（三）建设政府专职法律顾问工作队伍

目前，仍有不少地方的政府法律顾问以兼职法律顾问为主，兼职法律顾问往往是当地甚至异地有名望的法学专家或律师。其专业水平高，是这一模式的重要优势。但由于这些兼职法律顾问往往事务繁忙，投入在政府法律顾问上的时间、精力不可能很多，顾问次数不多，"顾而不问"的现象在一定程度上会存在，导致政府法律顾问制度的实效大打折扣。政府法律顾问制度要想更好地发挥作用，只有建设一支专业队伍，才能真正参与行政决策、规范性文件制定、合同签订以及行政执法等方面的工作，在这些工作中发挥法治引导作用。

（四）加强地区间政府法律顾问工作的交流

虽然各地政府法律顾问工作发展不平衡，但不少地方探索了行之有效的做法，应当加强地区间政府法律顾问工作的交流，相互学习借鉴，快速完善具体实施细则。从政府法律顾问的岗位设置、资格要求、选任方式到服务内容、服务方式、服务标准、工作经费保障等各方面，互相学习借鉴，形成一套既包含共通的基本规则，又符合本地特点的具体管理和工作制度，推动政府法律顾问制度实实在在落地。

参考文献

宋智敏：《政府法律顾问制度研究》，法律出版社，2018。

江国华、刘文君：《政府法律顾问在法治政府建设中的角色与取向》，《哈尔滨工业大学学报》（社会科学版）2018 年第 2 期。

莫于川：《政府法律顾问的时代使命与角色期盼》，《广东社会科学》2017 年第 1 期。

深圳市社会科学院课题组：《深圳政府法律顾问制度实施情况》，载罗思主编《深圳蓝皮书：深圳法治发展报告（2021）》，社会科学文献出版社，2021。

司 法 篇
Judicature

B.10
深圳检察机关降低审前羁押率的
实践与思考

黄海波[*]

摘　要： 降低审前羁押率有助于提升司法文明，促进司法改革。深圳检察机关通过强化组织督导、制度指引、引导侦查和沟通协作，切实降低审前羁押率，推动建立非羁押诉讼模式。

关键词： 审前羁押率　检察机关　刑事诉讼

在刑事诉讼语境中，审前羁押是指在人民法院依法作出有罪判决之前，为防止被追诉人逃避侦查、起诉、审判或者发生其他社会危险性，依法剥夺被追诉人人身自由并将其关押的法律制度。在确保诉讼程序的措施中，一方面，羁押是对个人自由最严重的限制；另一方面，羁押对有效的刑事司法而

---

　* 黄海波，法学博士，深圳市人民检察院检察员，法治前海研究基地研究员。

言，在许多情形下是不可缺少的措施。① 长期以来，囿于"重打击、轻保护""重实体、轻程序"的传统观念，将被追诉人予以羁押以更好地实现方便侦诉、保全证据、防范风险等诉讼目的，是我国侦查机关、检察机关和审判机关的惯常做法。这直接导致被追诉人在刑事诉讼程序启动后招致羁押甚至是不必要羁押成为诉讼常态，审前羁押率居高不下，诉讼公正和人权保障原则"两受其害"，降低审前羁押率已经是司法实践必须直面并亟待破解的重大难题。

2021 年，深圳检察机关全面履行法律监督职能，坚持打击犯罪与保障人权相平衡，坚持实体公正与程序公正相统一，更新执法理念，完善制度规范，切实降低审前羁押率，全市检察机关审前羁押率为 63.65%，比 2020 年下降 11.49 个百分点，有效实现刑事检察工作的政治效果、社会效果和法律效果。

一　深圳检察机关降低审前羁押率的价值追求

（一）彰显特区刑事司法文明水平

逮捕措施的目的是意图将恶性较大、情节较重、社会危险性较大的犯罪嫌疑人羁押起来以保障刑事诉讼的顺利进行。而当前刑事犯罪的结构发生根本性转变，暴力伤害公民人身权利和财产权利的严重犯罪已急剧减少，轻微刑事案件尤其是可能判处三年以下有期徒刑的轻微刑事案件占比已达 80% 以上。高羁押率意味着大量轻刑犯罪嫌疑人被不当羁押，丧失复归社会的时机或可能，这显然有违司法人道主义和罪责刑相适应原则。深圳检察机关牢牢把握"谦抑慎刑"理念，强化刑事拘留措施监督，慎用逮捕强制措施，破除刑事司法严峻、苛厉的传统面孔，以平和、宽宥的司法态度，最大限度缩小犯罪打击面，维护社会和谐，释放司法善意，保障社会稳定，展现执法办案的温度和温情，着力提升特区检察机关刑事司法文明水平。以深圳市南

---

① 〔德〕克劳思·罗科信：《德国刑事诉讼法》（第 24 版），吴丽琪译，法律出版社，2003。

山区检察院为例，虽然2021年受理公安机关移送审查逮捕案件数与2020年基本持平，但不批准逮捕案件数和不批准逮捕犯罪嫌疑人人数分别同比增长176.8%和138.9%，审前羁押率创下新低，充分展现刑事司法宽容、缓和的一面。

检察官既要控诉犯罪，捍卫秩序，又要保障人权，保护无辜，维护公民的人身权和财产权，确保公民免受不正确、不合理、不必要的羁押，引领法治国家建设稳步前进，倡行尊法守法、依法执法，让法治理念成为公民衡量自身行为的标准和准则。深圳检察机关在降低审前羁押率工作中坚持"以非羁押为原则，羁押为例外"的基本理念，履行检察机关的客观公正义务，充分认识到降低审前羁押率是法治进步的重要指标。

（二）落实认罪认罚从宽刑事司法制度

认罪认罚从宽刑事司法制度作为中国特色社会主义司法制度的一项重大改革，蕴含着鼓励真诚悔罪、减少社会对抗的诉讼理念。2021年，深圳检察机关刑事检察工作中认罪认罚从宽的适用率为86.13%。被告人通过认罪认罚从宽制度的适用，认识到自身犯罪行为对他人和社会造成的损害，认罪服法，服判息诉。认罪认罚从宽的"从宽"，包括实体从宽和程序从宽两个方面，不仅体现在量刑结果的裁决上，还应当体现在强制措施的适用上，即应当在审前羁押以及羁押时间上有所体现。

根据"两高三部"《关于适用认罪认罚从宽制度的指导意见》的规定，深圳检察机关把认罪认罚从宽与慎用强制措施紧密结合，全面降低审前羁押率，具体包括：一是检察机关把被追诉人是否认罪认罚作为是否具有社会危险性的最重要参考要素之一，对犯罪情节较轻、主观恶性较小、危害后果不大的轻罪案件，可以不采用逮捕措施；二是罪行较轻的被追诉人认罪认罚，围绕犯罪要件事实全面衡量犯罪的手段、方法、动机、结果、后果、在共同犯罪中的地位和作用等，认为没有社会危险性的，监督公安机关无须移送检察机关审查逮捕，已经移送的依法作出不批准逮捕决定；三是已经被批准逮捕的被追诉人认罪认罚的，检察机关应当对有无审前羁押的必要性进行审查，审查后没有必要继续予以羁押的，应当及时变更为非羁押强制措施。

（三）贯彻少捕慎诉慎押刑事司法政策

刑事政策是国家和社会依据犯罪态势对犯罪行为和犯罪人运用刑罚和诸多处遇手段以期有效地实现惩罚和预防犯罪目的的方略。[①] 少捕慎诉慎押从检察工作理念上升为国家刑事司法政策的过程，就是限缩逮捕适用、强化谦抑诉讼、降低审前羁押率理念不断深入人心的过程。少捕慎诉慎押刑事司法政策要求检察机关在履行审查逮捕权时，要树立权利保障和程序保障理念，坚持惩办与宽大相结合，坚持因人施罚和因案施罚，增强审查逮捕程序的预防作用，这正是社会危险性条件所肩负的立法期许。

但是，少捕慎诉慎押不是无原则的不捕不诉不押。深圳检察机关坚持轻轻重重，区别打击，对于轻罪案件、过失犯罪、老年人犯罪、未成年人犯罪以及弱势群体犯罪坚持挽救教育，重点考察逮捕的社会危险性条件，对犯罪嫌疑人的主观恶性、退赃或赔偿情况、悔罪表现、监管条件、犯罪动机等因素进行综合考虑，当宽则宽，当不捕则不捕。

二　深圳检察机关降低审前羁押率的实践做法

（一）强化组织督导，精准重点推进

深圳检察机关从创建中国特色社会主义检察制度示范院的高度，把降低审前羁押率作为全市检察机关重点工作予以推进。2021 年 1 月，深圳市检察院专门设立检察长挂帅的规范审前羁押措施适用工作领导小组，以第一检察部为责任部门专司调度督导之责。深圳市检察院多次召开全市降低审前羁押率专题工作会议，层层传导工作压力，确保降低审前羁押率责任落实。

---

① 储槐植：《刑事一体化论要》，北京大学出版社，2007。

2021 年 1 月，深圳市检察院发布了《深圳市检察机关规范审前羁押措施适用工作方案》，把降低审前羁押率列入全市检察机关工作要点。同时，结合政法机关队伍教育整顿工作，深圳检察机关把"审前羁押率居高不下"作为一项顽瘴痼疾进行专项整治，并配套出台《深圳市检察机关审前羁押率一直居高不下顽固问题专项整治方案》予以整改。

各基层检察机关也相应成立领导小组和责任部门，把降低审前羁押率作为一项重中之重的工作抓细抓实。2021 年 1 月，宝安区检察院制定《深圳市宝安区检察院规范审前羁押措施适用工作方案》，以目标为导向，以制度为指引，确保羁押性强制措施的规范适用；宝安区检察院在设立规范审前羁押措施适用工作领导小组的同时，专门设立办公室和工作小组，明晰岗位职责，厘清任务分工，实现各项工作落实到岗、责任落实到人。

深圳市检察院还把降低审前羁押率作为一项重点督查工作予以专项推进：一是建立数据通报制度，每周、每月对深圳市检察院三个刑事检察工作部门和各基层检察院审前羁押率数据进行通报和评析，分析数据变化背后的趋势和原因，纠正工作不力，提醒工作迟滞；二是以每月召开的全市检察机关重点工作月度调度会为平台，多次专题听取第一检察部关于降低审前羁押率的工作汇报，全面梳理降低审前羁押率工作进展，深入剖析存在的不足，要求相关部门和各基层检察院有针对性地补正改进；三是加强督导指导，深圳市检察院不定期深入各基层检察院调研检查，掌握第一手工作情况，第一时间解决实践困难。

（二）强化制度建设，规范办案指引

为规范全市检察机关降低审前羁押率的工作，深圳市检察院强调制度先行，出台了《深圳市检察机关逮捕社会危险性条件量化评估实施细则（试行）》《深圳市检察机关办理羁押必要性审查案件规范指引（试行）》等一系列可操作性极强的配套制度，确保全市检察机关降低审前羁押率的工作有章可循、有据可依。

宝安区检察院结合本院工作实际，制定《宝安区人民检察院常见多发刑事案件审查判断无逮捕社会危险性实施细则》等降低审前羁押率的工作制度，对逮捕的社会危险性条件进行再梳理、再细化，强化检察人员业务培训，提升执法办案水平，统一逮捕条件尤其是社会危险性条件适用标准，奠定降低审前羁押率的工作制度基础。为实现降低审前羁押率的工作权责统一，南山区检察院调整检察官权力清单，将部分审查逮捕案件权限下放至检察官，对可能判处三年以下有期徒刑、拘役、管制或独立适用附加刑的案件，案件事实清楚、证据确实充分，犯罪嫌疑人认罪认罚的，检察官可以自行以无逮捕的社会危险性、无逮捕的必要性作出不批准逮捕决定，鼓励承办检察官审慎审查、大胆裁决。

（三）强化提前介入，引导侦查协作

提前介入主要是指在刑事案件侦查活动中，检察机关根据公安机关要求或者认为有必要时，介入公安机关侦查活动的工作。提前介入可以通过卷宗审查、案件讨论等方式进行，检察机关在充分了解案件事实证据情况后，对取证的方向、证据的固定、案件的定性等问题发表意见，引导公安机关更加有效地侦办案件。提前介入把检察机关事后的被动监督转化为事先的主动监督，可以提前掌握犯罪嫌疑人的人身危险性和社会危险性，引导公安机关对没有羁押必要的犯罪嫌疑人适用非羁押强制措施并直接移送审查起诉，从源头上分流降低审前羁押率。

宝安区检察院先行先试，主动探索，创新实施检察机关提前介入和引导侦查制度，以设立派驻公安执法办案管理中心检察室为契机，建立检察官、公安预审员、办案民警面对面案件讨论机制，完善侦查取证，规范羁押标准，降低审前羁押率工作走在全市检察机关前列，工作效果十分突出。同时，宝安区检察院发挥智慧检务功能，率先开发研制了非羁押人员动态监管软件程序并投入使用，程序运用效果良好，适用非羁押强制措施的犯罪嫌疑人的监管状态一目了然，有效预防脱管或者漏管情形的发生，为降低审前羁押率提供有力的科技保障。2021年10月9日，深圳市检察院在宝安区检察院召开了全市检察机关降低审前羁押率工作现场推进会，将宝安区检察院全

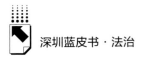

面提前介入和引导侦查工作经验向全市推广，在降低审前羁押率的同时，切实提高案件质量和诉讼效率。

南山区检察院与公安机关就引导侦查降低审前羁押率工作无缝对接，共同制定《提前介入引导侦查工作意见（试行）》，以派驻检察室为平台全面实施检察引导侦查工作机制，凝心聚力，规范程序，检察官从提前介入案件至审查逮捕、羁押必要性审查、审查起诉终，形成全链条引导侦查工作模式，工作效果凸显。2021年11月、12月南山区检察院审前羁押率分别为12.64%、24.49%，均为当月全市检察机关最低。

（四）强化沟通协调，形成整体合力

深圳市人民检察院坚持系统思维，认为降低审前羁押率绝非检察机关一己之力所能为，而应该是刑事诉讼全流程一体推进，这得到了市政法委大力支持。市政法委多次召开工作会议部署降低审前羁押率工作，要求全市司法机关统一思想、统一标准，整体推进降低审前羁押率的工作，提升特区司法文明水平。

深圳市检察机关积极与公安机关加强协调，聚集共识，齐心协力推动降低审前羁押率的工作向纵深演进，形成侦检合力。2021年10月13日，龙岗区检察院与深圳市公安局龙岗分局召开座谈会，专题讨论降低审前羁押率的工作，认为在推进国家治理体系与治理能力现代化的背景下，检察机关和公安机关应当转变执法理念，强化业务沟通，会签工作细则，推动降低审前羁押率的工作更加规范。11月10日，深圳市公安局专门出台《关于进一步推进降低审前羁押率相关工作的通知》，强调各基层公安机关要加强与检察机关协作，总结工作经验，解决实践问题，因地制宜探索细化各区降低审前羁押率工作的具体举措。

三 深圳检察机关降低审前羁押率的完善路径

（一）更新司法理念，确立非羁押诉讼模式

非羁押诉讼一般是指司法机关在被追诉人不适用羁押强制措施、不剥夺

被追诉人人身自由的前提下启动和推进刑事诉讼。深圳检察机关要转变执法理念，提高审查逮捕办案水平。具体来说，要着力提高办案人员思想认识，纠正"构罪即捕""一捕了之""一押到底"等错误观念，树立无罪推定意识，落实少捕慎捕理念，推动逮捕措施从打击罪犯向保障诉讼的功能转变。同时，通过组织非法证据排除、疑难复杂案件探讨、公安机关移送案件研判、逮捕案件诉讼式审查等业务培训学习，稳步提高检察人员执法办案水平，严格把握罪与非罪、此罪与彼罪、重罪与轻罪的界限，减少不必要的逮捕羁押，切实提高审查逮捕案件质量。

降低审前羁押率要坚持证据裁判原则。要坚持以案件证据为中心开展降低审前羁押率的工作，加强证据审查，坚持重证据、重调查研究、不轻信口供的办案规则，全面审查证据要做到认定事实的各证据间能够相互印证，形成环环相扣的证据链条；对证据存在罪与非罪的根本性矛盾的案件，坚持疑罪从无，依法不捕，坚守防止冤假错案底线。要健全检察官履行职务豁免机制，对检察官依法以无社会危险性作出不批准逮捕决定后，即便后续发生犯罪嫌疑人逃避妨碍诉讼或者再犯新罪的情形，只要检察官审查逮捕时的事实证据支持不批准逮捕决定，就不属于有错不捕，检察官无须承担错案追责的风险。据此鼓励检察官破除疑虑，依法履职，敢于决定，勇于担当，提高检察官履行降低审前羁押率的工作职责的积极性和主动性。

降低审前羁押率要坚持羁押例外理念，非羁押候审应当是刑事诉讼的常态而不是例外。联合国大会在1988年通过的《保护所有遭受任何形式羁押或监禁的人的原则》第三十九条规定："除了在法律规定的特殊案件中，以司法机关根据司法利益决定羁押的以外，被追诉者有权在等待审判的过程中被释放。"作为刑事诉讼的最低国际准则，犯罪嫌疑人在被依法确定有罪或者无罪之前，有权不被剥夺人身自由，国家应当保障公民审前不受非法羁押和长时间羁押的权利。要慎用羁押手段，加强逮捕的社会危险性审查，落实社会危险性证明制度，加强逮捕的社会危险性条件审查；全面审查嫌疑人是否可能发生法定的社会危险性情形，并对犯罪嫌疑人的犯罪情节、主观恶性、悔罪表现、赔偿情况等因素进行综合判断。逮捕作为最严厉的强制措施，其重要性毋庸置疑，但审查逮捕并非刑事诉讼的必经环节。要完善轻刑案件直接移送起诉制度，将情节较轻、危害不大、案情明了、证据提取固定完毕且达到确实充分标准、犯罪嫌疑人认罪认罚的轻刑案件（一般为可能判处三年以下有期徒刑的），公安机关应当采取取保候审或监视居住等非羁押强制措施后径直移送审查起诉，不再移送检察机关审查逮捕，确保犯罪嫌疑人免于面临可能的羁押风险。

事实上，检察机关推动降低审前羁押率深刻体现了羁押的比例原则。比例原则被誉为统摄整个公法领域的"帝王条款"，蕴含着和谐、必要、适当、平衡、相称等诸多含义。比例原则是一种检验公权力行使正当性的价值理念，要而言之，公权力的行使必须符合一定的比例要求，否则就缺乏正当性。[1] 比例原则是指在刑事诉讼中采取的诉讼手段，特别是限制或剥夺公民基本权利的强制性措施，在种类、轻重、力度上，应当与所追究的犯罪的严重性以及被追诉者的人身危险性相适应。[2] 比例原则要求检察机关在行使审查逮捕权时，要坚持罪刑均衡、罚当其罪的诉讼目标，重视社会危险性审查，尽可能采用对公民权利侵害最小的诉讼手段，且对公民私益的侵害不能大于所维护的公益。

（二）加强释法说理，完善羁押强制措施适用机制

裁判理由公开是司法权合理化的重要指标。[3] 检察机关降低审前羁押率要对不适用羁押强制措施的理由进行说明，提升非羁押强制措施的可接受度和公众认同度。要加强不捕案件的释法说理工作，根据不同的不捕情形，从犯罪构成、法律依据、刑事政策、证据能力和证明力、证明体系等方面进行分析说理。对因证据不足不捕的案件，找出证据链缺失环节，向侦查机关明确提出后续侦查方向；对绝对不捕、无社会危险性不捕和不符合刑罚条件不

---

[1] 蓝学友：《规制抽象危险犯的新路径：双层法益与比例原则的融合》，《法学研究》2019 年第 6 期。

[2] 龙宗智、杨建广主编《刑事诉讼法》，高等教育出版社，2003。

[3] 季卫东：《法治秩序的建构》，中国政法大学出版社，1999。

捕的案件，结合案件证据事实和逮捕条件全面阐述不批准逮捕的理由。逻辑性强、论证充分的释法说理，使公安机关明确侦查取证方向，提高执法办案能力，并充分理解和信服检察机关的不批准逮捕决定，及时执行不捕决定，尤其对于以没有社会危险性为理由作出不批准逮捕决定的案件，检察机关应当在不批准逮捕理由说明书中，详细载明认为犯罪嫌疑人无社会危险性的理由，消除与侦查机关的认识分歧，引导公安机关全面重视和收集社会危险性证据。对于有被害人对是否逮捕犯罪嫌疑人提出意见的案件，可以将不批准逮捕的理由向被害人说明，以消弭被害人对办案程序和结果的猜疑，平复被害人的心情，缓和社会矛盾。

要推进司法公开，稳步推进逮捕案件诉讼式审查工作。逮捕案件公开审查一改传统审查逮捕工作的行政化、封闭化等特征，充分听取侦查机关办案人员、犯罪嫌疑人及其辩护人的意见，全面客观分析逮捕的证据条件和社会危险性条件，使审查逮捕程序更加公开透明、审查逮捕决定更加公正权威，使降低审前羁押率的工作落到实处。逮捕案件诉讼式审查以直观的方式将侦辩双方的争议焦点尤其是对社会危险性的分歧展现在承办检察官的面前，并通过双方的观点对抗厘清焦点问题，有利于承办检察官查明争议事实，也有利于承办检察官增强内心确信，提高办案效率。另外，诉讼式审查的过程和结果，可以让公安机关了解检察机关在审查逮捕案件办理中的审查重点，及时发现案件中存在的问题，有利于推动公安机关提高案件侦查质量、规范侦查行为，大大减少将无羁押必要案件移送审查逮捕的数量。

（三）细化羁押条件，确立审前羁押标准

检察机关通过不批准逮捕案件的审查和办理，明确了逮捕适用条件，初步确立了刑事羁押标准，公安机关将部分未达到逮捕羁押标准的案件变更为非羁押强制措施或转为治安案件，不仅节约刑事司法资源，而且有效降低审前羁押率。要继续完善社会危险性量化评估体系，完善社会危险性评估办法并研发与之相匹配的评估软件，根据犯罪嫌疑人、被告人可能判处的刑罚、犯罪情节轻重、社会危险性大小等因素开展综合评估，以此作为检察官作出

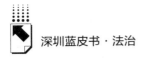
逮捕决定或以无社会危险性为由作出不批准逮捕决定的依据，实现羁押审查的科学性、客观性、公正性。

（四）突出羁押救济，深化羁押必要性审查

无救济则无权利。羁押不仅是一种法定期限内必须作出的决定，还是一种持续的状态，因此不仅决定要审慎，且需要适时对是否需要继续羁押进行审查，羁押必要性审查制度的意义即在于此。为了贯彻比例原则和少捕慎诉慎押的刑事司法政策，并应对刑事诉讼过程中犯罪嫌疑人、被告人羁押必要性的变化，犯罪嫌疑人、被告人被逮捕后，人民检察院仍应对羁押的必要性进行审查。[①]

要稳步探索羁押必要性审查案件的公开听证制度，对社会广泛关注、有无羁押必要性分歧较大的案件进行公开听证，多角度听取诉讼当事人、公安机关、辩护律师和听证员的意见，对有必要变更羁押状态的及时提出变更建议。此外，要把办理羁押必要性审查案件情况纳入检察官年度业绩考评范围，鼓励检察官积极有效的进行羁押必要性审查，压实降低审前羁押率的主体责任。

参考文献

郭松：《中国刑事诉讼运行机制实证研究（四）——审查逮捕制度实证研究》，法律出版社，2011。

邓子滨：《刑事诉讼原理》，北京大学出版社，2019。

张智辉主编《审前程序问题研究》，中国检察出版社，2016。

---

① 陈光中主编《刑事诉讼法》（第7版），北京大学出版社、高等教育出版社，2021。

B.11
深圳检察机关推动未成年人
综合司法保护的探索与完善

何 勋 龚 江*

摘 要： 深圳未成年人检察（以下简称"未检"）确定了"一点两面、四大检察"的工作总体布局和"三步走"的总体规划。立足精准帮教，在司法上游和行政上游两个拓展面，依法能动履职，以法治思维破解堵点痛点，依托未成年人综合司法保护委员会，以共建共治共享为理念，创新检察机关信息化法律监督新形态，全面完善国家亲权监护法律制度，为未成年人保护市域社会治理体系的探索和完善提供有力法治保障。

关键词： 综合司法保护 法律监督 市域社会治理 未成年人

一 加强未成年人综合司法保护的重要性

近年来，无论是全国还是深圳，未成年人犯罪数量连续下降趋于平稳后又有所回升。2018 年深圳市检察机关办理的涉罪未成年人数量为 795 人，2019 年为 625 人，2020 年为 415 人，2021 年为 681 人。未成年人犯罪、诈骗涉案类型比较集中。2021 年深圳涉罪未成年人案件类型主要包括：盗窃等侵财案件，涉罪未成年人数量为 298 人，占 43.76%；聚众斗殴、寻衅滋事等暴力侵害案件，涉罪未成年人数量为 298 人，占 43.76%。具体案件类型见图 1。

---

* 何勋，深圳市人民检察院检委会委员、第三检察部主任；龚江，深圳市光明区人民检察院检委会委员、第五检察部主任。

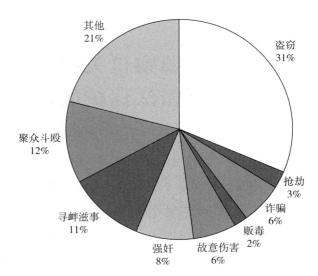

图1　2021年深圳涉罪未成年人案件类型

侵害未成年人犯罪数量连续上升。2018年深圳被侵害未成年人刑事案件为328宗，2019年为479宗，2020年为535宗，2021年为591宗。案件基本类型方面，2021年9月深圳检察智慧未检精准保护系统上线以来共录入未成年被害人327人，其中强奸、猥亵、强制猥亵等性侵害案件为301人，占92%，寻衅滋事等案件为26人，占8%，案件类型集中。具体案件类型见图2。

进一步的数据分析显示，案件特征明显。2018年以来的案件数据显示，性别方面，女性未成年被害人占总数的97.7%。年龄方面，12岁以下未成年被害人占总数的55.7%。案件场地方面，公共场所案发多，超市、公园和马路等公共场所占36.3%，酒店旅馆等住宿业场所占33.2%，嫌疑人或被害人住处占22.4%，酒吧、KTV等娱乐营业场所占5.3%。被害人身份、职业方面，在校学生较多，占47.4%，其他主要是未成年务工人员或无业人员。户籍方面，96%的未成年被害人为非深户籍，主要是来深务工人员的子女或者来深务工的少女；犯罪嫌疑人中非深圳户籍的来深务工人口多，占比达99%。文化水平方面，大专以下文化水平的犯罪嫌疑人占91.1%。

面对严峻的未成年人涉罪涉法案件形势，未成年人司法保护工作依靠任

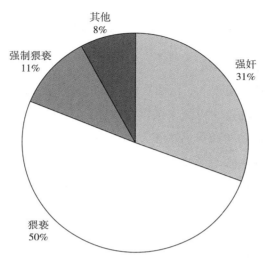

图 2　2021 年深圳精准保护系统上线后被侵害未成年人案件类型

何一个办案部门、司法行政机关都不足以消除涉案未成年人再犯和再次被侵害的风险，难以满足涉案未成年人回归社会正轨和恢复正常社会的迫切需求。而现行未成年人保护的相关职能分散在公检法司以及群团、民政等诸多部门，存在"九龙治水、责任稀释"的现状。在未成年人保护领域出现职能顺序倒挂的情况。司法部门在办理涉罪未成年人案件和侵害未成年人案件中发现，上游的家庭保护、学校保护、社会保护、网络保护、政府保护均存在不足，司法机关面临退无可退、防无可防的困境，各有关部门存在各自尽力、各自吃力的困境，不少未成年人保护案件存在发现难、报告难、干预难、联动难、监督难、追责难的困境。为此，深圳未检积极参与市域社会治理，探索建立了未成年人综合司法保护体系，以期形成未成年人保护合力。

二　深圳未成年人综合司法保护体系的探索

在中国社会进入历史发展的新时代，未成年人作为全社会较大的社会公共利益和国家利益，检察机关如何发挥检察监督职能，全面推动和参与未成年人保护市域社会治理，具体路径如下。

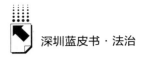

（一）整体系统规划，厘清综合治理路径

1. 整体规划，系统推进

深圳未检坚持系统观念、法治思维，从顶层设计开始，革故鼎新。2018年，深圳未检正式确定"以国家亲权为指导，以制定行业标准为主要手段，做未成年人国家监护法律体系的推动者、共同建设者、监督维护者"的基本发展思路，并进一步总结提炼成"国家监护、守护未来"八个字。深圳未检确定了"一点两面、四大检察"的工作总体布局和"三步走"的总体规划。"一点两面、四大检察"，即"以精准帮教为切入点，在以被性侵未成年人保护为主要内容的司法上游拓展面和以防止校园欺凌、家庭暴力为主要内容的社会上游拓展面，全面开展四大检察业务"。"三步走"的总体规划：第一步，总结制定"精准帮教深圳标准"，依托标准建立专业司法社工培育体系，为未成年人综合保护提供基础条件；第二步，运用精准帮教培育的专业司法社工开展全面探索，形成包括"精准保护深圳标准""精准预防深圳标准"在内的全面的未成年人保护深圳标准体系；第三步，依托系统全面的未成年人保护深圳标准体系，发挥专业引领作用，推动未成年人保护委员会建立，全面完善未成年人国家监护法律制度体系。

2. 标准引领，专业驱动

（1）制定"一套专业标准"，全面提升未成年人保护法治化水平

2019年7月15日，深圳在全国首创并发布了3.2万字221条的"涉罪未成年人精准帮教深圳标准"，成为全国唯一涉罪未成年人精准帮教全覆盖的地区。所有深圳的涉罪未成年人，不挑不拣，不做预判分流，无论轻罪重罪、初犯累犯，均开展规范化的精准帮教。轻罪初犯，通过帮教回归社会；重罪累犯，通过帮教降低人身危险性和再犯可能性。这克服了传统选择性、盆景式帮教的弊病，为涉罪未成年人提供平等帮助、保护，真正实现司法文明。2020年9月1日，深圳在全国首创并发布了2.6万字171条的"被性侵未成年人精准保护深圳标准"，成为全国唯一被性侵未成年人精准保护全覆盖的地区。通过引入专业司法社工，开展个案管理，深圳将以司法办案和

现场应急心理疏导为主要内容的"末端型"一站式保护中心，升级建设为全面修复被破坏的社会关系、恢复并改善被性侵未成年人成长进程的"起点型"综合保护中心，全面提升了被性侵未成年人案件办理的专业化、规范化水平，为被性侵未成年人司法保护树立了新标杆。

（2）培育"一支专业队伍"，全面提升未成年人保护的专业化水平

未成年人保护是一项专业性极强的工作。深圳检察机关坚定不移地走专业化发展道路。一是借助系统化的工作部署，以事育人，整体提升深圳未检干警的专业能力；二是联合团市委、深圳社工学院、深圳社工协会，在全国率先建立了专业司法社工培训、考核、认证体系。该体系分为入门、初级、中级、高级四个阶段，每个阶段由理论课、实训课和考核认证构成。截至2019年11月，深圳检察机关已经对18家社工组织124人开展培训，培育专职司法社工82人，形成了专业司法社工行业标准和职业体系，为深圳乃至全国提供专业司法社工培训，为全面强化未成年人保护培育专业人才。

（3）打造"一套专门系统"，全面提升未成年人保护的智能化水平

科技是加强未成年人检察保护的强大动力。深圳检察机关主动拥抱人工智能、大数据等前沿科技，积极以智能化建设赋能未成年人保护工作，自主研发上线全国首个"智慧未检精准帮教云服务平台系统"、全国首个"智慧未检精准保护云服务平台系统"。智慧未检系统是基于互联网的，集工作、支持、管理、考核功能于一体的综合性智能移动云平台服务系统，将"精准帮教深圳标准"和"精准保护深圳标准"的全部规范固化在系统中，不仅支持、规范所有帮教和保护工作，而且对所有数据实时自动统计、自动更新、自动分析、自动考核、自动展示。科技赋能彻底打破了未成年人保护的时空壁垒，在全国范围内为纳入系统的未成年人提供7×24小时精准保护和精准帮教服务，大幅提高了工作效能。同时光明区检察院争取了区委政法委建设智慧未保系统，该系统正在建设中。

（4）建立"一套专门机制"，全面提升未成年人保护的工作合力

深圳未检规划依托系统全面的未成年人保护深圳标准体系，发挥专业引领作用，推动未成年人保护委员会建立，全面完善未成年人国家监护法律制

度体系。2020 年底，深圳未检以《中华人民共和国未成年人保护法》（以下简称《未保法》）修订为契机，在光明区检察院试点，由光明区检察院推动成立了全国首家党委领导、司法主导、政府主责、专业驱动、科技保障、社会协同的未成年人综合司法保护委员会。光明区未成年人综合司法保护委员会由党委直接领导，统筹全区未成年人综合司法保护工作，下设综合保障、司法社工培育、信息化三个综合协调小组和涉案司法帮教保护、校园欺凌、反家暴及监护教育、未成年人健康成长环境综合治理四个专业协调小组，实现分级处遇，统筹保护，逐步实现了未成年人保护工作的全领域、全周期覆盖。

（二）深耕司法保护，厚植综合治理专业基础

深圳未检的起步工作可以分成"基业、主业"两个定位，夯实未成年刑事案件办理的"基业"，系统做好涉案未成年人保护的"主业"，从传统针对"行为"的处理转变为针对"行为"的教育感化挽救，"主业"分为涉罪未成年人精准帮教的再犯和被侵害未成年人再次被侵害的预防，同时完成未检的正规化、专业化、职业化建设，提高法律监督能力水平，为推进未成年人治理体系和治理能力现代化夯实了基础。

1. 系统做优涉罪未成年人全链条精准帮教

（1）明确精准帮教标准

精准帮教主要以司法办案人员（民警、检察官、法官）、司法社工（帮教社工、督导社工）、帮教专家为核心主体，以降低个案再犯的社会危险性和提升回归社会的可能性为两条主线，开展以信任链接、社会调查、精准帮教点、精准帮教计划、落实计划、效果评估为主的 3~18 个月的介入干预，并进行 3 年的后续跟踪。

（2）规范精准帮教流程

一是明确一个精准帮教点，根据犯罪原因找准精准帮教点，结合未成年人回归社会的需求列出精准帮教计划，开展个性化、针对性帮教；二是明确两个帮教基础，将链接度和匹配度作为精准帮教基础；三是明确三方主体协作机制，由检察官、司法社工和帮教指导专家三方协作组成帮教团队；四是

明确四大回归维度，通过实现帮教对象个人内在成长，从个人、家庭、朋辈、社会四个维度消除再犯风险，修复家庭功能，实现自食其力；五是明确五大干预矫治点，包括认知偏差、行为偏差、不良人际关系管理、不良情绪管理、心理创伤；六是明确六大帮教流程，分为前期准备阶段、查找精准帮教点、制订精准帮教计划、实时计划并定期反馈、效果评估、后续跟踪六大阶段。

深圳精准帮教再社会化流程见图3。

2. 全面拓展被侵害未成年人精准保护面

（1）明确精准保护标准

借助精准帮教培育的专业司法社工和专业化工作机制，深圳未检集中专业资源，支持光明区检察院作为精准保护先行试点，逐步清晰精准保护深圳标准是以消除侵害行为的不良影响并恢复正常生活为基本目标，由检察人员（民警）、司法社工、保护专家，联动多部门，从个人、家庭、社会三个维度，综合运用各种力量形成保护合力，帮助保护对象恢复并改善成长进程的全面综合保护。

（2）明确精准保护的流程

精准保护以一站式取证作为介入平台和精准保护的切入点，分成前期保护准备阶段、保护实施阶段及评估阶段、保护跟踪阶段，开展3个月精准保护与6个月后续跟踪。

（三）立足司法保护，融入综合治理闭环

深圳未检工作的深化阶段可以用"主业和伟业"来定位，通过深耕精准帮教和精准保护的"主业"，在完成专业能力积累的基础上，借助未成年人检察四大检察一体化运行的优势，立足检察监督职能，通过司法保护和上游五大保护的联动，从个案保护到类案保护，从类案保护到制度建设，从而主动融入未成年人保护的综合治理体系，实现了"1+5≥6"的效果，成就未检工作的"伟业"。

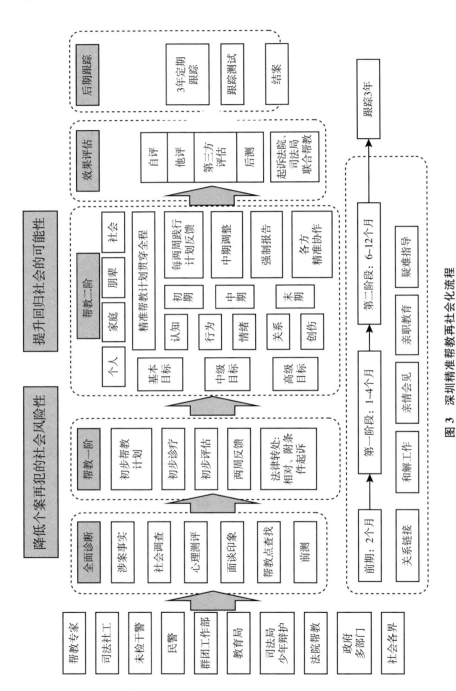

图3 深圳精准帮教再社会化流程

1. 在办案中监督，立足司法保护反溯上游五大保护

司法保护如同河流下游，上游的污染危害都在下游集中显现。在溯源治理中，检察机关作为唯一贯穿司法保护全流程的机关，在对刑事案件中未成年人进行全覆盖保护的过程中，逐步对上游未成年人保护存在的空白和薄弱环节感受最深刻、了解最全面、洞察最系统。按照《中共中央关于加强新时代检察机关法律监督工作的意见》，人民检察院是国家的法律监督机关，是保障国家法律统一正确实施的司法机关，是保护国家利益和社会公共利益的重要力量，是国家监督体系的重要组成部分。司法保护是"六大保护"的最后关口，只有立足司法保护，落实"在办案中监督"的原则，在办理未成年人涉罪和被侵害刑事案件中，不断总结提炼归纳上游保护存在的问题，才能把国家监护落到实处，才能从根本上解决未成年人保护问题。例如针对涉罪未成年人有校园欺凌或家庭暴力经历占比达95%以上，被性侵未成年人在校学生占比达47.4%，检察机关与教育部门共享数据共同研判，借助司法保护中的认知矫正、行为偏差等专业流程和干预方法，助力推动完善校园欺凌防治机制、被性侵预防机制，反溯学校保护；与妇联、民政等部门共享数据共同研判，借助司法保护中家庭关系修复工作积累的专业流程和干预方法，助力推动家庭暴力干预防治机制的完善，反溯家庭保护，推动未成年人保护源头治理、防患于未然。

2. 在监督中办案，立足四检合一推动上游五大保护

检察机关通过依法独立行使检察权，督促行政机关依法履行监督管理职责，支持适格主体依法行使公益诉权，维护国家利益和社会公共利益，维护社会公平正义，维护《宪法》和法律权威，促进国家治理体系和治理能力现代化。未检是检察机关中唯一可以综合运用刑事检察、民事检察、行政检察、公益诉讼四大检察集中统一办理的业务。在反溯上游五大保护中发现存在行政机关不作为或者乱作为的情况，可以开展行政检察监督立案处理，对于其中涉及未成年人保护国家利益和社会公共利益的，可以依法开展未检公益诉讼立案处理。对于涉及未成年人合法权益被侵害的，可以支持主体依法行使公益诉权，对其中未成年人保护国家利益和社会公共利益的，可以提

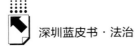

起未检民事公益诉讼。检察机关通过四检合一职能的案件办理，贯彻"在监督中办案"的原则，最终推动行政机关执法模式和社会保护模式的完善。

3. 在联动中共建，构建闭环综合治理体系

司法保护的个案预防是下游，对应的类案预防是上游，但对上游保护内循环系统而言，类案预防是下游，一般预防是上游。司法保护立足个案预防，推动类案预防，从类案预防推动一般预防，一般预防的完善又会强化类案预防工作，而类案预防工作的强化可以避免和减少刑事案件的发生，从而构建了司法保护和上游保护的闭环，既清晰了司法保护反溯上游保护的路径，也清晰了上游保护通过协同司法保护构建良性内循环系统的法治保障。以校园欺凌为例，在刑事办案中发现涉罪学生存在长期受校园欺凌的经历，而教育部门校园欺凌预防机制未能有效发挥作用，通过将相关情况反溯给教育部门，助力教育部门完善校园欺凌机制。在完善校园欺凌机制过程中，又明确了引发校园欺凌的一般预防重点，通过完善一般预防工作，减少校园欺凌的发生，从而降低了引发刑事案件的风险，形成司法保护协同学校保护的合力，完善了学校保护内循环系统。司法保护反复与上游五大保护协同联动，构建从个案到类案，再到上游内循环系统机制，从而达到闭环的综合治理体系，具体路径见图4。

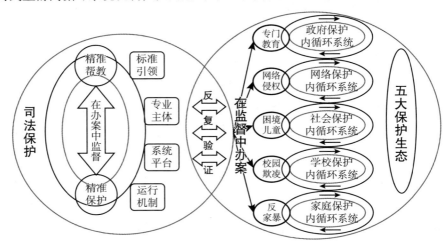

图4 "1+5"综合司法保护运行路径

三 深圳未成年人保护市域社会治理成效

1.深圳智慧未检系统运行成效

2019 年 7 月 16 日深圳检察上线的深圳智慧未检系统，推动了帮教工作的智慧化，提高了帮教的针对性、扩大了帮教的覆盖广度。该系统运行以来，每年纳入未检系统的个案逐年增多，帮教社工、督导社工、帮教专家和检察官的总帮教次数以及人均开展帮教次数均稳步增加；不逮捕率、不起诉率、跟踪率、社会调查率、帮教率均逐年提升，再犯率稳定在较低水平（见表 1）。

表 1　2019 年 7 月 16 日至 2021 年深圳未检案件帮教情况

	2019 年 7 月 16 日至年底	2020 年	2021 年
纳入深圳未检系统的个案（件）	181	415	681
帮教社工帮教次数（次）	1515	10068	18289
督导社工帮教次数（次）	1610	9038	16500
帮教专家帮教次数（次）	250	2357	3338
检察官帮教次数（次）	1550	9192	15558
四种帮教累计帮教次数（次）	4925	30655	53685
人均帮教次数（次）	27.21	73.87	78.83

资料来源：深圳智慧未检系统。

表 2　2019 年 7 月 16 日至 2022 年 4 月 5 日深圳涉罪未成年人精准帮教效果指标情况

单位：%

	2019 年 7 月 16 日至年底	2020 年	2021 年	2022 年（截至 4 月 5 日）
不逮捕率	10.19	15.45	43.68	59.7
不起诉率	30.3	37.18	59.68	73.13
附条件不起诉率	12.12	15.85	31.58	23.13
跟踪率	20	70.83	81.47	89.07

	2019 年 7 月 16 日 至年底	2020 年	2021 年	2022 年（截至 4 月 5 日）
再犯率	0	2.56	2.95	2.04
社会调查率	131.97	147.47	154.21	—
社会力量参与帮教率	789.12	1594.93	1854.21	—

注：2021 年不起诉率最高的光明区检察院为 88.06%；附条件不起诉率最高的光明区检察院为 63.77%。

资料来源：深圳智慧未检系统。

2. 智慧未检精准保护系统运行成效

2021 年深圳智慧未检精准保护系统上线，截至 2022 年 4 月 5 日，该系统已录入 492 名未成年人，并开展全覆盖专业保护工作，由司法社工、督导社工、帮教专家、检察官各司其职协同开展精准保护工作。2019 年其分别开展保护工作 1870 次、2483 次、728 次、1780 次，共计 6861 次，人均开展各类保护工作 20.79 次；截至 2022 年 4 月 5 日，其分别开展保护工作 2076 次、3064 次、899 次、2074 次，共计 8113 次，人均开展保护工作 49.17 次。一站式保护率达到 88.48%，一次性取证率为 69.09%，专业力量二次有效介入率从原来的不足 5% 提升到 60%。

四 未成年人综合保护的经验及困境

（一）坚持党的领导，发挥未成年人综合司法保护的优势

1. 明晰职权，整体推进

中国未检工作发展 30 多年，历经从无到有、从专注个案到重视制度建设、从刑事诉讼模式到国家监护模式的探索，坚持党的绝对领导是最根本的保障。深圳未检推动形成的党委领导、司法主导、政府主责、专业驱动、全社会参与的五大核心，迎合了当下未成年人回归社会正轨和恢复正常生活所

需要的综合矫治救助的理念，打通了未成年人综合矫治救助的"最后一公里"，解决了传统未成年人保护各部门衔接难、联动难的问题。未成年人综合司法保护以未成年人保护的需求来调动各职能部门开展联动，根据需求来配置各部门的资源，构建了未成年人综合司法保护"需求吹哨，部门报到、资源配到"的新模型。

2. 整合资源，培育专业力量

未成年人保护委员会新机制在于充分统筹、合理分配现有资源，促进司法机关及社会力量发挥更大的专业效能。借助信息化科技手段保障的未成年人综合司法保护体系可以实现各职能部门和参与主体精准联动、实时协作，节点管理和反馈完善流程诸多。通过信息化科技化系统，深圳从源头织密保护网格，实现了未成年人专业化综合矫治救助从源头到落实全程平台保障，依托专业力量推进社会治理体系建设。

3. 建立全覆盖运行机制

构建事前引领、事中协同、事后共赢的全覆盖运行机制。检察机关立足未成年人综合司法保护领域法律监督的《宪法》定位，借助专业力量，推动机制创新，共同践行、保护、探索，从传统的事后检察监督创新为事前引领、事中协同、事后共赢的新型检察监督新形态，保障全覆盖运行机制，构建国家监护法律运行监督新体系，对各类未成年人形成全覆盖、可落地的保护机制，从社会效果方面持续推进社会治理体系的建设。

（二）困境分析及完善路径

1. 进一步完善未成年人保护的法律保障

目前，随着《未成年人保护法》《预防未成年人犯罪法》《家庭教育促进法》的生效，一些空白将会逐步被填补，但在家庭监护和教育、保护处分措施等方面，仍然需要构建更多的法律保障。

2. 进一步强化专业人才培育体系的制度保障

针对目前专业化人才稀缺的问题：一是针对性强化专业人才的经费、专业分级、专业晋升等保障措施，打造专业引领、多层次、立体化的专业人才

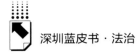

培育机制；二是加强关于未成年人保护相关学科建设，目前高校在少年司法、社会学、心理学、教育学等学科加快人员培育；三是以专业标准推动立体化专业人才体系的构建，不断加强未成年人保护的标准化建设，不断解决未成年人如何保护、谁来保护的各类问题。

3. 进一步加强全社会未成年人保护生态建设

一是依托党委领导，进一步构建各部门分工明确的未成年人保护职能衔接体系，逐步组建专门的国家少年福利保护部门。二是不断依托科技力量，构建未成年人保护全社会大数据分析研判预警机制，不断固化深化保护标准。三是动员全社会资源，发挥枢纽型专业社会机构的力量，不断深化企业社会责任，尤其是在国内外具有重大影响力的引领性企业，不断扩大未成年人保护的生态圈。

参考文献

王雪梅：《论少年司法的特殊理念和价值取向》，《青少年犯罪问题》2006年第5期。

甘雨沛、何鹏：《外国刑法学》（上册），北京大学出版社，1984。

B.12
深圳龙华法院推进未成年人
司法保护工作的实践与思考

深圳市龙华区人民法院课题组 *

摘　要： 司法保护是未成年人权益保护的重要组成部分，在未成年人健康
成长过程中发挥着重要作用。本报告通过梳理 2018～2022 年深
圳市龙华区人民法院未成年人审判工作的具体做法和工作成效发
现，法院对未成年人案件的审判理念和审判机制进行了创新，形
成了相对独立的未成年人审判工作体系，有力推动了未成年人权
益保护。但当前未成年人审判工作仍存在一些问题与瓶颈，深圳
需要进一步完善工作举措，形成内外合力以打造可供借鉴和复制
的未成年人司法保护"深圳样本"。

关键词： 未成年人　司法保护　少年审判

未成年人的健康成长关乎亿万家庭的幸福安宁，关乎中华民族伟大复
兴。党和国家历来高度重视未成年人权益保护工作。习近平总书记多次对加
强少年儿童保护工作作出重要指示批示，社会各界对未成年人保护和犯罪预
防问题也更加关切。加强新时代未成年人审判工作，是人民法院积极参与国
家治理、有效回应社会关切的必然要求。深圳市龙华区人民法院（以下简
称"龙华法院"）2018 年 4 月 2 日正式收案以来，不断构建涉未成年人案

---

* 课题组成员：李育元、赵曼琪、王蒙、郝天龙、陈敏、陈婧。执笔人：陈婧，深圳市龙华区
人民法院民事审判庭审判员。

件审判新模式，深入推进法治宣传，为有效预防和减少未成年人违法犯罪、维护未成年人合法权益提供了有力的司法保障。但客观来看，如何助力深圳创建儿童友好型城市、如何充分发挥司法保护在社会治理中的功能和价值，值得立足现状进行探讨。

一 2018年以来龙华法院审理的 涉未成年人案件基本情况

（一）龙华法院受理涉未成年人案件概况

法院审理的涉未成年人案件主要包括涉未成年人刑事案件和涉未成年人民事案件。龙华法院2018年4月2日至2022年4月1日共受理涉未成年人刑事案件309宗、民事案件1032宗，其中2018年（2018年4月2日至2019年4月1日）刑事收案70宗、民事收案233宗，2019年（2019年4月2日至2020年4月1日）刑事收案79宗、民事收案226宗，2020年（2020年4月2日至2021年4月1日）刑事收案85宗、民事收案279宗，2021年（2021年4月2日至2022年4月1日）刑事收案75宗、民事收案294宗（见图1）。未成年人案件收案量整体呈现增长态势。

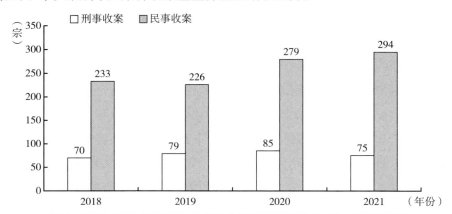

图1 2018~2021年深圳市龙华区人民法院受理涉未成年人案件情况

注：龙华法院受理涉未成年人刑事案件时间范围为2018年4月2日至2022年4月1日。

（二）龙华法院未成年人刑事案件概况

未成年人刑事案件因犯罪主体的不同而被区分为未成年人犯罪案件、侵害未成年人权益犯罪案件和其他涉未成年人犯罪案件。2018 年 4 月 2 日至 2022 年 4 月 1 日，龙华法院共审结未成年人刑事案件 278 宗，其中未成年人犯罪案件 93 宗、侵害未成年人权益犯罪案件 163 宗、其他涉未成年人犯罪案件 22 宗。

1. 未成年人犯罪案件类型及特征

一是犯罪案件类型集中。约有 3/4 的案件集中在盗窃罪、诈骗罪、抢劫罪、故意伤害罪、贩卖毒品罪，盗窃罪和诈骗罪案件占一半以上（见图 2），主要集中于财产型犯罪。二是犯罪人员特点明显。涉案未成年被告人多为非深圳户籍，约 85% 的学历在初中以下，6% 的有犯罪前科。三是犯罪成因多样。主观方面多为未成年人身心发育不健全，未形成正确的三观，法治观念淡薄，容易受人教唆蛊惑；客观方面多为在同乡或者亲戚的引导下来深务工后，因工作不顺、经济压力较大转而偷盗、抢劫等。

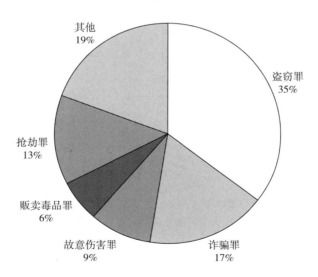

图 2　2018 年 4 月 2 日至 2022 年 4 月 1 日
深圳市龙华区人民法院未成年人犯罪案件结案类型

2. 侵害未成年人权益犯罪案件类型及特征

案件类型集中，约75%的为性侵案件，发生原因有超过20%系在被害人醉酒状态下发生；有超过15%的案件被害人不满14周岁，在恋爱交往中发生性关系；超过5%的案件是未成年被害人来深务工后遭到系工友关系的犯罪行为人性侵害。

受侵害未成年人年龄段较为集中，侵害不足14周岁儿童的猥亵案件最多，占整体案件的将近五成（见图3），较多发生在公园、书店、停车场、超市等场所，趁被害人没有成年人在旁或者陪伴时实施猥亵；约三成案件系熟人作案，犯罪行为人系邻居、父母工友的身份较多；犯罪行为人常常用糖果、玩具、金钱等引诱方式，用带路、找父母等欺骗方式将被害人诱骗至偏僻角落实施犯罪；被害人在事发时常常不敢呼救，而是选择事后向父母求助。

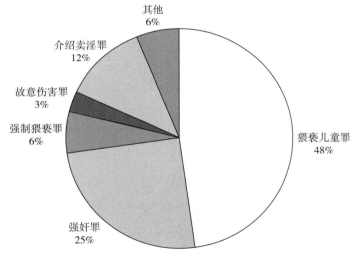

图3　2018年4月2日至2022年4月1日
深圳市龙华区人民法院侵害未成年人权益犯罪案件结案类型

其他侵害未成年人权益犯罪类型呈现性别差异明显的特征，遗弃案件中被遗弃的婴儿多为行为人未婚生育且以女婴为主；被拐卖的儿童多为男童。

3. 其他涉未成年人刑事案件的情况分析

涉及的未成年人既不是侵害人也不是被害人，此类案件多为未成年人经他人组织、引诱、容留、介绍而参与卖淫活动，在形成原因上主要分为以下几类：主动加入型，普遍为未成年人因在深务工不顺利，主动加入卖淫组织，误入歧途；欺骗型，未成年人经人介绍来深工作或者主动寻找工作，但实际被介绍卖淫、从事卖淫工作；情感型，其常表现为处在男女朋友关系中因经济拮据，从事卖淫。

（三）龙华法院未成年人民事案件概况

2018年4月2日至2022年4月1日，龙华法院审结未成年人民事案件945宗。未成年人民事案件类型较多，相对集中于与未成年人权益密切相关的婚姻家庭纠纷（除人身损害纠纷、监护纠纷及其他纠纷外）案件，占比达到九成以上（见图4）。未成年人并非婚姻家庭纠纷案件的当事人，案件裁判结果却直接涉及其利益。如何扭转未成年人在婚姻家庭纠纷诉讼中的弱势地位，为其意愿的真实表达提供渠道，是迫切需要解决的问题。

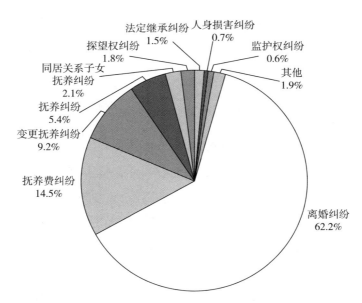

图4　2018年4月2日至2022年4月1日
深圳市龙华区人民法院未成年人民事案件结案类型

涉及未成年人抚养、监护、探望的纠纷案件逐年递增，请求增加子女教育费用成为变更抚养的重要理由，有 68.9%均以此为起诉依据，同时侧面反映出近年来家庭育儿成本递增的社会现象。

侵害未成年人合法权益案件来源趋于多样化，其中校园伤害导致的人身损害赔偿案件，网络消费、直播打赏导致的财产损害赔偿类纠纷增加明显。

二　龙华法院未成年人司法保护工作的主要做法与成效

龙华法院从依法审理涉未成年人案件、强化未成年人审判专业化和规范化建设、参与未成年人保护社会治理、加强未成年人法治宣传教育等方面入手，实现未成年人审判工作水平和能力的不断提升。2021 年 6 月龙华法院发布《未成年人司法保护白皮书》，同时发布了十起未成年人权益司法保护典型案例，其中"邹某某猥亵男童案例"入选最高人民法院发布的《未成年人司法保护典型案例》，案例"使用亲子关系推定规则保护非婚生子女利益"入选深圳中级人民法院十大未成年人司法保护典型案例。①

（一）搭建审判新平台，不断增强审判专业性

1. 组建未成年人案件专业审判团队

（1）刑事审判中，指定两名此前有在少年法庭办理涉未成年人案件经验的法官负责办理未成年人刑事案件，对采用合议庭审理的涉未成年人刑事案件，选择熟悉未成年人身心特点、热心未成年人工作，并经过必要培训的共青团、妇联、未成年人保护组织等单位的工作人员作为人民陪审员，形成专业、稳定的审判团队。（2）民事审判中，选拔熟悉婚姻家庭审判业务、具有一定社会阅历、掌握相应心理学知识、责任心强、善于沟通的法官，专

---

① 《小朋友的大烦恼？别慌，法官帮你解决！》，"深圳市中级人民法院"微信公众号，2021 年 6 月 1 日，https：//mp.weixin.qq.com/s/MhYnGaSe-p1TwdPenT2-Ng。

门负责婚姻家事审判工作，积极打造具备心理咨询专业知识与精通法律专业知识的"双料家事调解员"队伍，注重加强"法官+法官助理+书记员+家事调解员"的专业化审判团队建设。

2. 构建未成年人案件审判新模式

（1）创新"1+2+4"未成年人刑事审判模式。围绕"青少年权益特殊、优先保护"这一中心点，致力"司法预防、司法救助"两个板块，健全"挑选合适成年人、社会调查、心理疏导、判后回访"四大环节的未成年人刑事审判新模式，为未成年被告人提供心理辅导、社会调查、判处非监禁刑后行为矫治及职业技能培训等帮教服务，帮助涉罪未成年人悔过自新、回归家庭和社会，降低再次犯罪的概率。2019年深圳龙华法院被授予广东省"青少年维权岗"称号，并在首届深圳市"青少年维权岗"创建成果展示交流会上作经验分享。（2）创建"1633"家事纠纷柔性审判新模式。"1"指搭建一个诉讼平台；"6"指实现柔性审判功能的六项配套设施，即妇联婚调室、心理咨询调解室、心理评估室、单面镜观察室、亲子陪护室、母婴室；"3"指"三全"调解模式，即建立"全方位"联动机制、实施"全流程"介入、打造"全员"调解队伍；"3"指实施纠纷诊断、心理干预、判后回访的"三步法"柔性化解。集未成年人专业化审判、纠纷协调解决、专业心理疏导于一体，是一站式的多功能、集成式纠纷解决平台，致力实现未成年人民事审判刚性司法与柔性关怀的统一。2019年3月，"1633"家事纠纷柔性审判新模式获评龙华区"筑安龙华十大平安建设事件"。

3. 推行未成年人案件审判机构新样态

（1）建立圆桌审判法庭。在维护庭审严肃性的同时，弱化当事人之间的对抗性，提供更多的精神关怀，使庭审气氛更加融洽，达到最佳庭审效果。（2）完善家事诉讼中心硬件设施建设，如"亲子陪护室""情感关爱室""亲情小屋""母婴室""单面镜观察室"等，打造温馨舒适的未成年人诉讼环境，通过柔性司法氛围，加强司法人文关怀，拉近与涉案未成年人的心理距离，在润物无声中完成寓教于审的功能。2021年9月，龙华法院家事诉讼中心母婴室获评"深圳市市级母婴室示范点"。

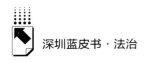

（二）完善审判运行机制，全面提升保护水平

1. 规范未成年人诉讼特别程序，保障未成年人诉讼权利

（1）完善未成年人刑事案件的辩护、代理机制。未成年被告人或者未成年被害人及其法定代理人没有委托律师的，通知法律援助机构指派熟悉未成年人身心特点的律师为其提供辩护、代理服务，切实充分保障未成年人的诉讼权利。（2）对人身安全保护令及其他严重侵害儿童权益的案件开辟"绿色通道"，推行代为申请人身保护令制度。未成年人因认知能力和自我保护意识有限，在遭受家庭暴力时往往不能及时寻求有效的帮助，龙华法院探索与区妇联、街道社工等部门合作，完善代为申请人身保护令制度。2019年6月，龙华法院受理首宗龙华区妇联代8岁男童申请的人身安全保护令案，受理当天即迅速审查，作出人身安全保护令裁定，防止男童受到进一步伤害。

2. 优化庭审流程，营造适合未成年人的审判氛围

（1）严格执行不公开审理原则。对于审判时被告人为未成年的案件、涉未成年被害人隐私的案件一律不公开审理。（2）推行合适成年人到场制度。询问和讯问未成年人时，其法定代理人无法通知或不能到场的，通知其他成年亲属，或所在学校、单位、居住地的基层组织或者未成年人保护组织的代表到场，为涉案未成年人挑选合适成年人作为其代理人，见证、监督整个询问、讯问、审判过程，不让其独自面对审讯。

3. 积极开展社会调查，审慎处理涉未成年人案件

（1）刑事案件中，委托社工针对未成年被告人的家庭背景、成长经历、犯罪原因、社会支持条件、个人性格、心理特征等情况进行详细、全面、专业的调查，形成社会调查报告，作为定罪量刑、法庭教育、判后矫治的重要参考。支持检察机关主动开展对未成年人的调查工作，督促控辩双方主动移送提交关于未成年人情况的调查报告或反映未成年被告人情况的书面材料，组织控辩双方对量刑及非监禁刑适用发表意见。（2）民事案件中，对于涉及未成年人切身权益的离婚、抚养、探望等案件，委托家事调查员开展未成年人意见询问、家庭访视、社区走访等社会调查，对未成年人的家庭情况、权益保护现状进行了解，认真听取未成年人子女意见，助力解决家事案件事实查明难等问题，促进审判结果对未成年人利益最大化。

4. 推动"一站式取证"，注重心理关爱和隐私保护

对性侵未成年人案件，均要求公安机关进行刑侦、技术鉴定，检察机关等部门同步到场，在龙华区妇幼保健院一站式保护中心集中办理，一次性开展询问调查、检验鉴定等工作，在询问调查的同时注重对未成年人的心理关爱和隐私保护，尽快平复其心理创伤。

5. 贯彻宽严相济的刑事政策，双向保护未成年人成长

（1）对符合缓刑适用条件的未成年被告人，充分运用非监禁处罚措施，避免集中监禁引发的交叉影响，让其在社区中接受监督引导，更有利于未成年被告人回归社会。（2）依法从严惩处各类侵害未成年人的违法犯罪行为，对社会关注不多的男童也可能受到性侵害的严重危害予以关注，在审理邹某某猥亵男童一案时，全面审核证据认定邹某某利用男童家长的信任和疏于防范，长期猥亵两名年幼男童，属于猥亵儿童"其他恶劣情节"，对邹某某在五年以上有期徒刑幅度内从重判处有期徒刑十年的量刑。[1] 该案于 2021 年 3 月 2 日入选最高人民法院发布的《未成年人司法保护典型案例》，获中央政法委的转发点赞，与《中华人民共和国刑法修正案（十一）》明确列举猥亵"情节恶劣"的情形、依法加大惩治力度的立法精神契合，罪刑相当实现了法律效果与社会效果的统一。

6. 落实犯罪记录封存制度，助力未成年人回归社会

对于犯罪时未满 18 周岁，被判处五年有期徒刑以下刑罚的，依法对相关犯罪记录予以封存，将卷宗等相关材料装订成册，加密保存，加贴封条，不予公开。建立专门的未成年人犯罪档案库，执行严格的档案保管制度。相关案件记录在办案系统中均做技术处理，系统内非办案人员不能查询具体的记录内容。司法机关如因办案需要或者有关单位根据国家规定需要查询，需

---

[1] 《最高人民法院成立少年法庭工作办公室并发布未成年人司法保护典型案例》，"最高人民法院"微信公众号，2021 年 3 月 2 日，https://mp.weixin.qq.com/s/YisUv2l9eLNA31qh8dDvvQ。

向法院提交书面申请，经审批同意，方可查询。同时，要求相关单位和个人不得向任何单位和个人提供封存的犯罪记录，并对相关记录信息予以保密，尽可能减少犯罪记录对轻罪未成年人复学、就业造成的负面影响，帮助其顺利回归社会。

7."全流程"关注未成年人心理状态，柔性化解矛盾

引入心理咨询外包服务项目，委托心理咨询师为家事诉讼中的当事人双方及其未成年子女提供全方位的关于庭前、庭中及判后的心理疏导、心理调适和心理干预服务，并对当事人及其未成年子女的心理健康状况提出独立意见，极大地帮助法官更加全面掌握当事人状况，有的放矢地平复未成年人心理创伤、化解家庭婚姻危机，必要时开展家庭教育，最大限度减少诉讼对未成年人的负面影响。

（三）强化协调联动，构建未成年人权益大保护格局

1.成立青少年犯罪社工帮教工作站

帮教工作站社工为处于缓刑期的未成年犯、刑满释放的未成年人提供职业规划工作坊、职业体验等活动，促进未成年犯建立正向认知、培养良好的行为、重建与家人的联系。组织涉罪未成年人参加深圳市点亮心光社会工作服务中心在龙华区开展的"涉罪未成年人联合观护项目"，为涉罪未成年人提供社区公益活动，建立"长效、规范、专业"的立体帮教体系，打造家庭、学校、社会和司法四重保护网。

2.推动建立未成年人保护的全方位联动机制

着力形成帮扶、救助未成年人的社会合力，对妇联、学校、社区、公安等部门举报发现的涉家庭暴力、遗弃等侵害未成年人权益等违法线索，开通绿色通道进行立案审查。[①] 在案件审结后，法院与民政局、妇联、各街道社区和公益组织联动，对可能需要回访、帮扶的未成年子女，制定家事回访、

---

① 张明瑛：《用司法温情守护家庭温馨 写在"国际家庭日"暨人民法院家事审判改革五年之后》，《中国审判》2021年第10期。

案后帮扶方案，为符合条件的申领未成年人保护专项基金，或者提供其他针对性地帮扶服务。

3.加强未成年人法治宣传

（1）开展"法官进校园"常规普法活动。与区教育局共同签署《法治共建"法官进校园"活动协议》和《龙华区人民法院 龙华区教育局共同推进"法治进校园"活动合作备忘录》，推选 12 名政治素质好、审判经验丰富、富有亲和力的青年法官组成讲师团，动态选聘经验丰富、作风过硬的法官担任"法治副校长"，落实"法律进课堂"、预防校园欺凌系列教育、《宪法》主题教育等活动，推动建立学校、家庭、法院"三位一体"的院校合作长效机制，着力点亮青少年学生健康成长的法治明灯。（2）举办法院开放日活动。主动邀请学生代表、家长、老师参观法院诉讼服务中心、审判法庭等办公办案场所，使其零距离接触法院，面对面感受法官判案，亲身体验庭审过程，亲自参与"模拟法庭"活动，更深层次地了解法院工作。2019年以来，龙华法院先后举办法院开放日活动 18 场，1000 余名在校生走进法院，近距离体验司法工作，感受法治氛围。（3）积极宣传典型案例。创新普法模式，采取线上线下相结合的方式，依托法院"两微一端"等新媒体平台拓宽受众范围、拓展宣传渠道，通过对生动鲜活的案例进行解读，加大对法律知识、以案释法等内容的推送力度，引导青少年提高自我保护与正确化解纠纷的能力，增强法治宣传教育的吸引力和成效。

三　龙华法院推进未成年人司法保护工作面临的困难以及完善路径

虽然龙华法院在未成年人司法保护工作方面取得了一定进展，但仍然存在法官专业性欠缺、少年审判机制不规范、审判前后的延伸帮教工作推进较慢且实效不明显等问题，具体表现：一是专业审判人员团队配置不到位，欠缺家事调查员、社会调查员、心理咨询师等，且法官专业性欠缺，对未成年人的生理、心理状态和成长背景了解不够，制约涉未成年人案件的解决；二是审判前后的延伸帮教工作不单是法院、法官的工作，需要社会、学校、家庭和政府联动发力，而囿于现有的审判考核机制、案多人少矛盾突出的现状，法官去做审判前后的延伸帮教工作的积极性大大受挫；三是未成年人审判管理制度不健全，缺乏相对独立的司法统计指标、绩效考核制度，未厘清未成年人审判与刑事、家事审判的分工，导致未成年人审判专业化进展较慢。

为进一步加强未成年人审判工作，提升未成年人司法保护工作水平，助力深圳创建儿童友好型城市，龙华法院可以从以下方面着力改善。

（一）积极推进涉及未成年人案件综合审判改革建设进程

结合《最高人民法院关于加强新时代未成年人审判工作的意见》，在现有条件的情况下设立专门审判庭或在家事诉讼中心指定专门的审判团队，集中审理涉及未成年人的刑事、民事案件，统一、明确涉及未成年人案件的受案范围、司法统计指标，并在审判管理系统中进行特别标识，以便为后续进行未成年人审判案件的数据统计、理论调研、专业化审判提供更精准的数据支持，同时也能更有针对性地保护未成年人的合法权益。

（二）加强未成年人审判社会支持体系建设

加强与民政、妇联等相关职能部门、社会组织和团体的协调合作，通过政府购买社会服务、与各未成年人保护成员单位签订合作备忘录等方式，调动社会调查员、人民陪审员、家事调查员、心理咨询师等社会力量，充实未成年人专业审判团队，辅助员额法官完成审判前后大量的修复、帮教、救助、教育、感化、挽救、疏导等审判延伸工作，实现审判效果的最大化。同时，与未成年人保护基金会、公益组织协作，继续加大对有经济困难或需要心理救助的困境未成年人的救助力度。加强与司法行政机关的合作，打破规则设置的障碍，引入社会力量，完善对未成年被害人的法律援助工作。现区妇联在代为申请人身安全保护令方面已做了积极有效的尝试，未来将依法支持其探索扩大代表范围，继续推动落实未成年人权益代表人制度。

（三）探索实行未成年人审判专门绩效考核机制

与涉成年人案件审判注重纠纷的解决不同，未成年人审判更多的是关注监护、教育、社会等因素，考虑如何创造有利于其健康成长的环境。因此，对于审理未成年人案件的法官来说，审判结束并不意味着工作的结束，工作会延伸到对未成年人的判后跟踪、帮扶救助、亲子关系修复、复学就业选择等方面，而护送涉诉未成年人回归正常生活才是未成年人审判工作的终极目标。为准确反映、科学评价未成年人审判法官的工作业绩，调动、提高法官做审判延伸工作的积极性，应探索建立对未成年人审判进行专门的绩效考核机制。[①]

（四）建立未成年人保护常态化宣传机制

推动建立由司法行政部门牵头，公检法和各中小学校参与的未成年保护主题常态化宣传机制，充分发挥"法治副校长"的作用，打造"法律点亮"系列普法教育品牌，采取主题、形式多样的宣传方式，结合未成年人身心特点，通过情景剧、"模拟法庭"、法治微课堂、"法官进校园"等活动，筑牢家庭保护屏障，织密校园保护法网，构建网络保护体系，教育引导未成年人增强自我保护意识和能力，促进全社会更加关心关爱未成年人健康成长。[②]

（五）完善未成年人普法教育工作考核机制

推动建立由区委政法委牵头，公检法、各街道承担主体责任，各司其职、通力协作的青少年普法教育评价考核体系，进一步完善青少年普法教育工作考核机制，推动把普法教育工作纳入全面依法治区考核和社会治安综合治理目标责任制评价体系，以考促建，强化"谁执法谁普法"的责任意识，营造共同普法的青少年法治宣传教育氛围。

---

① 沈洋：《少年司法再出发写在〈关于加强新时代未成年人审判工作的意见〉发布之际》，《中国审判》2021 年第 3 期。
② 常翔宇：《只为守护"少年的你"写在〈未成年人保护法〉实施之际》，《中国审判》2021年第 10 期。

B.13
深圳个人破产制度的具体适用及分析思考

李佳佳　宋旭光*

摘　要： 《深圳经济特区个人破产条例》是我国内地首部关于个人破产制度的地方立法，填补了个人破产立法方面的空白，为全国性个人破产立法进行了开创性的探索。本报告通过对深圳个人破产案件已公开的司法文书进行梳理及分析可以看出，该条例有利于保护善意的企业家，传扬"以和为贵"的精神，体现了对善意诚信债务人的人道主义关怀。同时，《深圳经济特区个人破产条例》具体程序还存在不严密的方面，需要通过相关配套规范的补充和呼应，才能得到良好的实施效果，真正实现保护"诚实而不幸"的债务人的目标。

关键词： 个人破产条例　自由选择立法模式　深圳

2020年8月26日，深圳市第六届人民代表大会常务委员会第四十四次会议通过了《深圳经济特区个人破产条例》（以下简称《个人破产条例》），并于2021年3月1日起施行。该条例是我国内地首部关于个人破产制度的地方立法，其实施标志着我国内地个人破产制度正式"破冰"。该条例实施后出现的案例为进一步探讨个人破产制度的完善和《个人破产条例》具体条款适用提供了鲜活的素材。

---

* 李佳佳，深圳大学法学院硕士研究生，主要研究方向为法学方法论；宋旭光，深圳大学法学院副教授，主要研究方向为法哲学与法学方法论。

一　适用《个人破产条例》办理案件情况

《个人破产条例》2021年3月1日具体实施后，7月16日深圳市中级人民法院圆满审结第一宗申请，系全国首宗个人破产重整案。截至2021年12月，深圳市中级人民法院共审查个人破产申请943件，55件案件进入破产申请审查程序，21件案件启动破产程序，审结个人破产案件15件。[①]

借助深圳个人破产案件信息网站上已公开案件的信息源，本报告筛选出截至2021年12月的个人破产案例，通过对深圳个人破产案件信息网站上已公开的司法文书进行梳理，对不同程序的案件分类进行评析并对个案进行剖析。已审结的15件案件基本情况见表1。

表1　2021年个人破产案件详情

程序类型	案件案号	债权人数	债权总额	申请原因	债权性质	裁判结果
清算程序	（2021）粤03破417号（个11）	7个	924146.87元	生产经营损失	普通债权	宣告破产
	（2021）粤03破380号（个8）	1个	1527809.63元	银行欠款	普通债权	庭外和解
	（2021）粤03破236号（个5）	15个	2303703.22元	创业失败	普通债权	转重整
	（2021）粤03破232号（个3）	18个	774051.11元	经营失败	普通债权	转重整
	（2021）粤03破231号（个2）	12个	3628693.35元	经营亏损	普通债权	转和解
重整程序	（2021）粤03破514号（个20）	11个	146148.64元	经营不善	普通债权	重整未通过
	（2021）粤03破513号（个19）	11个	146148.64元	经营不善	普通债权	重整未通过
	（2021）粤03破483号（个17）	12个	1218795.76元	经营不善	普通债权	重整通过

[①] 《深圳破产法庭成立三周年：三载先行示范路　改革征程再出发》，"深圳市中级人民法院"微信公众号，2022年1月14日，https：//mp.weixin.qq.com/s/6O30wq6tJmyQjkFwFOK17w。

续表

程序类型	案件案号	债权人数	债权总额	申请原因	债权性质	裁判结果
重整程序	（2021）粤 03 破 481 号（个 15）	10 个	585908.03 元	经营不善	普通债权	重整通过
	（2021）粤 03 破 482 号（个 16）	10 个	585908.03 元	经营不善	普通债权	重整通过
	（2021）粤 03 破 409 号（个 9）	9 个	751423.95 元	投资失败	普通债权	重整通过
	（2021）粤 03 破 230 号（个 1）	10 个	564216.9 元	创业亏损	普通债权	重整通过
和解程序	（2021）粤 03 破 365 号（个 7）	10 个	709136.74 元	生活消费等因素	普通债权	和解通过
	（2021）粤 03 破 347 号（个 6）	1 个	970379.73 元	公司连带责任	普通债权	免除债务
	（2021）粤 03 破 233 号（个 4）	11 个	812601.22 元	经营不善	普通债权	和解未通过

资料来源：深圳个人破产案件信息网，https：//birp. szcourt. gov. cn/pcczajxxw/gpHome/index。

已经审结的个人破产案件平均审结期限为 87 天，其中个人破产清算案件平均审结期限为 95 天，个人破产重整案件平均审结期限为 75 天，个人破产和解案件平均审结期限为 102 天。这说明各类个人破产案件办理效率都较高。具体情况见表 2。

表 2　2021 年审结个人破产案件的实际审结期限

程序类型	案件案号	受理时间	审结时间	审结期限
清算程序	（2021）粤 03 破 417 号（个 11）	2021 年 9 月 2 日	2021 年 11 月 8 日	67 天，工作日 43 天
	（2021）粤 03 破 380 号（个 8）	2021 年 8 月 6 日	2021 年 9 月 9 日	34 天，工作日 24 天
	（2021）粤 03 破 236 号（个 5）	2021 年 5 月 13 日	2021 年 9 月 24 日	134 天，工作日 94 天
	（2021）粤 03 破 232 号（个 3）	2021 年 5 月 11 日	2021 年 9 月 17 日	129 天，工作日 92 天
	（2021）粤 03 破 231 号（个 2）	2021 年 5 月 21 日	2021 年 9 月 9 日	111 天，工作日 78 天

程序类型	案件案号	受理时间	审结时间	审结期限
重整程序	（2021）粤03破514号（个20）	2021年10月14日	2021年12月27日	74天，工作日52天
	（2021）粤03破513号（个19）	2021年10月14日	2021年12月27日	74天，工作日52天
	（2021）粤03破483号（个17）	2021年10月9日	2021年12月16日	68天，工作日49天
	（2021）粤03破481号（个15）	2021年9月30日	2021年12月31日	92天，工作日62天
	（2021）粤03破482号（个16）	2021年9月30日	2021年12月31日	92天，工作日62天
	（2021）粤03破409号（个9）	2021年8月30日	2021年11月1日	63天，工作日41天
	（2021）粤03破230号（个1）	2021年5月11日	2021年7月16日	66天，工作日47天
和解程序	（2021）粤03破365号（个7）	2021年7月22日	2021年11月16日	117天，工作日79天
	（2021）粤03破347号（个6）	2021年7月16日	2021年10月8日	84天，工作日55天
	（2021）粤03破233号（个4）	2021年5月11日	2021年8月24日	105天，工作日74天

资料来源：深圳个人破产案件信息网，https：//birp. szcourt. gov. cn/pcczajxxw/gpHome/index。

二 个人破产典型案例的意义与价值

《个人破产条例》规定破产程序分为三种。一是破产清算，即债务人通过破产清算程序，除依法保留的豁免财产以外，将全部财产分配给债权人用于清偿债务。经过考察期，遵守行为限制、没有破产欺诈的"诚实而不幸"的债务人，可以依法免除未清偿债务。二是破产重整，即债务人有未来可预期收入的，提出合理合法的重整计划方案，经人民法院批准后由债务人执行，以实现债务清理和经济重生。三是破产和解，即债务人通过庭外和解或者庭内和解，与债权人自愿就债务减免和清偿达成和解协议，法院依照法定程序对和解协议进行实质和形式的合法性审查后，对和解协议的效力予以认可，实现债务清理。通过对三个典型案件的具体分析可以发现，《个人破产条例》在具体司法实践中的适用体现了保护"诚实而不幸"的债务人的初衷。

（一）体现了对善意企业家的保护

梁某某个人破产重整案[①]作为全国首宗个人破产重整案，真正体现了《个人破产条例》的价值和初衷。

梁某某注重产品的创新和研发，并且拥有技术和客户，是一个有想法的创业者、一个很有潜力的创业者。其企业具有做大做强的潜能，虽然遇到资金问题和市场运营瓶颈，但如果能够缓解偿债压力，具有东山再起的可能性。梁某某提供的重整计划体现其本人是非常诚信和可靠的。其中提到的债务清偿方案，梁某某愿意以本人及配偶的现有货币资金以及可预期的劳动报酬收入和可能的预期外收入来进行清偿，由此可见，梁某某是非常积极主动地、诚心诚意地愿意用尽可能多的财产去偿还债务，是一个很有担当的人。这正是王利明教授所主张的保护企业家和激励企业家精神。[②] 由此可以发现，如果债务人是善意诚信的，且有稳定的预期收入，适用个人破产重整程序更加有利于维护债权人的利益，而避免了贺丹提到的"债权人冷漠"[③] 等问题，实现实践对理论的回应。

（二）体现了"以和为贵"的传统美德

张某某个人破产和解案[④]系全国首宗个人破产和解案，被评为 2021 年

---

① 案号：（2021）粤 03 破 230 号（个 1），深圳个人破产案件信息网，2021 年 5 月 14 日，https：//birp. szcourt. gov. cn/pcczajxxw/gpHome/writDetail？caseBh = 3cbca9a8076b4c36ab3ccd 694f9203d9。

② 王利明：《法治：良法与善治》，北京大学出版社，2015。

③ 贺丹：《个人破产程序设计：一个新思路》，《法律适用》2021 年第 9 期。

④ 案号：（2021）粤 03 破 347 号（个 6），深圳个人破产案件信息网，2021 年 10 月 12 日，https：// birp. szcourt. gov. cn/pcczajxxw/gpHome/writDetail？caseBh =48678ace1ec743e6bd4a15f7fbd95fe2。

度"全国破产经典案例"之一。张某某所欠平安银行债权额为 970379.73 元，张某某在履行 52102.88 元款项的支付义务后，剩余未清偿债务予以免除。本案很明显的特点就是张某某于 2009 年退休，只有养老金这一项收入来源，并且是为公司承担连带责任，属于"诚实而不幸"的债务人。在外人看来，他被免除 90 多万元的债务，属实幸运。但是本案的主要意义并不在于免除其剩余债务，而是体现了《个人破产条例》对人性的尊重、对个体生命的敬畏、对弱者的关怀、对老者的呵护。

有学者认为，应该将和解程序前移，不再规定法庭内和解程序，并且将法庭外个人债务清理程序作为前置程序。① 但是，通过实际具体案例分析发现，其实完全没必要如此。结合本案来看，张某某正是因为法庭内和解程序而免除剩余债务，而且只有在法院主持下召开债权人会议和确认和解协议，才能让当事人双方都按照法律规定行事，更加规范化，增加了双方对司法制度的信任，债权人从中立方那里了解债务人的实际情况，也更容易持相信和宽容的态度。个人破产和解程序会出现和解协议通过与和解协议不通过这两种情况，这是一种很正常的现象，而不是排斥和解协议不通过的情形。《个人破产条例》规定了庭内和解和庭外和解两种方式，由当事人主动选择和解方式，有利于充分发挥当事人的主观能动性，尊重其自由选择的权利，所以本报告认为个人破产和解程序可以作为个人破产程序的一种选择，不必排斥和给予先后运用顺序，并且其还有利于彰显我国"以和为贵"的传统理念。

（三）体现了对善意诚信债务人的人道主义关怀

呼某某个人清算案②作为全国境内的首宗个人破产清算案，得到了社会的广泛认可和普遍赞扬，并被评为 2021 年度"全国破产经典案例"之一。

---

① 颜卉：《我国个人破产程序设置的模式选择》，《甘肃社会法学》2021 年第 2 期。
② 案号：（2021）粤 03 破 417 号（个 11），深圳个人破产信息网，2021 年 9 月 2 日，https：//birp. szcourt. gov. cn/pcczajxxw/gpHome/caseDetail？caseBh＝3bc55b9d48f74112ba2a50e15af1d9ea&caseYwlx＝1119。

该案明确了个人破产清算案件的调查流程和方式，根据个人破产清算程序，合理平衡了债务人基本生存权益和债权人利益，实现了对"诚实而不幸"的债务人的制度救济，为债务人重新投入社会活动、创造社会价值提供了动力和希望。但是，呼某某卖掉了唯一住房，针对此行为是否有其他举措可以协助。结合《民法典》规定的居住权，可以给债务人呼某某在自己唯一住房里设置居住权，以给善意诚信债务人一个过渡的时机，体现法律对善意诚信债务人的人道主义关怀。

同时，该案引发对《个人破产条例》第三十五条适用的思考：如何审查这些条件，才能避免被人们利用进行逃债；如何认定是否存在假离婚的情形，以及是否存在债务人提前转移财产的行为；如果确实存在人们利用第三十五条内容进行逃债，是否可以倒追；等等。目前《个人破产条例》并未规定在申请个人破产清算程序之前的转移财产行为是否被人审查和监督，以及该行为是否应该认定为欺诈手段，有必要进一步完善《个人破产条例》的相关实施程序，将认定标准予以细化，避免债务人逃债。

《个人破产条例》中虽然个人破产清算程序、个人破产重整程序和个人破产和解程序三者并存，但不同程序功能定位不同、发挥的作用不同。通过案例剖析可以看出，三者之间是共存的关系，而不是排斥的关系。庭外和庭内和解相结合，法院和破产署组织和解相结合，都有助于帮助人们解决问题。和解程序很好地发挥了其在实践中的作用，不用实行和解前置主义、和解分离主义或者剥离和解程序。

三 《个人破产条例》实施中存在的问题

通过对裁判文书的梳理和个案分析可以看出，申请人申请个人破产大部分是因为经营失败。比如受到新冠肺炎疫情影响，很多企业在经营过程中面临资金链断裂、创业失败、经营亏损等情况。而个人破产程序的实施就为那些"诚信而不幸"的债务人东山再起提供了制度基础，使他们免于陷入更加困难之境地，给了他们从失败经营中获得一丝喘息的机会，为债务人重新投入社会活动、创造社会价值提供了动力和希望。但在具体的程序实施过程中也存在一些问题，主要体现在以下几个方面。

第一，案件信息公开规范仍需进一步完善。作为《个人破产条例》的配套制度，《深圳市个人破产信息登记与公开暂行办法》虽然对登记与公开进行了相关规定，但公开的标准仍需进一步细化，使其更加规范化。例如，在目前个人破产清算程序公开的案件中，有的案件只有管理人公开公告信息，即《广东省深圳市中级人民法院限制消费行为决定书》《广东省深圳市中级人民法院个人破产申请受理公告》，而没有法院公开文书信息，有的案件一个文书都没有公开，还有的案件只有法院公开文书信息，而没有管理人公开公告信息。此外，还有些案件公开内容出现重复现象。因此，在个人破产程序实施中，案件信息如何公开以及公开哪些内容等问题，还需进一步统一标准。

第二，个人破产程序选择模式适用仍需进一步探索。目前，《个人破产条例》第八条采取了二元双轨制的自由选择立法模式，赋予了符合一定条件的债务人可以自由选择适用清算、重整程序。[①] 然而，（2021）粤03破236号（个5）、（2021）粤03破232号（个3）、（2021）粤03破231号（个2）这三个案件，在一定程度上引发了关于模式适用的思考。虽然申请人是善意诚信的债务人，但他们不了解个人破产不同程序的区别，造成个人破产程序由清算程序转换成其他程序，这不仅造成了司法资源的浪费，还可能对个人破产司法裁判的公信力产生不利影响。所以，在个人破产程序选择前，有必要先行了解债务人的情况，或者在个人运用"深破茧"申请过程中，精准匹配具体程序，由此决定个人破产程序的选择，这样不仅降低了程序转换的概率，也满足了公众对司法的期待。

第三，法院和破产署的职责分工仍需进一步明确。《个人破产条例》第

[①] 郭东阳：《个人破产中的程序选择模式问题研究》，《河南大学学报》（社会科学版），2020年第2期。

七十九条规定①，第一次债权人会议由人民法院召集。但该条例并未规定破产署有召开债权人会议的职责。对于在什么情况下法院可以委托破产署协助案件审查；破产署具体可以负责个人破产案件审查程序中的哪些内容；既然个人破产和解程序可以委托破产署负责，那么个人破产清算程序转为个人破产和解程序之后，是否可以委托给破产署组织；第一次债权人会议是否可以由破产署来召开；等等。这一系列关于法院和破产署的职责分工问题还需要进一步细化规定。

第四，防止破产逃债的制度仍需进一步织密。《个人破产条例》体现了对弱者的同情、对老者的尊重、对妇女的关怀、对创业者的支持、对年轻人犯错的包容，处处彰显着深圳这座城市温情和爱的一面。虽然不应随意揣度人们会利用个人破产制度逃债，但是也不能高估人性，轻易相信申请人都是善意诚信的债务人。虽然不应过多遏制债务人的自主行为，或者限制破产准入金额，影响个人破产案件的成功率，但可以借助完善的征信体系去判断出善意诚信的债务人，给他们主动积极改变状况的权利，将债务人整理、保管、分配自己的剩余财产权利交给债务人，使个人破产程序运行有效且真正发挥其保护善意诚信且不幸的债务人的作用，从而不仅可以节约司法资源，也可以合理分配债务人的财产。

四 完善个人破产制度的程序设置的建议

根据前文对相关案件的分类统计分析和个案分析，本报告认为，可以从如下几个方面进一步完善个人破产制度的程序设置。

第一，完善个人破产配套制度体系。随着个人破产司法实践的深入探索，《个人破产条例》在实施过程中仍需进一步完善配套规范。比如，在有关个人破产案件裁判文书公开方面，虽然有《深圳市个人破产信息登记与

---

① 《深圳经济特区个人破产条例》第七十九条："第一次债权人会议由人民法院召集，自债权申报期限届满之日起十五日内召开。"

公开暂行办法》保驾护航，但仍存在公开内容重复、公开内容不足等问题，进一步增强个人破产程序的透明度和规范性，从而加强对《个人破产条例》的理解和运用。

第二，进一步明确法院和破产署的职责分工。虽然《个人破产条例》并未规定破产署有召开债权人会议的职责，但结合《个人破产条例》第一百三十五条规定的"人民法院可以委托人民调解委员会、特邀调解员、特邀调解组织或者破产事务管理部门等组织和解"，意味着可以由这些组织来召开债权人会议。通过对（2021）粤03破365号（个7）案的分析发现，法院将部分职责委托给破产署是可行且必要的。一方面可以缓解法院案件数量多的压力，另一方面可以提高司法裁判效率。同时结合该案具体案情看，法院还可以将以生活消费等为理由申请和解且法律关系简单、债权人数不多、债权总额不高的案子，委托给破产署组织和解。以此类推，也可以由破产署组织法律关系类似的个人破产重整案件中的债权人会议。虽然《个人破产条例》对此并没有规定，但是如果由破产署组织个人破产重整案件中的债权人会议，并由其将重整计划批准信息与对债务人行为限制的解除决定进行登记与公开①，则破产署的工作开展可能会更加顺畅、工作链条更加连贯和系统。

第三，完善征信体系。《个人破产条例》的实施目的是保护善意诚信且不幸的债务人，如何界定债务人是否善意诚信是一个关键问题。而个人的征信情况可以反映个人的诚信情况，征信体系越完善，对个人的诚信评价结果就会越准确，基于征信结果而对个人的可靠程度评判就会越准确。因此，征信结果可作为判断"善意"的一个重要因素。如果通过完善的征信体系能够实现准确判断善意诚信的债务人的目标，则可以让这样的债务人取代管理人的部分职责，这会更加高效便捷。因为相比管理人，债务人对自己的真实债权债务情况更加了解，同时对自己财产的分配也会更加

---

① 《深圳经济特区个人破产条例》第一百二十四条："人民法院裁定批准重整计划的，应当同时作出解除限制债务人行为的决定，将决定书送达债务人，并通知破产事务管理部门。"

得心应手。例如，在梁某某个人破产重整案件中，梁某某作为善意诚信的债务人，让其负责其财产的管理，有利于制订重整计划，提高破产程序运行效率，是明智之举。因此，可以根据债务人的善意与否，选择是否将管理人的职权让渡于债务人。

第四，完善自由选择立法模式。虽然有学者主张"优先适用债务重整程序"[1]，也有学者主张"选择受限模式有利于保护各方关系人利益的妥当平衡，且更能体现清算程序与重整程序之间的不同特征"[2]。但是，自由选择立法模式更符合深圳自由、开放、包容的精神，也有利于提高司法审判效率。申请人可以通过"深破茧"小程序网上申请个人破产程序，便捷高效。本报告建议加强系统应用场景和程序的完善，匹配申请人的具体需求，提高申请人主动选择适合自己需求的个人破产程序的积极性，而非"优先适用债务重整程序"。因为如果重整计划不通过，个人破产重整程序就不通过，因此重点反而在重整计划上。而如果自己的情况符合个人破产清算程序，强制优先选择个人破产重整程序显然不符合当事人的需要，也不符合保护"诚实而不幸"的债务人的目的。因此，既然《个人破产条例》表现出对人的充分信任，给了申请人选择程序的自由，就不妨给予申请人品质的足够信任，相信申请人是基于善意的原则去选择不同的程序。

五　结语

《个人破产条例》在具体的司法实践中，充分体现了保护"诚实而不幸"的债务人的目的。当然为了更好地实施《个人破产条例》，还需要相关配套规范的补充和呼应。未来仍需要进一步探索，不断完善个人破产制度，从而更好地发挥它的积极作用。

---

[1]　殷慧芬：《个人破产立法的利益平衡机制探究》，《山西省政法管理干部学院学报》2015年第4期。

[2]　郭东阳：《个人破产中的程序选择模式问题研究》，《河南大学学报》（社会科学版）2020年第2期。

参考文献

白田甜：《个人破产立法中的争议与抉择——以〈深圳经济特区个人破产条例〉为例》，《中国人民大学学报》2021 年第 5 期。

汤维建：《关于建立我国个人破产制度的构想（上）》，《政法论坛》1995 年第 3 期。

汤维建：《关于建立我国的个人破产程序制度的构想（下）》，《政法论坛》1995 年第 4 期。

社会法治篇
Law-Governed Society

B.14
深圳公共法律服务体系建设与完善

朱晋峰*

摘　要： 公共法律服务对于保障社会公众的基本权利、化解社会矛盾纠纷具有十分重要的作用。深圳在建设法治城市示范过程中，不断探索完善公共法律服务体系，积累了一些经验、形成了一定模式。但是，在机制完善、保障措施、服务产品供给等方面还存在一些不足。对此，深圳应当紧紧围绕《关于支持深圳建设中国特色社会主义法治先行示范城市的意见》的要求，聚焦市场需求、群众需求，采取加强顶层设计、优化服务产品等措施不断完善公共法律服务机制、提高服务水平，构建"政府主导、社会参与、政策激励"的服务供给模式，保障社会公众能够均等、普惠的享受法律服务。

关键词： 公共服务　公共法律服务　深圳

---

* 朱晋峰，华东政法大学讲师，副编审，主要研究方向为公共法律服务、司法鉴定制度、证据法学。

党的十八大以来，深圳深入贯彻《关于加快推进公共法律服务体系建设的意见》《法治社会建设实施纲要（2020—2025 年）》等政策文件的要求，结合建设法治先行示范城市的战略定位，积极探索完善公共法律服务[①]体系，逐步形成便捷高效、均等普惠的现代公共法律服务体系，保证人民群众获得及时有效的法律服务。

一　深圳公共法律服务体系建设与实施情况

2014 年以来，深圳积极探索完善公共法律服务体系与模式，通过搭建各类公共法律服务平台提供丰富多元的公共法律服务产品，公共法律服务覆盖面不断扩大。在创新优化公共法律服务体系建设过程中，深圳公共法律服务体系呈现实体平台多、科技赋能、以需求为导向的显著特点。

（一）公共法律服务实体平台数量日益增多，功能不断多元

据统计，在市、区层面，深圳都已经建立了公共法律服务实体平台，同时还建立了 3 家专业性公共法律服务实体平台。在街道、社区层面（包括深汕合作区），深圳共建成街道工作站 79 家、社区工作室 689 家。[②] 比如福田区 2015 年已在全区 95 个社区建立法律服务站，把市、区法律服务延伸到社区，通过街道司法所与律师事务所签约的方式，将专业法律工作队伍引入社区，以法律服务站为平台，开展法律宣传、法律咨询、法律代理、法律援助、法律调解各项工作，形成高效的社区法律服务工作机制，逐步建立"一社区一法律顾问"的工作体系。2018 年，龙华区政法委整合各类法治服务资源，成立全市第一家企业法治服务平台——龙华区企业法治服务中心。中心提供窗口现场、电话、微信公众号移动端等多种受理服务方式，并制定

---

① 鉴于目前对于公共法律服务的研究还较少，对于公共法律服务的内涵在理论界还没有形成统一的认识，故本报告的研究主要基于 2014 年司法部出台的《关于推进公共法律服务体系建设的意见》中关于公共法律服务概念的界定。

② 《深圳市公共法律服务地图册（2021）》。

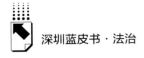

网上分拨处理流程，及时受理、及时回复，为辖区企业提供一站式解决法律难题的服务。

（二）公共法律服务产品科技赋能，体验感与实用性俱佳

深圳在公共法律服务体系建设过程中，充分发挥人工智能、互联网等产业优势，将"科技+"元素应用到公共法律服务平台建设，优化用户体验，真正实现惠及人民群众的宗旨和目标。早在2015年，深圳市司法局与腾讯公司就开展了"互联网+法律服务"项目，率先在全国上线"法治地图"。该"法治地图"借助大数据技术，整合有关公共法律服务资源，建立信息查询和业务办理平台，为市民提供优质的法律解决途径。市民可以通过"法治地图"查询全市在册的律师、法律援助、司法鉴定、公证等的基本信息，享受"一站式"法律服务。2019年，首个"互联网·无人律所"在龙岗区公共法律服务中心面向市民开放。无人律所是基于互联网、大数据、云计算等技术搭建的一个整合全国律师资源的互联网法律服务平台，其操作系统内置高清触摸终端机，身份证读卡器，文件上传设备、打印设备等综合配套设备，涵盖快速咨询、材料共享、约见律师等多项功能，就像ATM机取款一样便捷。

（三）公共法律服务始终聚焦企业、群众需求，便捷高效

深圳在公共法律服务体系建设过程中，始终坚持满足人民群众、企业的需要，不断强化高效、优质、便捷的服务供给。比如，2020年，光明新区打造覆盖全时空的"500米公共法律服务圈"，通过建立覆盖全区的"1+6+31+N"群众诉求服务体系，推动公共法律服务由"出远门"向"下趟楼"转变，使公共法律服务便捷高效。实行社区法律顾问"1+1+N"常住模式，推动公共法律服务由"单一服务"向"多元供给"转变，提升公共法律服务的专业水平和群众满意度。推行法律顾问和"调解员"牵手计划，推动矛盾纠纷化解由"被动受理"向"主动发现"转变，提高矛盾纠纷基层化解能力。深圳还建立广东省首个涉外公共法律服务实体平台——蛇口涉外公

共法律服务中心，满足辖区涉外律师、公证、调解等服务需求，完善与该辖区实际相匹配的便捷、精准的公共法律服务供给模式，为广大来深创业兴业、支持深圳建设的外国人士提供与国际接轨的公共法律服务。

二　深圳公共法律服务体系建设的困境及成因

深圳在探索公共法律服务体系建设中积累了经验，其中，很多实践属于全国首创。但不难发现，随着深圳经济社会的发展，目前的公共法律服务体系建设仍有进一步加强的空间。具体而言，深圳公共法律服务体系建设的困境，主要表现在以下几方面。

（一）深圳公共法律服务体系建设的顶层设计与实际需求匹配度有待提升

公共法律服务提出至今，时间还较短，理论界和实务界对公共法律服务的全面理解还不够深入，理论体系还不完备，就实践而言，如何根据本地特色建设符合要求和需求的公共法律服务体系仍需进一步探讨。深圳虽然目前搭建了公共法律服务实体平台，形成了较大规模的法律援助机构、公证机构、律师事务所、人民调解组织、仲裁机构和法治宣传教育阵地，但是就公共法律服务体系的顶层设计而言，仍有欠缺。一是暂未出台地方立法或政府规章，无法统筹多个部门之间的资源。目前，各公共法律服务主体在提供公共法律服务方面缺乏互动和合作，导致出现重复提供相同内容的公共法律服务，浪费资源。二是缺乏制度性安排。公共法律服务的提供未能形成供给计划、供给清单，导致公共法律服务的提供无法做到有深度、精细化。三是在粤港澳大湾区协调发展中，粤港澳三地人流、物流、信息流加速流动，在深创业、就业、生活发展的港澳人士数量日益增多，港澳投资者也不断增多。那么如何充分借鉴香港、澳门公共法律服务发展经验，开展与香港、澳门在公共法律服务供给方面的互动、联动，如何提供更加丰富多元的具有"港味""澳味"的公共法律服务产品以满足港澳人士的需求，这亟待顶层设计作出相应的安排。同时，顶层设计的不完善会造成公共法律服务的提供者、服务者、需求者等之间权利义务的不明确，监管责任缺位等。这些都可能会对深圳公共法律服务体系的完善和具体实践产生影响，使得公共法律服务的作用大打折扣。

（二）深圳公共法律服务的保障措施有待加强

深圳公共法律服务在具体推进的保障措施方面有待进一步加强。这主要表现在经费保障和管理保障两方面。在经费保障方面，正如《深圳市人民政府关于我市公共法律服务体系建设情况的报告》所指出的，"受制于政府购买服务的能力，律师参与公共法律服务的范围还限于较小领域，需要通过购买服务等方式，引导律师更多参与信访、调解、群体性案（事）件处置和社区工作"。可见，深圳用于公共法律服务的经费还相对较少，这与社会对公共法律服务高质量、高标准的需求是不匹配的。但目前，通过政府购买的方式来提供公共法律服务，在预算项目、标准等方面都无法满足现实需求，这在一定程度上肯定会影响高质量公共法律服务的提供。除此之外，在购买服务、互联网平台建设的投入、实体平台的投入等方面都可能存在部门之间的相互衔接、配套问题等。这都会对公共法律服务的供给产生一定的影响。同时，深圳目前还没有出台购买公共法律服务的标准和经费投入的增长机制。公共法律服务的管理保障措施也不完善。公共法律服务的供给从职权划分上属于司法行政部门的职责，但从实际运作过程的纵向来看涉及市、区、街道、社区四级，从横向来看涉及政府各部门。因此，需要部门联动、社会协同，如司法机关、行政机关、科研院所、社会组织等相互联动、协同。那么在统筹协同的过程中，只有打破固有的工作边界，整合资源，形成合力，才能确保公共法律服务的质效提升。但目前，深圳还没有建立专门的公共法律服务管理机构或者多部门共同参与的公共法律服务联席会议制度，这就可能会造成深圳在推进公共法律服务实施过程中，缺少统筹和协调，影响公共法律服务体系运转的效率和效果。

（三）深圳公共法律服务产品供给的多元化有待提升

公共法律服务产品供给的种类亟待丰富。目前法律服务供给产品类型不够丰富，主要为碎片化的法律咨询和普法宣传活动开展，尚未形成系列化、深度化的服务产品。究其原因，一方面是需求调研不足，导致供给层面难以掌握更多的需求信息。目前，深圳尚未建立公共法律服务需求调研机制，导致提供者不能真正了解社会公众、企业对公共法律服务的需求内容与需求类型，难以及时拓展公共法律服务内容与类型，这在一定程度上影响了公共法律服务供给的多元化和质量的提升。另一方面，承担公共法律服务的机构、组织在公共法律服务产品类型方面创新不够。目前，公共法律服务主要聚焦在普法宣传活动开展方面，尚未形成成熟的清单化、产品化思维，将更多的创新公共法律服务产品化，以丰富的公共法律服务产品推动公共法律服务供给的多元化。同时公共法律服务产品供给未能将服务对象进行更加精细化的区分，从而提供更加丰富的公共法律服务，实现公共法律服务进社区、进园区，使公共法律服务真正发挥作用。

（四）深圳公共法律服务的社会参与度不够

深圳公共法律服务的需求主体和需求内容不断增多，仅仅通过政府购买服务的方式来满足社会公众、企业的公共法律服务需求，长期来看是不现实的，也不是最佳选择。相反，拓展参与主体，让更多企业、社会组织共同参与进来是实现公共法律服务持续性发展的重要途径。但目前，深圳公共法律服务的社会参与度显然不够高，无法形成公共法律服务合力。社会参与度不够高的表现主要是在社会参与的横向范围层面与纵向深度层面。社会参与的横向范围层面主要是社会力量参与公共法律服务的领域不够多，无法涵盖社会公众、企业对公共法律服务的现实需求，主要局限于法律宣传等传统领域。而对于知识产权保护、涉外婚姻家事纠纷、民事纠纷争议解决等领域有待于进一步深化公共法律服务。社会参与的纵向深度层面主要表现为深圳公共法律服务在纠纷预防和风险防范方面发挥的作用不够。另外，公共法律服务供给的社会参与度存在区域不平衡的现象，各区（新区）的公共法律服务工作的社会参与度也存在差异。通过《深圳市公共法律服务地图册（2021）》不难发现，在经济社会发展成熟度较高的城区，比如福田区、南山区，相对而言，公共法律服务供给主体、平台的密度较高，社会参与度较高。

（五）深圳公共法律服务的评价考核机制不健全

深圳公共法律服务的评价考核机制不健全也是影响这项工作有效开展的重要因素。评价考核机制的不完善导致公共法律服务工作的开展、产品的提供缺乏明确的规范与科学的标准，使得工作开展过程中的随意性较大、动力不足，同时会导致开展公共法律服务工作的主观能动性发挥不够。评价考核机制的不完善导致社会公众对公共法律服务的具体接受情况和满意度无法被量化，而社会公众作为公共法律服务的需求者、接受者和受益者，对公共法律服务的效果最有发言权。因此，社会公众满意度评价的缺失会影响公共法律服务质效进一步提升，弱化公共法律服务的需求导向和结果导向。但是，必须要明确的是，考核不是目的，是手段，而目的是通过有针对性的、科学的考核标准和考核方式来促进公共法律服务提供者、相关部门能够切实履行职责，提供更加优质的公共法律服务，真正达到服务效果与社会效果的统一。

综上所述，深圳公共法律服务从总体上来看是比较完善的，但随着深圳经济社会的发展，不难发现目前深圳公共法律服务供给与社会发展现实需要不相适应。因此，深圳公共法律服务体系需要进一步完善，深圳公共法律服务的供给针对性和有效性需要进一步提升、社会参与度需要进一步提高、评价考核机制需要进一步健全，以确保深圳公共法律服务作用有效发挥。

三 完善深圳公共法律服务体系的建议

要切实发挥深圳公共法律服务体系的作用，完善公共法律服务体系，本报告建议从以下几方面进行改善。

（一）加强顶层设计，完善地方法律性文件

立足深圳先行示范要求，加强深圳公共法律服务体系的顶层设计，完善深圳地区公共法律服务体系的法律规范性文件，对公共法律服务的实体和程序内容进行全方位规范，促进公共法律服务的有序、高效发展①。例如，厦门出台了《厦门经济特区公共法律服务条例》，从平台建设，公共法律服务提供，促进公共法律服务多元化、专业化，保障与激励，监督与考核等角度进行了规定。深圳也可以以此为参照出台相关条例，通过立法或规范性文件的形式确定各部门之间、部门内部之间的各项事项，并制定长期、中期、短期目标，健全首问负责制、岗位责任制、惩戒机制等各项制度。

（二）加强公共法律服务的保障

公共法律服务体系的完善，必须要有足够的经济保障和制度保障。首先要加大经济保障力度，在经济、人员、设施设备等方面提供完善的全方位的保障。除了财政保障之外，还要积极动员社会资源来强化公共法律服务的经济保障，尤其是社会组织和企业的参与。在制度保障方面，可以考虑设立专门的公共法律服务联席会议制度，加强统一管理，强化资源的统筹安排。联席会议下设办公室，该办公室可以考虑设在司法行政部门，由司法行政部门首长担任组长，公安、检察、法院等部门负责人担任副组长，其他相关部门人员共同作为组员，通过定期会议和临时会议的形式开展工作；可以规定每个季度由组长负责召集相关部门开会，讨论公共法律服务的运作、前期工作总结和后期工作计划。如出现需要紧急协调的事情，可以由组长随时召集相关部门开会，讨论协调公共法律服务事宜，并在联席

---

① "推进国家治理的制度化、程序化、法治化，在宪法范围内和法治轨道上推进国家治理体系和治理能力现代化，法治国家、法治政府、法治社会一体建设是全面推进依法治国的战略布局。"来自李林：《坚持在法治轨道上推进国家治理体系和治理能力现代化》，《暨南学报》（哲学社会科学版）2021年第1期。

会议成员中建立信息通报和共享机制，确保各部门对深圳公共法律服务存在的问题能够快速回应。

（三）优化公共法律服务产品

要结合深圳人口结构、产业发展、区域差异等实际情况，以需求为导向，不断优化公共法律服务的供给，根据每个区（新区），甚至是每一个街道、社区的具体情况，合理布局公共法律服务，提供差异化、精细化公共法律服务产品。本报告并不一味强调要提供一个大而全的公共法律服务。相反，可以使"公共法律服务"网格化，有针对性地提供精准化的产品①。如在新冠肺炎疫情防控期间，由于香港疫情形势非常严峻，深圳在疫情防控中承受了巨大压力，那么，在疫情防控方面向市民、企业提供合适的公共法律服务产品，就是很有必要的。深圳通过对公共法律服务产品的合理设置，有效整合资源，切实满足社会公众的需求。此外，要加大服务产品的宣传力度，丰富宣传渠道与途径，提高产品的推广度，增强认同度。

（四）提高深圳公共法律服务供给的社会参与度

深圳公共法律服务供给仅仅依靠政府往往是难以满足实际需要的，必须调动最广泛群众的积极性，尤其是法律从业者的积极性。比如，拓宽服务供给的参与主体，可以通过上述联席会议制度，广泛调动侦查、检察、审判、社保、信访、发改等不同部门的积极性，强化部门之间的协调与配合，形成合力；丰富服务供给的提供方式，多用、善用网络平台等各种多媒体资源，实现线上与线下融合，确保社会公众能够及时、便捷地获取公共法律服务产品。此外，还要不断推动法律从业人员深度参与公共法律服

---

① 党的十八届四中全会通过的《中共中央关于全面推进依法治国若干重大问题的决定》首次正式提出"建设完备的法律服务体系"，"推进覆盖城乡居民的公共法律服务体系建设"；党的十九届四中全会通过的《中共中央关于坚持和完善中国特色社会主义制度、推进国家治理体系和治理能力现代化若干重大问题的决定》提出"完善公共法律服务体系，夯实依法治国的群众基础"。

务，参与"生产"公共法律服务产品的全链条全环节，以提高公共法律服务的精准性。

（五）完善深圳公共法律服务评价考核机制

如果说前文是从源头上促进深圳公共法律服务的建设，那么，完善深圳公共法律服务评价考核机制则是从末端督促责任人员切实提供符合深圳要求的法律服务。其中，群众对公共法律服务的满意度应当被纳入评价考核机制，且占据主要地位。当然，这前提是政府部门已经有一套完善的工作标准。同时，在开展评价工作时，应当引入中立的第三方评价机构，以充分体现评价工作的客观、公正，并结合评价结果反馈不断改进、优化提供公共法律服务的方式与内容，实现以评促改、以评促优，确保服务的优质高效。

综上所述，公共法律服务作为公共服务的重要组成部分、作为法治政府建设的重要方面、作为政府供给的重要产品，应当通过健全机制，不断完善提供模式、提升供给质量，以满足市民日益增长的需求。正如《深圳市人民政府关于我市公共法律服务体系建设情况的报告》中所指出的，"要积极当好公共法律服务的'快递小哥'，努力打通公共法律服务'最后一公里'，让人民群众切实感受到公共法律服务就在身边"。

参考文献

杨凯：《论现代公共法律服务多元化规范体系建构》，《法学》2022年第2期。

宋方青、李书静：《比较视野下的中国公共法律服务建构》，《人民论坛·学术前沿》2021年第24期。

李晓昀：《广西政府购买公共法律服务的双重逻辑与实践进路》，《广西社会科学》2021年第11期。

黄孟苏：《如何推进公共法律服务标准化建设》，《人民论坛》2020年第15期。

陈云良、寻健：《构建公共服务法律体系的理论逻辑及现实展开》，《法学研究》2019年第3期。

B.15
2021年深圳律师行业发展报告

张　斌　孙统彪[*]

摘　要： 2021年是深圳在高质量全面建成小康社会的基础上，实现建设中国特色社会主义先行示范区第一阶段发展目标的开局之年。深圳律师规模保持高速增长势头，深圳律师事务所规模稳定增长，深圳律师积极参与深圳法治建设，深圳对律师行业发展的政策支持也有所增加。但深圳律师行业的发展有优势，也有困境，有机遇，也有挑战，要在更高起点、更高层次、更高目标上推进深圳律师行业改革创新，全面提升深圳律师品牌，开启"十四五"深圳律师行业发展新征程。

关键词： 律师　律师行业　法治深圳

一　深圳律师队伍发展分析

近年来，深圳律师规模保持高速增长势头，以专职律师为主体，以青年律师为主力军，男女律师比例更趋合理，深圳律师队伍呈现高学历发展趋势，为构建推动经济高质量发展的体制机制提供了广泛而全面的法律服务。

（一）深圳律师规模保持高速增长

深圳律师行业发展迅速，规模连续多年保持高速增长，律师人数位

---

[*] 张斌，深圳市律师协会会长；孙统彪，深圳市律师协会秘书处调研部主任。

居北京、上海、广州之后，位居全国大中城市第四。截至 2021 年，深圳共有执业律师 19206 人，相比 2020 年（16600 人），增加 2606 人，增长 15.7%（见图 1）。深圳律师人数占深圳常住人口的比重已经达到万分之十。①

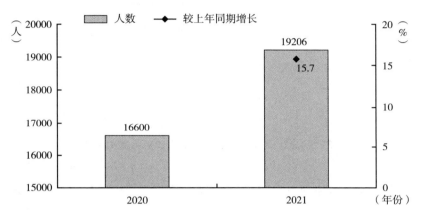

图 1 2020~2021 年深圳律师总人数及其增长情况

资料来源：深圳市律师协会，图 2 至图 30 以及表 1 相同，此后不赘。

（二）以专职律师为主体

2021 年，在深圳律师中，专职律师 18142 人（包含专职法援律师 24 人），占律师总人数的 94.46%；非专职律师合计 1064 人，占律师总人数的 5.54%（见图 2）。在非专职律师中，兼职律师 76 人（包含兼职社会律师 49 人，兼职法援律师 27 人），占律师总人数的 0.40%；公职律师 731 人，约占律师总人数的 3.81%；公司律师 257 人，占律师总人数的 1.34%。

（三）男女律师比例更趋合理

深圳律师队伍整体呈现"男多女少"的特点。截至 2021 年，全市男律

---

① 2021 年第七次全国人口普查公报显示，深圳市常住人口 1756.01 万人。

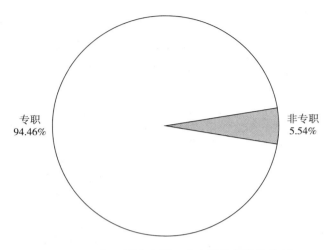

图2　2021年深圳市专职、非专职律师结构分析

师共 11081 人，占律师总人数的 57.70%；全市女律师 8125 人，占律师总人数的 42.30%。

但随着深圳律师行业的高速发展，女律师的增速也非常显著。2007 年底，深圳女律师仅有 1050 人，占律师总人数的 23%；2018 年 7 月，深圳共有女律师 4558 人，占律师总人数的 36.73%；2021 年，全市女律师占律师总人数的 42.30%。由此可以看出男女律师比例更趋于合理。

（四）以青年律师为主力军

截至 2021 年，全市律师（不含公职、公司、法援律师）中 30 岁（含）以下的律师 3747 人，占律师总人数（不含公职、公司、法援律师）的 20.99%；30~40 岁（含）的律师的 7149 人，占律师总人数（不含公职、公司、法援律师）的 40.05%；40~50 岁（含）的律师 4245 人，占律师总人数（不含公职、公司、法援律师）的 23.78%；50 岁以上的律师 2711 人，占律师总人数（不含公职、公司、法援律师）的 15.19%（见图 3）。由此可以看出青年律师是深圳律师队伍中当之无愧的主力军，那些资历深厚、经验丰富的 50 岁以上的律师仍坚持活跃在深圳律师行业一线，为青年律师保驾护航。

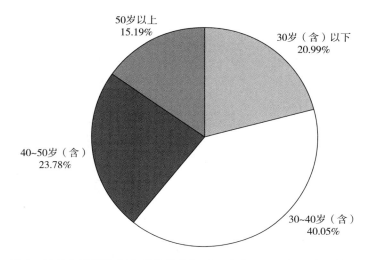

图3　2021年深圳律师年龄结构分析（不含公职、公司、法援律师）

（五）整体拥有良好的教育水平

律师是典型的智力密集型职业，需要具备较高知识水平与专业技能，深圳职业律师总体学历水平较高。2021年全市本科以上学历律师（含本科）19019人，占律师总人数的99.03%，人数与占比均逐年呈上升趋势；全市专科学历律师187人，占律师总人数的0.97%，且逐年呈下降趋势（见图4）。这表明深圳律师队伍整体拥有良好的教育水平。其中本科学历律师13405人，占律师总人数的69.80%；硕士研究生学历律师5473人，占律师总人数的28.50%；博士研究生学历律师141人，占律师总人数的0.73%。

（六）党员律师队伍持续发展壮大

2021年，党员律师队伍持续发展壮大，全市共有中共党员律师6039人，占律师总人数的31.44%，充分发挥了党员的先锋模范作用，引领深圳律师行业的发展；民主党派律师267人，占律师总人数的1.39%；其他政治面貌律师12900人，占律师总人数的67.17%（见图5）。

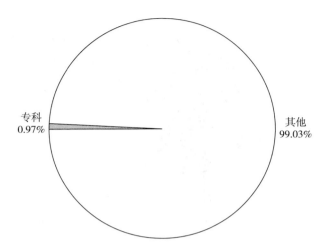

图4　2021年深圳律师学历背景分析

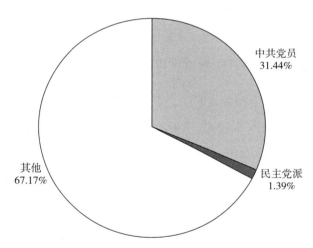

图5　2021年深圳律师政治面貌分析

（七）深圳律师队伍整体执业年限较短

截至2021年，在全市执业律师中，执业5年以内的律师共9216人，占律师总人数的47.99%，这与青年律师的比重基本一致，也要求深圳律师队伍加强职业培训，帮助青年律师持续成长；5（含）~10年3819人，占律师总人数的19.88%；10（含）~15年2729人，占律师总人数的14.21%；

15（含）~20年 1414 人，占律师总人数的 7.36%；20 年（含）以上 2028 人，占律师总人数的 10.56%（见图 6）。

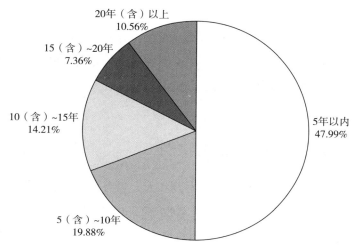

图 6　2021 年深圳律师执业年限分析

（八）深圳实习律师规模增长平稳

2021 年深圳律师行业全年共申请实习律师 3496 人，相比 2020 年的 3557 人，减少 61 人，降低 1.71%（见图 7）。虽然申请实习律师较上年有所下降，但深圳律师规模平稳增长的趋势没有改变。

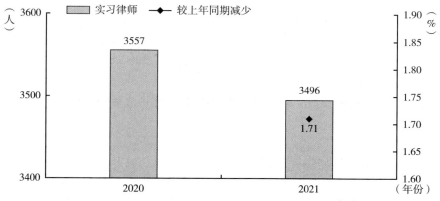

图 7　2020~2021 年深圳实习律师人数及其增长情况

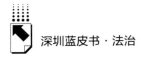

二 深圳律师事务所发展分析

近年来，深圳律师事务所规模稳定增长，普通合伙所和个人所是律师事务所的主要形态。在地域分布上，法律服务资源分布与各区经济活跃度保持一致，律师事务所主要分布在福田、南山、宝安、龙岗、罗湖等经济更为活跃和成熟的区域。

（一）律所规模保持稳定增长态势

近年来，随着深圳律师队伍的不断壮大，事务所数量也不断增加。截至2021年，深圳全市共有律师事务所1084家，相比2020年的975家，增加109家，增长11.18%（见图8）。但总体来讲，深圳律师事务所年增长率低于深圳律师年增长率。

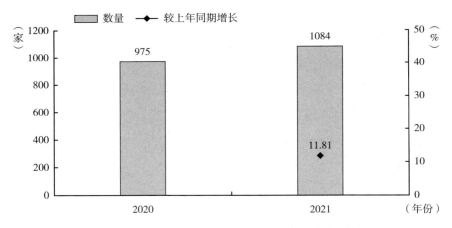

图8　2020~2021年深圳律师事务所总量及其增长情况

（二）深圳律师事务所党建工作持续加强

在各级司法行政机关党委的领导下，深圳律师行业党委坚持正确的政治方向，不断扩大组织覆盖面，加强队伍建设，在引领律师队伍服务深圳改革发展大局方面发挥了重要作用，深圳市律师行业的党建工作快速发展，成绩斐然。截至 2021 年，深圳律师行业共有直属区域党委 4 个，律师事务所党委 10 个，律师事务所党总支 12 个，党支部 477 个（见图 9）。

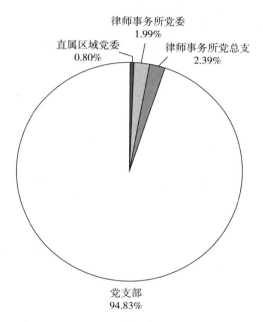

图 9　2021 年深圳律师事务所党建情况分析

（三）以普通合伙所和个人所为主要形态

普通合伙所和个人所是深圳律师事务所的主要形态。截至 2021 年，全市共有普通合伙所 816 家，占全市律所总数的 75.28%；特殊合伙所 10 家，占全市律所总数的 0.92%；个人所 252 家，占全市律所总数的 23.25%；前海联营所 6 家，占全市律所总数的 0.55%（见图 10）。其中个人所包括福田 62 家、宝安 53 家、龙岗 49 家、南山 29 家、罗湖 21 家、盐田 5 家、龙华

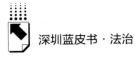

21家、坪山5家、光明5家、前海2家。个人所占深圳律师事务所总数的
比重见图11。

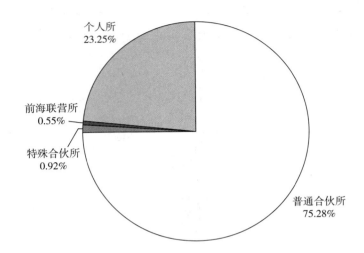

图10　2021年深圳律师事务所类型分析

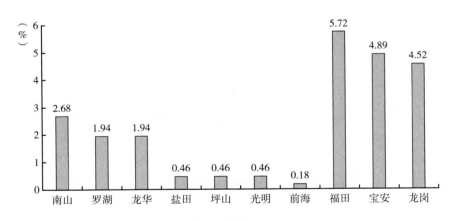

图11　2021年个人所占深圳律师事务所总数的比重

（四）深圳外地分所位居全国前列

截至2021年，全市共有深圳本地所931家，占全市律所总数的

85.89%；外地分所 153 家，占全市律所总数的 14.11%（见图 12）。深圳外地分所位居全国前列，体现了深圳的开放包容度。在外地分所中，北京分所 77 家，上海分所 20 家，深圳之外广东地区分所 24 家，湖南分所 9 家，四川分所 4 家，陕西分所 3 家，海南、重庆、山东、湖北分所各 2 家，广西、云南、福建、浙江、山西、贵州、河南、江苏分所各 1 家。

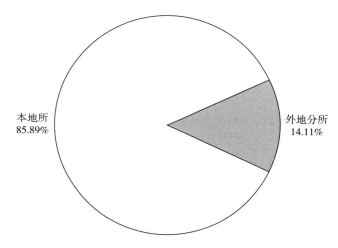

图 12　2021 年深圳本地所与外地分所结构分析

（五）法律服务资源分布与各区经济活跃度保持一致

律师行业作为与经济发展相配套的高端服务业，律师事务所往往聚集在经济发展较为成熟的区域，深圳亦是如此。截至 2021 年，深圳共有市属所 29 家，占全市律师所总数的 2.68%；区属所 1055 家，占全市律师所总数的 97.32%（见图 13）。市属所律师 228 人，占全市律师总人数 1.19%；区属所律师 17939 人，占全市律师总人数的 93.40%（见图 14）。

福田区共有 429 家律所，占全市律所总数的 39.58%；共有 11371 人，

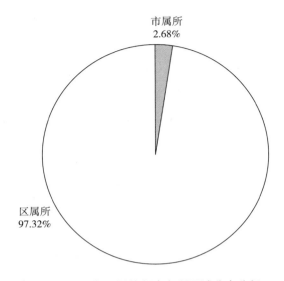

图 13　2021 年深圳律师事务所区域分布分析

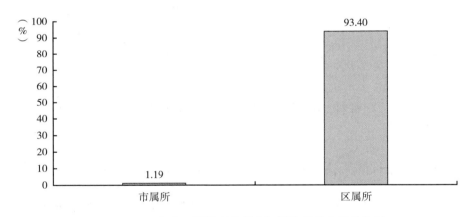

图 14　2021 年市、区属所律师占深圳律师总人数的比重

占全市律师总人数的 59.21%。南山区共有 169 家律所，占全市律所总数的 15.59%；共有 2244 人，占全市律师总人数的 11.68%。罗湖区共有 103 家律所，占全市律所总数的 9.50%；共有 1446 人，占全市律师总人数的 7.53%。宝安区共有 130 家律所，占全市律所总数的 11.99%；共有 1152 人，占全市律师总人数的 6.00%。龙岗区共有 125 家律所，占全市律所总数的 11.53%；共有 951 人，占全市律师总人数的 4.95%。龙华区共有 58 家律所，占全市律所总数的 5.35%；共有 564 人，占全市律师总人数的 2.94%。坪山区共有 17 家律所，占全市律所总数的 1.57%；共有 82 人，占全市律师总人数的 0.43%。光明区共有 15 家律所，占全市律所总数的 1.38%；共有 78 人，占全市律师总人数的 0.41%。盐田区共有 9 家律所，占全市律所总数的 0.83%；共有 51 人，占全市律师总人数的 0.27%（见图 15、图 16）。

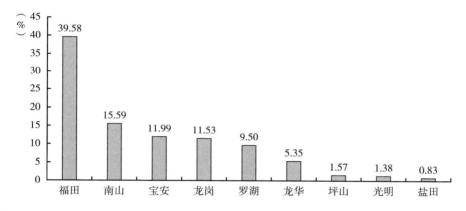

图 15　2021 年区属所占深圳律师事务所总数的比重

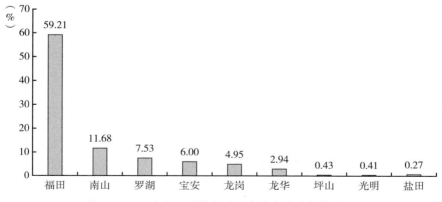

图 16　2021 年区属所律师占深圳律师总人数的比重

（六）中小律所占深圳律师事务所总数的八成以上

深圳律师事务所仍以中小律所为主。截至 2021 年，深圳共有 10 人以下律所 715 家，占全市律所总数的 65.96%；10（含）~20 人律所 205 家，占全市律所总数的 18.91%；20（含）~30 人律所 68 家，占全市律所总数的 6.27%；30（含）~50 人律所 39 家，占全市律所总数的 3.60%；50（含）~100 人律所 30 家，占全市律所总数的 2.77%；100 人（含）以上律所 27 家，占全市律所总数的 2.49%（见图 17）。可以看出，20 人以下律所突破八成，中小律所仍占多数，规模增长趋势渐显。

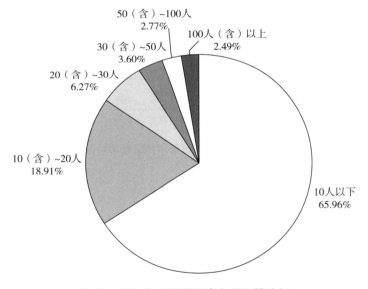

图 17 2021 年深圳律师事务所规模分析

（七）深圳律师事务所市外分所分析

据不完全统计，截至 2022 年 3 月，深圳市有 22 家律师事务所在市外开设了分所，共 112 家。其中，广东华商律师事务所开设了 25 家，广东国晖律师事务所开设了 16 家，广东广和律师事务所开设了 16 家，广东普罗米修律师事务所开设了 14 家，广东卓建律师事务所开设了 9 家，广东商达律师事务所开设了 8 家，广东德纳律师事务所开设市了 5 家（见图 18）。

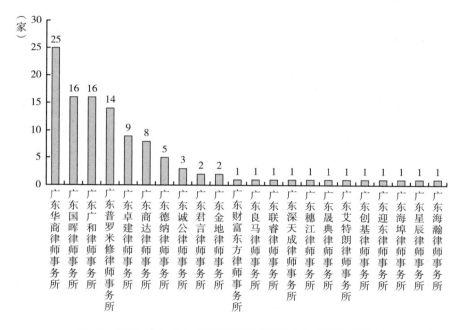

图 18　截至 2022 年 3 月深圳律师事务所市外分所数量情况

（八）深圳律师事务所境外办公室分析

据不完全统计，截至 2022 年 3 月，深圳市有 5 家律师事务所在境外开设了分所，共 10 家。其中，广东广和律师事务所开设了 4 家，分别在台北、纽约、洛杉矶、越南；广东华商律师事务所开设了 3 家，分别在悉尼、香港、多伦多；广东磐信律师事务所在越南开设了 1 家；广东海派律师事务所、广东星辰律师事务所分别在香港开设了 1 家（见图 19）。

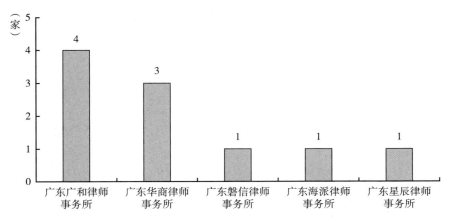

图19 截至2022年3月深圳律师事务所境外办公室数量情况

三 深圳律师行业业务发展分析

深圳建设中国特色社会主义法治先行示范城市离不开深圳律师的参与。2021年深圳律师办理了大量的律师业务,民事、商事等各类案件是律师的基本业务,也是律师的常规业务。深圳律师数量的高速增长,一方面反映出法律服务市场需求的增长,另一方面也可以看出律师参与案件代理、促进法治建设的普遍性。

近年来,深圳律师的案件代理以民商事诉讼为主,在行业营收方面,虽然受到新冠肺炎疫情的影响,但深圳律师行业总营收仍逆势而上。

(一)深圳律师行业总营收逆势而上

据不完全统计,2021年深圳上报的951家律师事务所〔有132家律师事务所多次联系未上报(含4家新成立无营收、2家已注销、4家拟注销及13家新设所未办理入会备案)〕业务总营收约为1136352.88万元,虽然受新冠肺炎疫情影响,但较2020年(943051.99万元)仍增加193300.89万元,增长20.5%(见图20)。

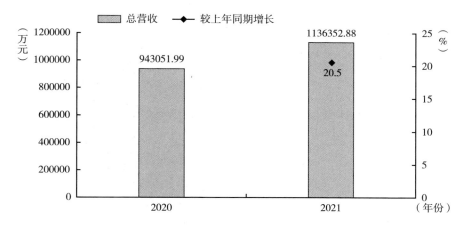

图 20　2020~2021 年深圳市律师事务所业务总营收及其增长情况

2021 年深圳上报的各区律师业务收入中，福田区、南山区与罗湖区在各区收入中排前三名，分别占全市律师收入总额的 65.26%、14.53% 与 8.07%。

2021 年深圳上报的 951 家律师事务所中，人数低于 50 的律师事务所有 892 家，其业务收入 439680.81 万元，占全市律师事务所总营收的 38.69%；50（含）~100 人数规模的律师事务所有 29 家，其业务收入 127920.22 万元，占全市律师事务所总营收的 11.26%；100 人（含）以上人数规模的律师所有 30 家，其业务收入 568751.85 万元，占全市律师事务所总营收的 50.05%（见图 21）。

2021 年深圳律师人均收入为 62.55 万元，较 2020 年（56.81 万元）增加 5.74 万元，增长 10.1%（见图 22）。可以看出，虽然受疫情的影响，深圳律师事务所总营收仍逆势而上，但深圳律师人均收入增长率低于总营收增长率，在律师行业深化发展的同时，"二八定律"愈加明显。

（二）民商事诉讼仍是律师业务的核心

据不完全统计，截至 2021 年，深圳律师代理民事诉讼案件 222970 件，占 29.26%；代理商事诉讼案件 82039 件，占 10.77%，帮助客户索回赔欠款

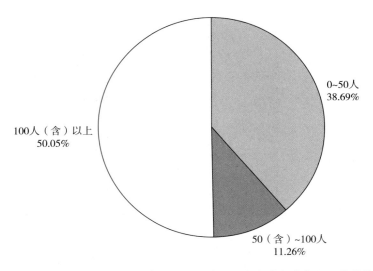

图21　2021年深圳上报的各律师事务所业务收入占全市律师事务所总营收的情况

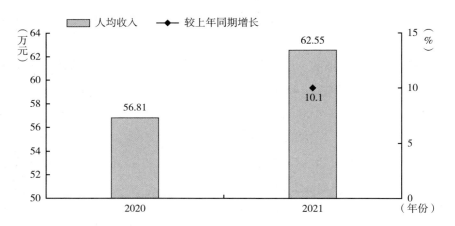

图22　2020~2021年深圳市律师人均收入及其增长情况

41095571.01万元；代理刑事诉讼案件25504件，占3.35%；办理法律援助案件14009件，占1.84%；代理知识产权案件9130件，占1.20%；代理行政诉讼案件8593件，占1.13%；办理涉外及港澳台案件3086件，占0.40%；服务常年法律顾问单位29451家，占3.86%，其中深圳企业21992家，上市公司1958家，政府单位2549家（见图23）。

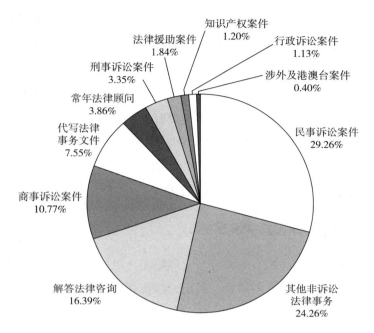

图23　2021年律师行业业务结构分析

四　深圳市律师协会建设情况

（一）深圳市律师协会组织建设

深圳市律师协会是依照《中华人民共和国律师法》和相关法律成立的行业自律性组织，受深圳市司法行政机关的监督、指导和上级律师协会的指导，接受中国共产党深圳市律师行业委员会的领导，组织开展律师行业党的建设工作，依法为深圳市律师行业提供服务并实施行业自律管理、进行组织架构完善。

律师代表大会是深圳律师协会的最高权力机构。律师代表大会设立代表资格审查委员会，对会员代表资格进行审查，其成员由理事会任命。律师代表大会设立主席团，主席团成员候选人由理事会确定。

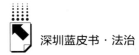

　　理事会是律师代表大会闭会期间的常设机构，深圳市律师协会第十届理事会设有 28 个专门委员会、30 个专业委员会、9 个区律师工作委员会，同时还设立了深圳律师学院。

　　监事会是律师代表大会闭会期间的常设监督机构，均由律师代表大会选举产生，深圳市律师协会第六届监事会设有 4 个委员会。

　　秘书处是深圳市律师协会常设工作执行机构，负责具体落实律师代表大会、理事会和会长办公会议的各项决议、决定，并承担本会的日常管理工作。

　　深圳市律师协会具体组织架构见图 24。

（二）深圳市律师协会制度建设

　　为健全和完善律师协会的监督与管理职能，更好地促进协会发展，协会在不断地推进其规章制度的建设。目前，深圳律师协会已经制定综合类、议事与工作规则类、会费与经费类、维权与纪律类、业务研究与职业培训类、奖励与宣传类、收费类、实习管理工作类以及其他类共九大类规章制度（见表 1）。

表 1　深圳市律师协会规章制度

类型	具体规章制度
综合类	《深圳市律师协会证照管理员管理办法》
议事与工作规则类	《深圳市律师诚信档案管理办法》 《深圳市律师协会专业委员会工作规则》 《深圳市律师协会律师权益保障委员会工作规则》 《深圳市律师协会代表提案办法》 《深圳市律师协会参政议政与法律职业共同体促进工作委员会工作规则》 《深圳市律师协会会长办公会议议事规则》 《深圳市律师协会区律师工作委员会工作规则》 《深圳市律师协会监事会会员与代表联络委员会工作规则》 《深圳市律师协会监事会财务资产监督委员会工作规则》 《深圳市律师协会监事会绩效考核办法》 《深圳市律师协会监事会绩效考核委员会工作规则》 《深圳市律师协会专门委员会工作规则》 《深圳市律师协会理事会议事规则》

续表

类型	具体规章制度
会费与经费类	《深圳市青年律师发展扶助基金管理办法》 《深圳市律师协会职业培训基金管理办法》 《深圳市律师协会业务发展和职业培训经费使用和管理办法》
维权与纪律类	《深圳市律师协会关于投诉案件繁简分流优化办案资源配置的指导意见（试行）》 《深圳市律师协会会员违规行为简易查处程序》 《深圳市律师协会投诉案件过问记录办法（试行）》 《深圳市律师协会律师权益保障委员会工作规则》 《深圳市律师协会投诉案件立案管理办法》 《深圳市律师协会会员违规行为处分细则》 《深圳市律师协会会员违规行为查处工作规则》
业务研究与职业培训类	《深圳市律师协会专业委员会委员、主任、副主任选举办法》 《深圳市律师协会专业委员会活动计分办法》 《深圳市律师协会律师继续教育培训管理办法》 《深圳市律师事务所教育培训实施办法（试行）》
奖励与宣传类	《深圳市律师协会新闻发言人制度（修订稿）》 《深圳市律师协会紧急公共关系事件处理办法》 《深圳市律师事务所及律师宣传、推广行为规范（试行）》 《深圳市律师协会宣传与公共关系委员会工作规则》
收费类	《深圳市律师在房地产买卖活动中法律服务收费指引（试行）》 《深圳市律师从事证券法律业务收费指引》
实习管理工作类	《深圳市申请律师执业人员实习管理办法》 《深圳市律师协会申请律师执业人员面试考核评估标准指引》 《深圳市实习指导律师守则》 《深圳市律师协会申请律师执业人员工作委员会工作规则》 《深圳市律师事务所实习管理办法》 《申请律师执业人员实习考核规程》 《深圳市律师协会申请律师执业人员面试考核程序指引》
其他类	《深圳市律师协会遗产管理人律师库管理规定》 《深圳市律师协会律师担任遗产管理人操作指引》

（三）深圳市律师协会会员权益保障

深圳市律师协会确定 2021 年为"会员服务提升年"，重点围绕信息化建设、交流平台搭建、品牌宣传、律所主任培训、律师权益维护、律所规范

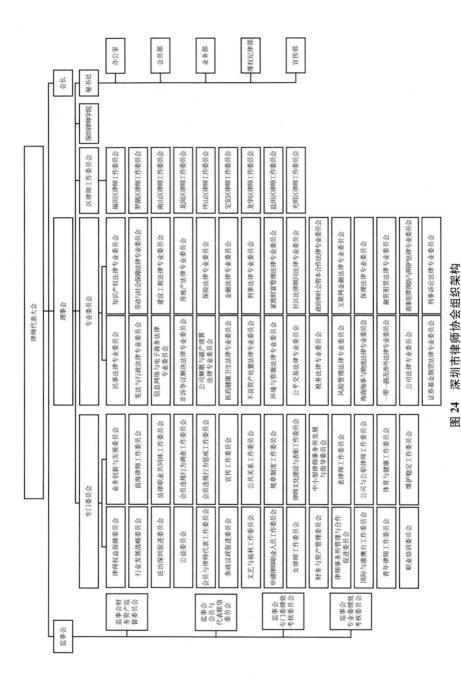

图24　深圳市律师协会组织架构

建设等方面的服务需求，推出务实举措，持续保障会员的获得感、幸福感。

2021 年深圳市律师协会共接收维权申请 88 宗，受理 63 宗（包括外地律师维权个案申请 11 宗），立案 57 宗，不予立案 5 宗，办结维权个案共 85 宗（见图 25）。

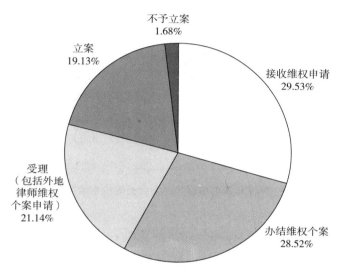

图 25　2021 年深圳市律师协会会员权益保障情况

在 2021 年维权申请中，涉及会见权 59 宗，立案权 1 宗，调查取证权 4 宗，提出法律意见权 1 宗，知情、发问、质证、辩论、通信权 3 宗，受到侮辱、诽谤、威胁、报复、人身伤害 8 宗，被非法关押、扣留、拘禁或者以其他方式限制人身自由 1 宗，其他妨碍依法履行辩护、代理职责，侵犯执业权利 11 宗（见图 26）。

（四）深圳律师行业执业纪律与专项治理

2021 年，深圳市律师协会共受理各类投诉案件 609 件。其中，立案调查 387 件，不予立案 222 件；召开了 41 场听证会，对 226 件投诉案件进行了听证审议。

在专项治理学习教育阶段，深圳市律师协会开展律师职业道德和执业纪

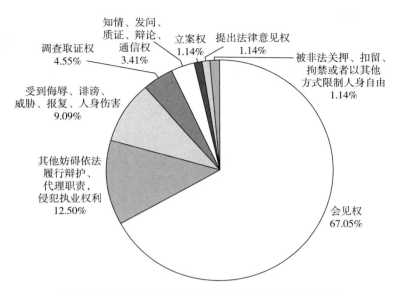

图 26   2021 年深圳市律师协会会员维权申请类别分布

律培训，3 次培训累计 40336 名执业律师参加学习；开展执业纪律测试，组织 247 名律师培训（见图 27）。

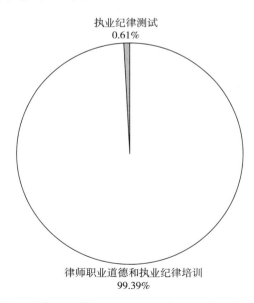

图 27   2021 年深圳律师行业执业纪律培训人数的占比情况

在专项治理自查自纠阶段，深圳市律师行业党委、深圳市律师协会共完成 402 名律师的谈心谈话，其中 289 人为律所主任，113 人为党组织负责人。

五　深圳律师参与法治深圳建设情况

中国迈进全面建设社会主义现代化国家新征程，推进全面依法治国，建设法治国家、法治政府、法治社会，在法治轨道上推进国家治理体系和治理能力现代化，贯彻新发展理念、推动高质量发展，运用法治思维和法治方式应对风险挑战。律师队伍已成为依法治国的一支重要力量，在依法治国的新征程中，律师必大有可为，律师业应当以更加昂扬的奋斗姿态，寻求新的更大发展。

深圳正处于"双区"驱动、"双区"叠加、"双改"示范及建设中国特色社会主义法治先行示范城市的重大历史时期，深圳律师应当抢抓历史机遇，有责任、有使命地做到"扎根深圳，引领湾区、服务全球"，服务经济社会发展大局。目前，深圳市"1+1"法援行动再度出发，"一社区一法律顾问"实现全覆盖，为促进当地经济和社会发展、构建社会主义和谐社会作贡献。深圳律师参政议政，积极履职，创新法律公益服务模式，为深圳市社会主义法治建设作贡献。

（一）"1+1"法援再出发

2021 年，深圳市"援藏律师服务团"、"1+1"中国法律援助志愿者行动的志愿律师再度出发，共计 19 位律师报名，其中贵铸、严世勇、王鸣剑、陈海航、唐文胜、马军、崔利楠 7 位律师入选"1+1"中国法律援助志愿者行动的志愿律师，刘锦强、钟俊瑾 2 位律师拟入选"援藏律师服务团"志愿律师。

深圳律师参与"1+1"中国法律援助志愿者行动以来，2012～2020 年，共计 22 位深圳律师（累计 48 人次）参加了"1+1"中国法律援助志愿者行动，他们的足迹踏遍全国 33 个中西部偏远贫困地区。

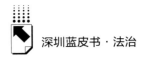

（二）"一社区一法律顾问"全覆盖

深圳市司法局、深圳市律师协会联合举办了2021年度全市一村（社区）一法律顾问培训，共有4030人次参加线上培训。深圳先后共有5000余位律师投身于村（社区）法律服务顾问工作，深入基层、服务居民，实现了全市681个社区法律顾问全面覆盖。深圳律师在2021年"一社区一法律顾问"项目中，共服务社区1175个，1079位律师进社区，提供法律咨询47216人次，参与人民调解8764宗，参与法治宣传教育活动6180场，出具法律专业意见3183人次，提供法律援助199次，其他相关服务7694次，在基层治理中发挥了积极作用。深圳律师在该项目中的具体服务情况见图28。

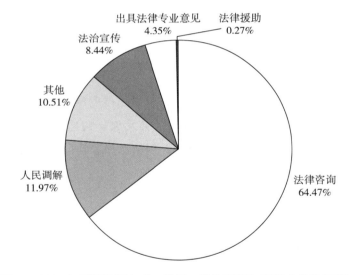

图28　2021年深圳律师在"一社区一法律顾问"项目中的服务情况

（三）深圳律师担任调解员与仲裁员

深圳律师担任调解员646人，其中，本市603人，外地机构43人（见图29）。律师担任仲裁员536人，其中，本市280人，外地机构256人（见图30）。

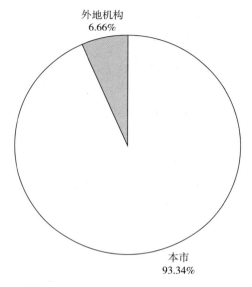

图 29　2021 年深圳律师担任调解员的结构分析

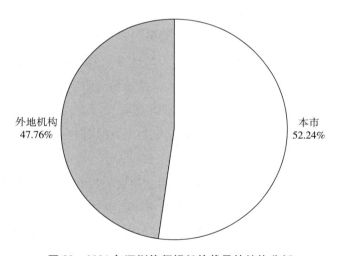

图 30　2021 年深圳律师担任仲裁员的结构分析

（四）参政议政，积极履职

截至 2021 年底，深圳律师中有 102 位"两代表一委员"。其中，省人

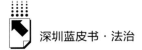
大代表 1 位，省政协委员 1 位，市党代表 4 位，市人大代表 14 位，市政协委员 9 位；区人大代表 33 位，区政协委员 42 位（其中兼任 2 位），相比上一届"两代表一委员"数量大幅度增加。

2021 年，深圳律师界 4 位市党代表、14 位市人大代表、9 位市政协委员积极履职，聚焦深圳法治先行示范城市建设，传递民众之声，彰显深圳律师高度的社会责任感和职业担当。深圳律师"两代一委"履职期间尽职作为，提出了一系列对促进深圳的经济社会发展和民生改善具有积极意义的意见和建议，聚焦法治示范城市建设提出了一系列高质量的议案、提案，充分展现了深圳律师参政议政的风采。

（五）创新法律公益服务模式

深圳市律师协会积极推进深圳律师公益法律服务，并开展"传统+创新"模式的深圳律师公益法律服务。在传统公益法律服务项目上，组建深圳市妇联律师法律服务志愿团、深图公益法律服务平台，开展"尊法守法·携手筑梦"服务农民工公益法律服务行动。同时，深圳市律师协会积极开展创新性公益法律服务项目。截至 2021 年，深圳律师参加法律义务咨询 56223 人次，总服务时长 90862 小时；参加捐资助学活动 256 人次，捐助财物金额共计 6312.75 万元；为希望工程捐款 23 人次，捐助财物金额共计 162.64 万元；参与扶贫救灾捐款 616 人次，捐助财物金额共计 1346.2747 万元。

为充分发挥公益法律服务职能作用，加大农民工维权服务力度，做好"六稳"工作、落实"六保"任务，深圳市律师协会联合深圳市司法局、深圳市总工会开展"尊法守法·携手筑梦"服务农民工公益法律服务行动。深圳市律师协会组建了 10 支服务队伍，累计参与 43 次实地普法宣传活动，现场发放宣传资料 1.6 万余份，为 2200 余人次提供了现场法律咨询。现场宣讲惠及农民工人数 1.8 万余人，帮助农民工讨回拖欠工资及挽回经济损失 104 万元，办理法律援助案件 28 件，已督促企业整改数量 36 件，取得了良好的社会效果，成为 2021 年深圳律师参与公益法律服务的一道新的亮丽风景线。

六 深圳律师行业产业政策支持情况

2021年深圳市律师产业政策在原有政策的基础上，主要有以下新变化。

一是法律服务业入选《深圳市高端紧缺人才开发目录》（2021年）重点产业，其中智能科技及知识产权法律服务、涉外法律服务与金融法律服务被认证为核心岗位，紧缺指数分别为9.7、9.6和9.7。

二是法律服务业作为高端服务产业入选《2021年深圳市福田区支持高端服务业发展若干政策》，享受项目落户支持、综合贡献支持、产业空间支持、楼宇（园区）支持、人才支持、贷款贴息支持、新增入库支持、行业发展专项支持、绿色发展支持、重大项目支持等。

三是法律服务业作为高端服务产业入选《深圳市罗湖区产业转型升级专项资金管理办法》，享受企业落户支持。在扶持专业服务业发展方面，鼓励专业服务业企业做大做强、鼓励企业扩大专业人员队伍、鼓励企业创优评级。

四是法律服务业入选《前海深港现代服务业合作区企业所得税优惠目录》（2021版），同现代物流业、信息服务业、科技服务业、文化创意产业等一并享受企业税收优惠支持。

五是法律服务业入选《深圳市坪山区服务业高质量发展资金支持措施》。在支持专业服务业集聚发展方面，享受专业服务业机构落户支持、专业服务业楼宇建设支持；在支持专业服务机构壮大发展方面，享受专业服务业机构规模化发展支持、专业服务业机构高成长发展支持、专业服务人才发展支持；在支持法律服务实体经济方面，享受公益法律服务支持、法律服务机构用房场地支持；在支持粤港澳大湾区法律服务合作方面，享受联营律所设立支持、港澳律师内地执业支持、双证律师执业支持。

七 深圳律师行业面临的问题与挑战

深圳律师行业虽然取得了较大成绩，但与深圳建设中国特色社会主义先

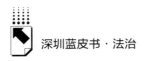

行示范区定位相比、与深圳建成现代化国际化创新型城市的要求相比、与建设法律服务枢纽城市目标相比，还存在一定差距，具体表现如下。

一是创新能力需要与时俱进。律师制度恢复后，深圳律师充分发挥开拓创新、敢为人先的精神，无论是制度创新还是业务创新均领跑全国，但后来随着规模快速扩张，深圳律师的创新能力减弱。这导致人才、服务、产品同质化严重，加之"替代性法律服务"对律师服务的冲击，行业亟须注入改革创新的新动力，重振雄风。

二是法律服务市场亟待规范。个别律师事务所和律师违反职业道德和执业纪律，行业内恶性竞争、违规收费收案现象还在一定程度上存在。加之一些法律服务公司不正当承揽业务、低价挤压等行为加剧了律师行业内卷，法律服务市场秩序有待规范。

三是律师事务所管理水平仍需提升。律师事务所规范化建设和科学化管理有待加强，个别律师事务所管理理念落后、管理模式守旧、管理效能偏低、发展后劲不足，与律师行业高质量发展不相匹配。

四是律师执业难尚需破局。传统的"会见难、阅卷难、调查取证难"尚未得到根本解决，数字时代的司法信息不对称等新情况又接踵而来，律师执业权利保障有待加强。

五是行业国际化程度有待提高。深圳律师行业高端涉外法律服务人才较为紧缺，国际法律服务能力无法完全满足企业"走出去"的现实需要。深圳本土律师事务所"走出去"尚未取得明显实效。

六是行业均衡发展任重道远。律师人才结构不均衡，青年律师多，人才同质化严重，"万金油"律师多，行业领军人才少；区域发展不均衡，个别区域律师事务所数量仍为个位数；律师事务所结构不均衡，律师事务所总体规模偏小，66%的律师事务所的执业律师不足10人。

八　深圳律师行业发展建议

为更好地建设中国特色社会主义法治先行示范城市，在更高起点、更高层次、更高目标上推进深圳律师行业改革创新，全面提升深圳律师品牌，推动深圳律师行业高质量发展，任重道远，需要从多方面推进。

一是与时俱进提升创新能力。深圳律师协会要不断提出新的思路、新的办法，通过开展业务创新，设立专项青年发展基金、公益基金、救助基金、培训基金，建立重大疾病保险等多项措施，探索解决事关全行业生存与发展的重大事项，不断提升律师行业自治，促进协会长期、可持续地发展。

二是加强专业化建设。深圳律师要不断提升专业服务能力，以高品质的法律服务为社会经济高质量发展提供专业支撑。深圳市律师协会要加强专业委员会建设，设置业务更精准、范围更聚焦、专业更实用、服务更优质的专业委员会体系，以深耕专业的"小切口"、产品的"小灵快"推动专业化。

三是抓紧规范法律服务市场。对于个别律师事务所和律师违反职业道德和执业纪律的现象，要依法处理，加强树立律师事务所的团结协作意识，避免行业内部恶性竞争，规范法律市场秩序。

四是高效提升律师事务所管理水平。加强律师事务所规范化建设和科学化管理，赋予深圳市律师协会更多的权利，调动行业积极性。在深圳市律师协会内部管理机构上寻求突破口，进一步提高行业管理水平和管理效能。

五是合理解决律师执业问题。在不断迎接新情况、新问题的基础上，迎难而上，加强律师执业权利保障，合理解决律师执业的各种问题。

六是不断加强行业国际化。引进与培养深圳律师业高端涉外法律服务人才，加强与粤港澳大湾区的合作，不断提升国际法律服务能力。

七是努力促进行业均衡发展。在引进高端人才的基础上，进行机构专业化培训，建立律师行业优秀人才专家库，突出人才专业优势，形成行业集合力量。有针对性地培养专业性人才，推进个别区域律师事务所的发展。

参考文献

张骁儒主编《深圳蓝皮书：深圳法治发展报告（2015）》，社会科学文献出版社，

2015。

田禾、吕艳滨主编《法治蓝皮书：前海法治发展报告 No. 4（2021）》，社会科学文献出版社，2021。

《论坚持全面依法治国》，中央文献出版社，2020。

中华全国律师协会编《中国律师业务报告（2015）》，北京大学出版社，2016。

B.16
深圳青少年法治宣传教育工作的
现状及展望

邓艳艳 *

摘　要： 近年来，深圳青少年法治宣传教育工作在观念、方式创新、参与面以及社会影响力方面均取得了明显的成效。但是，目前仍然存在青少年法治教育资源分配不均匀、相关行政机关未形成合力、对宣传教育工作的效果缺乏科学有效的评估体系等问题。未来，深圳青少年法治宣传教育工作，应根据深圳的实际情况以及当下青少年所处的环境有针对性地开展。

关键词： 法治宣传教育　普法工作　青少年

一　青少年法治宣传教育工作的重要性

青少年法治宣传教育工作一直是我国普法教育中的重要一环，青少年时期是人生观的形成期，正如习近平总书记指出的，"青年的价值取向决定了未来整个社会的价值取向，而青年又处在价值观形成和确立的时期，抓好这一时期的价值观养成十分重要"[1]。思维习惯需要从小开始培养，法治思维的训练同样如此，法治思维如果能够在人生开始的阶段反复循

---

　* 邓艳艳，广东海瀚律师事务所，深圳维德志愿法律服务中心志愿普法讲师，深圳律协未成年人与教育专业委员会委员。

① 乔东亮、李新利、李雯：《习近平新时代青年思想》，中国共产党新闻网，2018 年 5 月 16日，http://theory.people.com.cn/n1/2018/0516/c40531-29993969.html。

序渐进地加以训练，就容易在成年阶段形成一种自觉的思维习惯。① 对处于人生观形成期的青少年进行法治宣传教育，培养具有法治思维的下一代公民、塑造知法懂法守法的新公民，对于法治建设、共建和谐社会大有裨益。

《中央宣传部、司法部关于在公民中开展法治宣传教育的第七个五年规划（2016—2020年）》明确指出，青少年是法治宣传教育的重点对象；《中央宣传部、司法部关于开展法治宣传教育的第八个五年规划（2021—2025年）》（以下简称"'八五'普法规划"）提出，要加强青少年法治教育，要全面落实《青少年法治教育大纲》，教育引导青少年从小形成法治思维，完善政府、司法机关、学校、社会、家庭共同参与的青少年法治教育新格局。

深圳市作为中国特色社会主义先行示范区，承担着法治城市示范和城市文明典范的功能，② 在青少年法治宣传教育工作上，深圳也应以"先行示范之高度"要求自己。

二 深圳青少年法治宣传教育工作的主体

（一）中央部委的相关文件规定

"八五"普法规划明确提出要"进一步完善政府、司法机关、学校、社会、家庭共同参与的青少年法治教育新格局"，这意味着青少年法治宣传教育的责任主体包括政府、司法机关、学校、社会和家庭。

在上述青少年普法责任主体中，司法机关一般指公安机关、检察院和法院，学校和家庭的教育教养主体职责也非常明确，社会则是一个相对开放的

---

① 沈晓敏：《立足法治思维的日本法教育——在解决冲突中体悟规则（法律）的意义与作用》，《教育发展研究》2021年第6期。
② 参见中央全面依法治国委员会印发的《关于支持深圳建设中国特色社会主义法治先行示范城市的意见》。

概念，通常包括一些有意愿、有能力参与青少年法治宣传教育工作的志愿者、社团组织等，而"政府"具体指谁需要进行进一步明确。政府是由一些职能部门组成的，需要确认在政府体系中，具体哪些职能部门对青少年法治宣传教育工作负起责任。

1. 团委

为了配合"八五"普法规划，加强青少年法治宣传教育，共青团中央办公厅于 2021 年 10 月 29 日发布《共青团中央关于贯彻实施"八五"普法规划　深入开展青少年法治宣传教育的意见》，明确提出各级团组织要落实制定本地区青少年法治宣传教育总体方案的普法责任，要充分整合资源，推动青少年普法与团内相关领域重点工作融合发展。按照上述要求，团组织肩负着制定本地区青少年法治宣传教育总体方案的责任。

2. 教育局、司法局（普法办）

由教育部、司法部、全国普法办于 2016 年 6 月 28 日联合印发实施的《青少年法治教育大纲》明确提出：各级教育行政部门、司法行政部门要……切实推进学校青少年法治教育工作；协调、组织政府各有关部门，构建政府、学校、社会、家庭共同参与的青少年法治教育新格局；各地要在党委、政府的统一领导下，建立由教育部门牵头，司法部门、共青团和有关部门、组织等共同参与的青少年法治教育工作机制。

由上述文件可知，教育局和司法局在青少年法治宣传教育工作中有组织领导和协调的职能，教育部门应该主动牵头。另外，该文件还有一个联合发文机构——全国普法办，结合深圳的实际情况，其对应之下属机构深圳市普法办（深圳普法和依法治理处）系深圳市司法局内设机构，该机构负责拟订法治宣传教育规划并组织实施，指导、监督各区各部门"谁执法谁普法"的普法责任制落实等工作。

以上两个文件均为中央部委发布的贯彻中央"普法规划"之实施性文件，文件均对其各自的下属机关单位提出了要求，团组织承担"总体方案策划"责任，教育部门则"发挥牵头作用"。

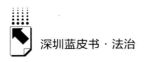

（二）深圳地区承担青少年法治宣传教育责任的普法成员单位

根据深圳公示的深圳普法成员单位普法职责及普法责任清单①，承担青少年法治宣传教育工作的主力责任单位包括以下这些。

1.共青团深圳市委员会

团市委是深圳青少年普法宣传教育工作的主力成员，承担着在全市范围内以多样化的方式深入宣传贯彻和青少年工作密切相关的法律法规的责任。

2.深圳市教育局

市教育局是在校青少年法治宣传教育落到实处特别是在校学生的领导者，承担着落实全市青少年法治宣传教育工作、开展符合青少年身心特点的法治宣传教育课程、培养具有法治精神的青少年、推进辖区内的校园法治文化建设的主要责任。

3.深圳市司法局（普法办）

深圳市普法办承担着对全市范围内的青少年法治创建活动的组织、评估和在全市推广之职能；深圳市司法局基于其职能范围，同时承担着对青少年群体中强制戒毒人员和社区矫正人员等重点人群的普法教育、对中小学法治副校长的推荐和管理工作的责任。

4.深圳各级司法机关

各级司法机关利用法律专业优势，开展法官、检察官、警察进校园的普法教育活动，通过履行法治副校长岗位职责，加强对在校青少年的法治宣传教育，同时配合教育主管部门做好学校法治副校长、法治辅导员培训。

5.其他政府职能部门

其他政府职能部门结合自身部门职责，开展有特色的针对青少年的法治宣传教育工作，如深圳市规划和自然资源局组织学生开展"世界地球日"主题宣传教育活动，向辖区内学生普及自然资源相关的法律法规。

---

① 参考《深圳特区报》网站（https：//www.dutenews.com/tewen/index.html）普法责任清单相关新闻报道整理。

三　深圳青少年法治宣传教育工作的实践

（一）共青团深圳市委员会积极组织协调各方力量参与青少年法治宣传教育工作

共青团中央办公厅于 2021 年 10 月 29 日发布的《共青团中央关于贯彻实施"八五"普法规划　深入开展青少年法治宣传教育的意见》明确提出了"八五普法"阶段青少年法治宣传教育的目标：更加常态化、专业化、制度化，青少年对法律法规的知晓度、法治精神认同度、法治时间的参与度得到明显提升，培养青少年遵法学法守法用法的能力，使青少年遵法学法守法用法的自觉性和主动性得到显著增强。

深圳作为全国先行先试的法治示范区域，团市委从组织、实践、教育形式和资金支持等各个方面进行了"先行先试"。[①]

首先，团市委联合教育、司法等部门和组织进行了相关工作机制的创新：联合市教育局等相关部门对青少年法治宣传教育的工作模式进行了创新，以"社会组织+"为核心，打造青少年普法宣传教育的系统工程，使得社会组织得以系统化参与青少年普法工作；联合司法机关、组织司法届专业人士和社会层面的法律人士参与青少年法治宣传教育等事项，先后成立了与青少年法治宣传教育工作相关的志愿者联盟，并组建了深圳市青少年普法公益讲师团，还发布了《社会组织参与防治校园欺凌标准化工作手册》《青少年毒品预防教育优秀项目集》等文字作品，法治宣传服务的直接对象达到近 50 万人次。

其次，团市委积极推进法律教育实践基地的建设，采用联合建立校外法律教育实践基地的形式建立多处校外法律教育实践基地，给青少年提供法律教育的实践体验，从而进一步强化青少年法治思维和提升青少年学法用法的能力。

[①]　相关信息来源于"青春深圳"微信公众号（账号主体为共青团深圳市委员会），由作者整理。

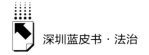

再次，团市委还以原创剧等易于被青少年接受的形式弥补青少年普法教育薄弱环节，精准提升青少年法治宣传教育成效。

最后，为了本市青少年法治宣传教育活动能够可持续进行，团市委倡导设立了"青少年普法工程"专项基金，为本市的青少年法治宣传教育活动提供资金支持。

（二）深圳市教育局立足教育阵线，指导辖区学校以多样化的形式加强对在校学生的法治宣传教育，并为学校的法治宣传教育工作提供各项支持

鉴于各级各类学校是实施青少年法治教育的重要主体，教育局作为行政区域内中小学的业务主管行政部门，从教材资源、师资力量以及政策等方面为学校的法治宣传教育工作提供支持。

首先，市教育局为学校进行青少年普法宣传教育提供优质的教材资源。市教育局根据《青少年法治教育大纲》的要求，结合本市实际情况，编写且不断修订《深圳市青少年法治教育读本》（共4册）和《社会主义核心价值观教育读本》（共9册），并组织学校安排发放和学习，特别是《深圳市青少年法治教育读本》的发放基本覆盖了全市所有的中小学生。

其次，市教育局为学校进行青少年普法宣传教育提供师资力量的支持。一方面，深圳市加强对在校法治老师的培训，提升在校教师的法治教育能力；另一方面，深圳市司法局建立与公检法、税务等单位的协同普法机制，充分调动专业的法律人才参与校园普法工作。

再次，市教育局鼓励教育阵线妥善运用互联网宣传与青少年切身相关的法律法规；指导学校利用各个网络阵地进行法治宣传，加强家校互动，为青少年法治宣传教育创造良好的学校和家庭氛围。

最后，市教育局倡导鼓励常态化、专业化的校园法治宣传活动，市教育局结合"12·4"国家宪法日将每年12月第一周定为"深圳市校园法治文化节"，鼓励全市中小学在宪法教育的基础上开展多样化的校园法治文化活动。

（三）深圳市司法局（普法办）充分发挥指挥、统筹作用

深圳市司法局整合各方专业力量，在青少年法治宣传教育领域重点进行品牌打造和专业人才培养，以切实提升深圳青少年法治宣传教育的整体水平。

首先，深圳市普法办先后在全市范围内组织普法单位履职报告评议会、深圳市法治宣传教育星级基地评选等各类评选评议活动，通过对市内青少年法治宣传教育项目的评议、评估，有针对性地提出改进建议，从而在全市范围内树立青少年法治宣传项目的优秀典型，促进全市青少年法治宣传教育水平的整体提升。

其次，深圳市司法局立足本职工作，对特殊的青少年人群进行重点帮扶和法治宣传教育。根据《中华人民共和国社区矫正法》的相关规定，符合一定条件的青少年犯可以纳入社区矫正，而司法局对社区矫正的青少年犯负有监管职责。基于这一职责，一方面，深圳市司法局积极协调社会各界力量对社区矫正人员进行帮扶；另一方面，深圳市司法局从源头上加强对青少年的法治宣传教育，从预防青少年犯罪的角度，积极开展毒品预防教育、反校园欺凌教育等宣传教育活动。

最后，深圳市司法局积极和相关单位、专业人士团体合作，为青少年法律宣传教育打造专业人才队伍。

（四）司法机关、社区以及社会各界法律专业团体均积极参与青少年法治宣传教育工作

除上述深圳市青少年法治宣传教育的主力责任单位之外，深圳市内的司法机关、社区以及社会各界其他法律专业团体也都将青少年法治宣传教育工作纳入工作规划。

首先，深圳各级司法机关、基层社区以及社会法律专业人士都以不同的形式和途径参与校园普法，这股普法力量已经成为深圳在校学生法治教育课程的重要补充。近些年，各级公检法机关每年都会组织不同形式的送法进校

园活动，为本辖区的学生开展各类法治课程，特别值得一提的是由深圳市福田区司法局（普法办）牵头，联合区教育局、团区委、维德志愿法律服务中心等部门，共同推出的"新雨计划"。该计划 2014 年启动以来，已经组织了 800 多名普法志愿讲师（以律师为主力，同时吸收了其他法律专业人士）参与授课，已进入深圳市上百所中小学，累计为全市中小学生讲授校园普法课程近万节，受益学生数以十万计。

其次，法律专业人士通过受聘担任法治副校长的方式参与青少年法治宣传教育工作。教育部出台的《中小学法治副校长聘任与管理办法》于 2022 年 5 月 1 日开始正式实施，中小学的法治教育、预防犯罪、依法治理等均被列入法治副校长的工作范畴。而深圳早在"六五普法"期间就提出了全市中小学法治副校长全覆盖。10 余年来，一大批司法干警、检察官以及其他法律专业人士受聘担任中小学的法治副校长，在法治副校长的岗位上为深圳市的青少年法治宣传教育贡献自己的力量。

最后，在深圳，各级司法机关、基层街道办（社区）以及各种专业组织都热衷于参与青少年法治实践基地的建设，且目前也已经取得了一定的成效。2016 年 9 月教育部等七部门出台的《教育部等七部门关于加强青少年法治教育实践基地建设的意见》提出，青少年法治实践基地的建设是深入推进青少年法治教育的主要环节和重要任务。① 截至 2021 年，深圳拥有深圳宪法公园（盐田）、深圳民法公园（龙华）、深圳市安全教育基地（罗湖）、深圳市南山法律文化博物馆、深圳交警交通安全（龙岗）宣传教育基地、深圳市南山区安全教育体验馆 6 个五星级法治实践教育基地；拥有凤凰街道法治教育基地、深圳燃气科学馆、深圳行政审批中心行政法律文化区、宝安法院青少年法治教育基地、深圳外来有害生物安全教育基地、福田区福田街道青少年法治教育实践基地、深圳市社区矫正基地（坪山区社区矫正中心）、盐田区图书馆海洋文化园、深圳税收历史文化展馆、光明法治教育

---

① 《教育部等七部门关于加强青少年法治教育实践基地建设的意见》，教育部网站，2016 年 9 月 1 日，http://www.moe.gov.cn/srcsite/A02/s5913/s5933/201609/t20160928_ 282529.html。

基地等 43 家其他星级法治实践教育基地以及其他未进行星级评选的法治实践教育基地。

四　深圳青少年法治宣传教育工作存在的问题与改进建议

（一）全市青少年法治宣传教育工作没有形成"一盘棋"，顶层设计存在弊端，建议完善全市普法工作的顶层设计，建立层次分明、有机统一的工作格局

从前文共青团中央和教育部、司法部、全国普法办关于青少年法治宣传教育工作部署的相关文件①来看：共青团中央的文件要求各级团组织要制定本地区青少年法治宣传教育的总体方案；教育部、司法部、全国普法办的文件要求各地的青少年法治教育工作由教育部门牵头，司法部门、共青团和有关部门、组织等共同参与。从文本上看，这两者之间的规定并不冲突，地方团组织负责制定本地区青少年法治宣传教育的"总体方案"，教育部门则需要在本地区青少年法治教育"工作机制"中发挥牵头作用。

具体到深圳的青少年法治宣传教育实践工作中，共青团深圳市委员会和深圳市教育局、深圳市司法局（普法办）在青少年法治宣传教育工作上确实存在着较多的"共同参与/共同主导/共同组织"②，但是各方的合作尚未形成有效的联动机制。

以深圳目前的校园普法现状为例，除了学校在校内正常开设的法治课程之外，一大批关心青少年成长的机关、机构均在以不同形式、不同途径为在校学生提供校园普法课程，有些课程是街道办联系相关专业人士直接向辖区

---

① 分别指 2021 年 10 月 29 日发布的《共青团中央关于贯彻实施"八五"普法规划　深入开展青少年法治宣传教育的意见》和 2016 年 6 月 28 日联合印发实施的《青少年法治教育大纲》。

② 如 2020 年底，在深圳市普法办的特别支持下，共青团深圳市委员会、深圳市司法局共同推出深圳公民法律素质提升项目资助计划、深圳市青少年普法工程原创《普法生命教育剧》。

学校提供，有些是司法机关在一些具有教育意义的日期组织活动时主动向本辖区的学校提供，有些是学校甚至班主任自行联系相关组织所提供……上述课程很难形成体系，有些学校占据地利，可能会持续获得大量外来的法治课程资源，甚至存在同一批学生重复接受类似法治课程的培训，而有些学校的学生可能从没接受过外来法治课程的培训。校园普法是青少年法治宣传教育工作的一个缩影，其他形式的青少年法治宣传教育工作同样如此，在缺乏顶层设计的情形下，各方力量越积极，越可能是一幅"如火如荼"的景象，但实际效果如何却不得而知。

在这种情形下，形成一个统一的顶层设计尤为重要。2021 年 6 月 17 日，共青团深圳市委员会和深圳市司法局签署了战略合作协议，内容涵盖青少年权益维护、青少年普法等 10 个方面，约定双方将联合建立青少年法治教育实践基地、组建青少年法治志愿者队伍等青少年法治宣传教育事项，且双方承诺会合力推动相关工作落实。[①] 本报告认为，这份战略合作协议的签署对于深圳青少年法治宣传教育工作具有重大意义，协议主体的双方均系深圳青少年法治宣传教育工作的主力成员，双方在这一工作领域以战略合作协议的形式达成统一工作目标、资源互补、共建联合工作机制，无疑会产生"1+1>2"的功效，协议的全方位切实履行无疑会进一步推动提升深圳青少年法治宣传教育工作的效率和专业化程度。未来，若深圳市教育局也能加入这个"战略合作关系"，将校园这个青少年普法行动的主阵地的法治教育需求融合进来，考虑教育阵线的实际情况、结合在校师生的实际需求，三方在青少年法治宣传教育领域形成一个"共青团深圳市委员会把握方向—深圳市教育局明确需求—深圳市司法局提供专业支持"的统一战略格局，三方共同协调包括司法机关在内的相关组织、机构等各类普法资源为全市青少年提供法治宣传教育服务，协调除以上三方之外的与青少年法治宣传教育工作相关的参与方在工作上形成有效合力，从而促进深圳青少年法治宣传教育工作的水平更上一个台阶。

---

① 《团市委与市司法局签订战略合作协议，共同推进深圳建设青年发展型城市》，"青春深圳"微信公众号，2021 年 6 月 17 日，https：//mp. weixin. qq. com/s/L－2HNH6zYDW6NqwbjY9voA。

（二）全市青少年法治宣传教育资源存在横向和纵向分配相对不均衡的情况，在做好顶层设计后，各主体责任部门要促进青少年法治宣传教育资源在全市各区、各类青少年人群中实现相对的均衡分配

1. 各区的青少年法治宣传教育资源分布不均

青少年法治宣传教育资源主要包括硬件资源、课件资源和讲师资源，按照深圳的现状来看，各区在建设青少年法治教育实践基地上都做了积极的尝试，从深圳星级青少年法治教育实践基地①的分布也能看出，青少年法治宣传教育的硬件资源在全市分布相对较为均匀。但是因法治实践课程资源和讲师资源的差异，投入巨大资金精心打造的模拟法庭形同虚设，法治长廊门庭冷落的情形也并非不存在。福田区作为深圳市"首善之区"，政府机关林立且聚集着全市80%以上的法律从业人员，因占据地利，辖区内的青少年法治宣传教育师资力量相对充足：共青团深圳市委员会和深圳市司法局联合组建的青少年普法公益讲师团人数为200余名，而福田区"新雨计划"拥有800多名普法志愿讲师。此间差异，可见一斑。

近年来，全市各区司法机关、街道以及基层团组织也都积极组织各类青少年法治宣传教育活动，但大多未形成常态化和规模化：有些单位组织的"法治进校园"活动是一年一度一次，虽然很有规律，但是频率不够；有些单位组织的"法治进校园"活动是"一阵风"式，在一段时期内开展多次活动，但是并未形成一个固定的活动机制，也无法形成有效的沉淀。

2. 青少年法治宣传教育资源主要集中在在校学生和社区矫正人群，对普通社会青少年的法治宣传教育明显不足

从本市普法现状来看，青少年法治宣传教育工作的重点对象是在校学生，特别是公立学校的在校学生，加上近年来深圳对于社区矫正人员的法治宣传教育工作投入明显提升，这实际上造成了以下青少年处于法治宣传教育的盲区：他们接受完义务教育后走上了社会，并未在学校继续接受教育，但

---

① 系深圳市普法办在全市范围内对深圳市法治宣传教育基地进行评选所确定之星级。

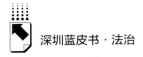
也并非社区矫正人员或者其他特殊的青少年群体。

未来，在深圳青少年法治宣传教育的顶层设计中，主体责任部门要促进实现全市青少年法治宣传教育资源的相对均衡：鼓励资源相对充足的地区对资源相对不充足的地区进行帮扶，传授经验，协助培育普法讲师队伍，必要时，也可以采取单独购买服务的方式以弥补青少年法治宣传教育资源相对缺乏的不足；对广大普遍完成义务教育后未继续接受教育的青少年的法治宣传教育有针对性地进行规划设计。

（三）青少年法治宣传教育尚未形成长效的评估体系和评估机制，需要逐步完善

法治宣传教育工作若缺乏有效的评估反馈机制，则无法取得有效的进步和提升。《青少年法治教育大纲》对青少年法治教育评估的指标和维度进行了规定，具体包括激发兴趣、发展能力、提高素养、提升参与法治实践的自觉性以及青少年是否将法治思维用于学习和生活等。目前，深圳青少年法治宣传教育工作呈现多点多层次多样化的现状，在社会层面形成了较高的影响力和一定的口碑，但是与上述评估机制的标准尚存在一定的距离。

为了能够对深圳青少年法治宣传教育工作进行有效的评估，青少年法治宣传教育的三大主体权责部门（团委、司法局和教育局）应该主动挑起大梁，逐步倡导形成一套行之有效的体系和机制。

首先，三大主体权责部门（团委、司法局和教育局）可以利用大众传媒、新媒体等网络平台通过问卷调查、民意调查的形式对全市青少年普法工作的成效进行一次摸底。

其次，倡导青少年法治宣传教育活动应当注重评价反馈，而不能"一讲了之""一办了之"，不能仅仅以"宣传活动本身的举行和宣传活动受众的数字"为目标，在注重数量的同时更加要注重活动的质量，对具体落地施行的青少年法治宣传教育活动都应设立畅通的效果反馈机制，及时获得接受普法宣传教育的青少年的反馈数据，而对上述反馈数据的分析整理无疑有助于提升后续宣传教育活动的效果。

最后，三大主体权责部门（团委、司法局和教育局）可以联合高校、研究机构开展深圳青少年法治教育评价的研究工作，制定一套适合深圳的行之有效的评价指标和评价体系，以指导深圳青少年法治宣传活动。

五　对青少年授之以"渔"，用青年影响青年，加强粤港澳大湾区青少年法治交流和合作

青少年法治宣传教育的对象是青少年，在青少年法治宣传教育工作中，要以青少年为本，注重培养青少年的法治思维，鼓励青少年在日常学习生活中以自身为主体参与法治教育。

第一，培养青少年的规则意识，引导青少年在家庭、学校、各类社团中参与制定和修订规则，对规则是否公平公正进行讨论和协商，从而培养青少年在集体生活中自主管理和协商的能力，帮助青少年养成尊重规则的习惯，引导青少年在生活中感受法律的运行实践，培养青少年的法治观念。

第二，积极支持青少年根据其自身能力和兴趣，组建跨校区、跨区域的法治学习兴趣小组、学习实践社团等团队，鼓励青少年以法治为桥梁加强横向交流，指导青少年研究与自身相关的法治热点问题、参与与其年龄相适应的法治实践活动。

第三，在新冠肺炎疫情防控常态化背景下，指导学生利用网络进行自我法治教育，青少年法治宣传教育各责任主体可自行制作或者指导大众媒体制作以青少年为受众的普法视频、普法漫画等，供青少年通过网络自主学习，也可以指导青少年通过教育部全国青少年普法网学习法律知识，鼓励青少年在法治兴趣社团、班级和各类社群中进行宣传、讨论和分享，让青少年帮助青少年，共同增强法治意识。

此外，基于深圳在粤港澳大湾区的核心引擎功能，深圳的青少年法治宣传教育工作，在立足本市青少年的基础上，也应考虑粤港澳大湾区的交流互动，充分发挥深圳的法治示范作用，带动粤港澳大湾区其他城市特别是香港、澳门的青少年法治宣传教育，通过青少年带动青少年，加强青少年在法

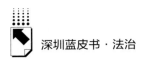

治领域的合作交流，注重对港澳青少年的宪法和基本法的宣传，增强港澳青少年的国家意识和爱国精神。

六　结语

青少年是城市发展的生力军，针对青少年的法治宣传教育工作能够增强青少年的社会生存能力、公民责任意识和市民身份意识，能够促进青少年更加积极地学习和生活，最终让青少年对城市的发展作出更大贡献。

参考文献

罗思主编《深圳蓝皮书：深圳法治发展报告（2021）》，社会科学文献出版社，2021。

《中共中央国务院关于支持深圳建设中国特色社会主义先行示范区的意见》，人民出版社，2019。

《论坚持全面依法治国》，中央文献出版社，2020。

深圳妇女儿童发展研究会研创《深圳蓝皮书：深圳妇女儿童发展报告（2020）》，社会科学文献出版社，2021。

陕西省司法厅课题组、路志强、华文胜：《陕西省青少年法制宣传教育的现状问题及对策建议》，《中国司法》2011年第12期。

广东省司法厅：《创新宪法课外教育模式　形成青少年法治教育整体合力》，《中国司法》2021年第9期。

B.17
深圳市控制吸烟立法与实施情况研究报告

徐宇珊　徐婧凌　陈火星*

摘　要： 深圳于 1998 年通过《深圳经济特区控制吸烟条例》，后经过 2013 年修订，以及 2018 年和 2019 年的两次修正逐步完善，全市控烟工作逐渐走向法制化轨道。本报告根据《深圳经济特区控制吸烟条例》的具体条款设计问卷，通过问卷调查，了解深圳市民的吸烟情况、不同场所的控烟状况、控烟措施的落实情况以及市民对控烟状况的总体满意度和知晓度。调查显示市民对深圳控烟状况总体满意，但整体控烟状态仍不容乐观，具体的控烟措施落实情况仍有提升空间。

关键词： 控制吸烟　控烟立法　无烟城市

习近平总书记在 2016 年 8 月的全国卫生与健康大会上强调，要把人民健康放在优先发展的战略地位。[①] 直接吸食烟草或吸入二手烟都对呼吸系统、循环系统、内分泌系统有诸多不良影响，控制吸烟对提高人民健康水平有着重要作用。深圳非常重视控烟工作，发挥特区立法优势，以法制保障控烟工作落实到位。

---

* 徐宇珊，深圳市社会科学院政法研究所研究员，主要研究方向为社会组织、儿童友好城市；徐婧凌，对外经济贸易大学法学院本科生，主要研究方向为法学；陈火星，深圳市社会工作者协会秘书长助理兼社工服务部主任，中级社工师，中级统计师，主要研究方向为社会政策、社会工作、妇女儿童社会服务。

① 《习近平在全国卫生与健康大会上强调　把人民健康放在优先发展战略地位　努力全方位全周期保障人民健康》，共产党员网，2016 年 8 月 20 日，https：//news.12371.cn/2016/08/20/ARTI1471694277840960.shtml？tdsourcetag＝s_ pctim_ aiomsg。

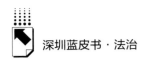

一 深圳控烟立法与控烟工作概况

（一）控烟立法与控烟工作的初步探索

为满足建设文明社会、健康社会、法治社会的客观需求，1998 年 8 月 28 日深圳市第二届人民代表大会常务委员会第二十五次会议通过了《深圳经济特区控制吸烟条例》（以下简称《控烟条例》），并于 1998 年 11 月 1 日起正式实施，为深圳控制吸烟工作提供了精确化、标准化的法律依据。但是由于立法不够完善、工作人员未严格执法等，该条例实施效果不佳，该条例出台 20 多年，公众场所吸烟现象仍较严重。

（二）控烟立法的完善与控烟工作的加强

为加强控烟工作，充分发挥《控烟条例》的法律实效，2012 年深圳启动《控烟条例》修订工作，《控烟条例》的修订受到社会公众广泛关注。为促进立法科学化、民主化，2013 年 5 月 14 日，深圳市人大教科文卫工作委员会组织召开了《控烟条例（修订草案）》立法听证会，针对禁烟场所、罚款力度、执法权归属、监管方式等问题进行了激烈的辩论。通过听证，这几方面的问题基本上达成共识，扩大了禁烟场所范围，大幅提高了处罚金额，新增了多个罚款事项，并把原条例中由卫生行政部门负责的控烟执法权，根据场所类型分别赋予 12 个相关政府部门，要求各部门对各自职责范围内场所的控烟工作履行监管职责、对发生的违规行为进行处罚。

2013 年 10 月 29 日，该修订草案经深圳市第五届人民代表大会常务委员会第二十五次会议审议通过，并于 2014 年 3 月 1 日起施行。2014 年 3 月 8 日，深圳开出首张控烟罚单，结束了深圳控烟以来无一张个人罚单的历史。

根据《控烟条例》，深圳建立了控烟工作联席会议制度，深圳市控烟工作联席会议办公室（以下简称"深圳控烟办"）设在深圳市慢性病防治中心。深圳控烟办采取多种措施推进控烟工作。2017 年 5 月，深圳控烟"随手拍"举报窗口上线,并在投入使用后逐渐完善,加入自动定位、记录查看、结果反馈等功能,提高透明度和参与度,激发市民参与热情,推动违法吸烟行为及时上报,发挥社会监督作用。该平台得到了市民的积极反馈,2019 年收到 4111 起投诉,2020 年收到 2530 起投诉,2021 年上半年收到1817 起投诉。[①] 2018 年 5 月 25 日,深圳"无烟城市"项目启动,深圳控烟办制定了《深圳市建设"无烟城市"实施方案》,提出 2020 年前达到 15 岁以上人群吸烟率控制在 20% 以内、公共场所禁止吸烟的遵守率达 80% 以上、禁烟场所违法吸烟率控制在 20% 以内、公众烟草危害知识知晓率达到 50%以上、对违法吸烟行为的劝阻率提高至 40% 以上、吸烟者意愿戒烟率提高至 30%、吸烟人群就诊时获得医务人员戒烟建议比例超过 90% 等 7 个目标,同时计划探索将 12 所医院的戒烟门诊和戒烟药物纳入医保。详细的实施方案及明确的目标推进了控烟工作。

(三)电子烟纳入控烟范围

随着社会公众控烟意识的增强,市民对控烟工作提出更高的要求。同时,吸电子烟的现象增多,市民对电子烟的危害性认识增强。为适应新形势,在初步形成良好的控烟社会氛围的基础上创建更好的无烟环境,深圳对标更高的国际标准,2019 年 6 月再次对《控烟条例》进行修正。修订后的《控烟条例》将电子烟纳入其管辖范围,加强对未成年人的保护,并进一步扩大禁止吸烟的场所范围。同时,增设区政府控烟工作联席会议制度,增强控烟执法在基层落地。修订后的条例于同年 10 月 1 日正式实施,10 月 14日,深圳开出中国内地第一张电子烟罚单。

(四)深圳控烟办每年开展《控烟条例》执行效果评估工作

深圳控烟办每年均开展《控烟条例》执行效果评估工作,分别于 2015

---

① 《2020 年深圳控烟投诉量下降明显 餐饮服务场所高居黑榜榜首》,深圳之窗网站,2021 年1 月 20 日,https://city.shenchuang.com/yl/20210120/1574502.shtml;《深圳 2021 年上半年控烟"随手拍"数据出炉共收到 1817 起》,深圳之窗网站,2021 年 7 月 9 日,https://city.shenchuang.com/yl/20210709/1598844.shtml。

年 1~2 月、2015 年 12 月至 2016 年 1 月、2017 年 4~5 月、2018 年 3~4 月、2019 年 3~5 月、2020 年 8~9 月，以暗访、观察、问卷调查等方式对《控烟条例》执行效果进行年度评估。① 评估工作由深圳控烟办自行开展，或者委托深圳市慢性病防治中心开展，2020 年报告由深圳控烟办、深圳市卫生健康委员会和深圳市慢性病防治中心三家单位联合发布。从评估报告看，通过 7 年的推进，禁烟场所标识粘贴率和合格率、场所管理者和公众对无烟法规支持度和控烟效果满意度均有较大提高。

二 基于问卷调查的深圳市民吸烟及控烟情况分析

为了解深圳市民对《控烟条例》的认识和深圳实际控烟效果，2022 年 1 月，课题组向深圳市民发放调查问卷。通过问卷星平台共收回有效问卷 5603 份，样本遍及除深汕特别合作区之外的其他 10 个区（新区），其中女性受访者占 59.08%，男性受访者占 40.92%。问卷设计紧扣《控烟条例》，根据具体条款的表述设计相关问题，了解深圳市民的吸烟情况、不同场所的实际控烟状况、控烟措施的落实情况以及市民对控烟状况的总体满意度和知晓度。

（一）深圳市民的吸烟情况

1. 不同性别和工作场所的市民在吸烟方面呈显著差异

在本调查样本中，接近 9 成（4928 人，87.95%）的受访者不吸烟。通过交叉分析结果可知，不同性别的受访者在是否吸烟方面存在显著性差异（chi=818.530，p=0.000<0.01）。男性选择吸烟的占比为 27.00%，远高于女性选择吸烟的占比（1.69%）。男性吸烟的概率远高于女性，这符合大家

---

① 课题组通过向深圳市卫生健康委员会申请政府信息公开获得 2014~2020 年关于《控烟条例》执行效果的年度评估报告：《〈深圳经济特区控制吸烟条例〉执行效果评估【禁烟场所】》《〈深圳经济特区控制吸烟条例〉2015—2016 年度执行效果评估报告【摘要】》《〈深圳经济特区控制吸烟条例〉2016 年度执行效果评估报告》《〈深圳经济特区控制吸烟条例〉2017—2018 年度执行效果评估报告【摘要】》《深圳市控制吸烟条例执行效果评估》《〈深圳经济特区控制吸烟条例〉2019—2020 年度执行效果评估报告》。

通常的认知。同时，不同的工作或学习场所的受访者在是否吸烟方面呈现显著性差异（chi = 263.744，p = 0.000<0.01），建筑工地（44.87%），车站、机场、码头等公共场所（32.39%）的受访者选择吸烟的占比均明显高于平均水平（12.05%）（见图1）。

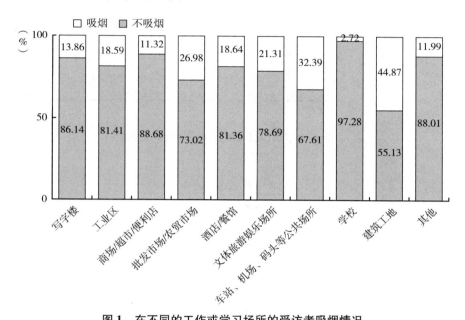

图1　在不同的工作或学习场所的受访者吸烟情况

2. 个体吸烟往往会影响家人吸烟

调查显示，"本人是否吸烟"与"家人是否有人吸烟"呈现显著性差异（chi = 78.124，p = 0.000<0.01）。其中，吸烟的受访者选择有家人吸烟的占57.63%，明显高于不吸烟的受访者选择有家人吸烟的占比（39.73%）（见图2）。数据表明，吸烟的受访者，有家人吸烟的可能性要高些。

3. 市民被动吸二手烟的现象仍时有发生

调查结果显示，近4成的受访者认为"极少"有被动吸二手烟的现象，约3成的受访者认为这种现象出现频率为"一般"，近2成的受访者认为这种现象"比较普遍"，近1成的受访者认为"从来没有"该现象，仍有4.27%的受访者认为这种现象"非常普遍"（见图3）。

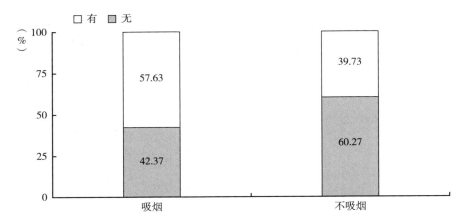

图 2　受访者吸烟情况与家人吸烟情况的交叉分析

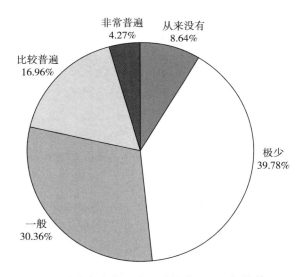

图 3　受访者在家以外区域被动吸二手烟的情况

4. 有少数未成年人存在吸烟的现象

调查结果显示，近 5 成的受访者认为"极少"看到有未成年人吸烟的现象，26.95%的受访者认为这种现象出现频率为"一般"，超过 1 成的受访者认为"没有"该现象，不到 1 成的受访者认为该现象"比较普遍"，仍有 2.50%

的受访者认为这种现象"非常普遍"。可见，超过 8 成的受访者（86.72%）观察到有未成年人吸烟的现象（见图4）。

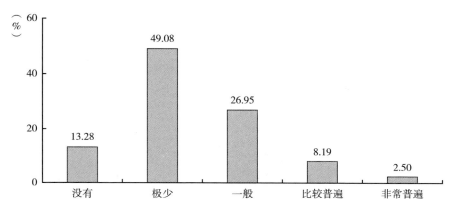

图4 受访者观察未成年人吸烟的情况

5.有部分市民存在使用电子烟的现象

调查结果显示，各有超过 3 成的受访者认为深圳市民使用电子烟的现象出现频率为"一般"和"极少"，接近 2 成的受访者认为该现象"比较普遍"，不到 1 成的受访者认为"没有"该现象，仍有 4.59% 的受访者认为这种现象"非常普遍"。可见，超过 9 成的受访者观察到有市民使用电子烟（见图5）。

6.存在部分市民走路时吸烟的现象

调查结果显示，近 4 成的受访者认为"极少"看到深圳市民有走路时吸烟的现象，超过 3 成的受访者认为该现象出现频率为"一般"，接近 2 成的受访者认为该现象"比较普遍"，不到 1 成的受访者认为"没有"该现象，仍有 5.12% 的受访者认为这种现象"非常普遍"。可见，超过 9 成的受访者观察到有市民走路时吸烟（见图6）。有受访者表示，一边走路一边吸烟的现象，使得其他市民容易被动吸二手烟。

7.市民劝阻吸烟的行为并不普遍

《控烟条例》第二十六条第二项提出，鼓励、支持志愿者劝阻吸烟行为，

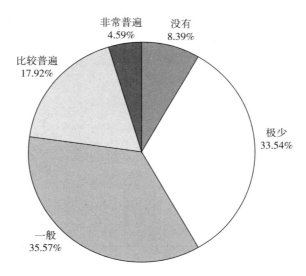

图5 受访者观察深圳市民使用电子烟的情况

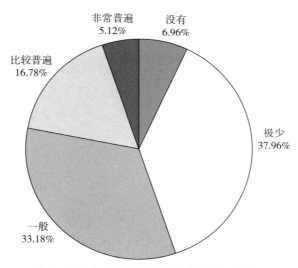

图6 受访者观察深圳市民走路时吸烟的情况

对不听劝阻的，可以向有关部门报告。当问及受访者"当你个人看到有人在禁烟场所吸烟是否会劝阻"时，约2成的受访者表示会去阻止，近2成的受访者表示不会去阻止，约6成的受访者表示"视情况而定"（见图7）。

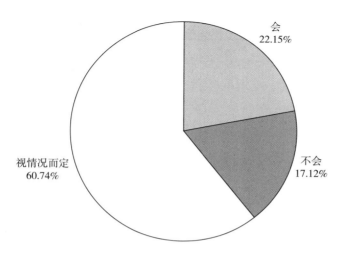

图7　受访者禁烟场所劝阻吸烟行为的意愿

不同工作场所的受访者在是否会主动劝阻吸烟人群方面存在显著性差异（chi＝72.707，p＝0.000<0.01）。在酒店/餐馆工作以及在车站、机场、码头等公共场所工作的受访者，选择"会劝阻"的占比分别为37.29%和32.39%，明显高于平均水平（22.15%）。这或许可以表明，在禁止吸烟的场所工作的人，会比其他市民更有劝阻吸烟的意识和行为，表明《控烟条例》第十条第四款有一定作用，禁止吸烟场所的经营者和管理者在必要时会履行职责。

8. 小结：深圳整体控烟状态仍不容乐观

根据吸烟现象出现频率的高低赋值，"非常普遍"赋值控烟效果1分，"比较普遍"赋值控烟效果2分，"一般"赋值控烟效果3分，"极少"赋值控烟效果4分，"从来没有"赋值控烟效果5分。根据每一个选项选择人数加权取平均值，得出被动吸二手烟、未成年人吸烟、使用电子烟、走路时吸烟等各种现象的控烟效果分值。5分表示控烟效果很好，4分表示控烟效果较好，3分表示控烟效果一般，2分表示控烟效果较差，1分表示控烟效果很差。可以看出，深圳市民被动吸二手烟、未成年人吸烟、部分市民使用电子烟、部分市民走路时吸烟的现象时有发生，深圳整体控烟状况仍不容乐观，控烟任务比较艰巨（见表1）。

表 1　受访者各类控烟效果评分分析

情形	分值	得分率	分析
本人吸烟	/	/	1. 男性吸烟的概率远高于女性 2. 在建筑工地、车站、机场、码头等公共场所工作的吸烟的受访者明显高于平均水平
本人吸烟与家人吸烟的关系	/	/	吸烟的受访者，家人吸烟的可能性要高些
市民被动吸二手烟	3.32 分	66.4%	1. 超过 9 成的受访者有过被动吸二手烟的情况 2. 整体评分 3.32 分，控烟效果偏向一般
未成年人吸烟	3.62 分	72.4%	1. 86.72% 的受访者观察到了有未成年人吸烟的情况 2. 总体为"极少"看到未成年人吸烟，控烟效果 3.62 分，偏向于控烟效果较好
部分市民使用电子烟	3.23 分	64.6%	1. 91.61% 的受访者观察到了有市民使用电子烟的情况 2. 控烟效果得分 3.23 分，控烟效果一般
部分市民走路时吸烟	3.25 分	65.0%	1. 93.04% 的受访者观察到了有市民走路时吸烟的情况 2. 控烟效果得分 3.25 分，控烟效果一般
是否会主动制止吸烟人员	/	/	1. 仅 22.15% 的受访者会主动劝阻 2. 建筑工地、批发市场/农贸市场选择"不会劝阻"的受访者占比高于平均水平

注：控烟效果评分满分 5 分。

（二）不同场所的实际控烟状况

《控烟条例》第二章第八条指出，室内工作场所、室内公共场所和公共交通工具内禁止吸烟。室外场所禁止吸烟的区域包括主要为未成年人提供教育、教学、活动服务的教育或者活动场所的室外区域；体育场馆、运动健身场所的室外观众座席、比赛赛场区域；公共交通运输站楼行人出入口外侧五米范围内以及公共交通工具室外站台和等候队伍所在区域；等等。

对应《控烟条例》的具体要求并结合日常生活中普通市民经常接触的场所，调查中设置了 10 个场所。其中，室内工作场所为"本人平时工作的室内区域，如办公室、会议室等" 1 个，室内公共场所为"餐厅""网吧""酒吧、歌舞厅等歌舞娱乐场所""茶艺馆、按摩、洗浴等休闲服务场所" 4 个，公共交通工具为"地铁""出租车" 2 个，室外禁止吸烟的场所为"中小学、幼儿园校园内""体育场馆室外座席""公交车站" 3 个。

调查显示，这 10 个场所中，无论是室内工作场所、室内公共场所还是公共交通工具，以及室外禁止吸烟的场所，均存在吸烟现象。其中，贯彻落实禁烟情况最好的是地铁，有 88.06% 的受访者认为地铁中无人吸烟。而酒吧、歌舞厅等歌舞娱乐场所，网吧，茶艺馆、按摩、洗浴等休闲服务场所是吸烟的"重灾区"，分别有 62.03%、51.13%、38.69% 的受访者观察到这些场所有较多人吸烟，这一现象与以往其他城市的研究类似，但深圳违规吸烟的比例相对更低些。① 中小学、幼儿园校园内尽管吸烟现象较少，但有 21.32% 的受访者观察到校内有吸烟的现象（见图 8），特别是在开放性问题中，有学生指出，老师在办公室内吸烟、学校保安吸烟的现象屡见不鲜。也有调查者表示餐厅、公交车站、地铁出口、红绿灯路口、幼儿园门口、公园儿童游乐区等处都有人吸烟。

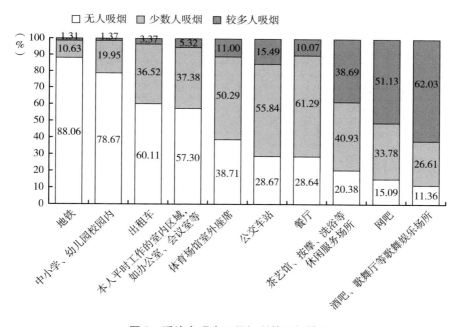

图 8　受访者观察不同场所的吸烟情况

① 万丽萍等：《〈兰州市公共场所控制吸烟条例〉实施效果分析》，《首都公共卫生》2019 年第 5 期；朱雪泉等：《禁烟标识对网吧实施全面无烟政策的影响——基于对四个城市的抽样调查》，《中国卫生政策研究》2014 年第 3 期。

根据控烟效果,按照某一场所"无人吸烟"赋值5分,"少数人吸烟"赋值3分,"较多人吸烟"赋值1分,剔除"不知道"的选项,根据每一个选项人数加权取平均值,得出每个场所的控烟效果分值,得分越接近5分则说明该场所控烟情况越好,得分越接近1分则说明该场所控烟效果越差。问卷中提及的10个场所的控烟效果得分数据见表2。

表 2　受访者观察的不同场所的实际控烟效果评分

	分值	说明
地铁	4.74 分	这些场所整体偏向于"无人吸烟",控烟效果较好
中小学、幼儿园校园内	4.55 分	
出租车	4.13 分	
本人平时工作的室内区域,如办公室、会议室等	4.04 分	
体育场馆室外座席	3.55 分	这些场所整体偏向于"少数人吸烟",有一定的控烟效果
餐厅	3.37 分	
公交车站	3.26 分	
茶艺馆、按摩、洗浴等休闲服务场所	2.63 分	这些场所整体偏向于"较多人吸烟",控烟效果较差
网吧	2.28 分	
酒吧、歌舞厅等歌舞娱乐场所	1.99 分	
整体平均	3.45 分	

注:控烟效果评分满分5分。

(三)控烟措施的落实情况

1. 少数禁止吸烟的地方配备了烟灰缸等烟具

《控烟条例》第十条第二款指出,吸烟场所的经营者和管理者不得配置与吸烟有关的器具或者附有烟草广告的物品。调查显示,接近7成(3732人,66.61%)的调查人群"不清楚"场所是否配备烟具,超过2成(1377人,24.58%)的受访者观察到场所没有配备烟具,不到1成(494人,8.82%)的受访者表示场所配备了烟具。在表示配备了烟具的调查人群中,有128人填写了具体地方。通过进一步文本分析可得,这些场所主要是餐厅、餐馆、酒店、酒楼、办公室、会议室、公交车站、垃圾桶、KTV等(见图9)。在走访调研中发现,公交站台、森林绿道等禁止吸烟场所的公共垃圾桶旁配置了烟灰缸，这可能会导致部分市民误以为此处允许吸烟。拨打"12345"政务服务便民热线投诉后，反馈答复说垃圾桶旁若未设置烟灰缸，可能导致有些吸烟的市民乱丢烟头，给环境造成更大危害。但这说明城市管理部门在公共垃圾桶设置烟灰缸时未能严格遵守《控烟条例》的规定。

图9　禁止吸烟却配备了烟灰缸等烟具的场所词云

2. 部分禁烟场所未设置禁止吸烟标识和监督投诉电话

《控烟条例》第十条第三款指出，禁止吸烟场所的经营者和管理者应当在禁止吸烟场所的入口及其他显著位置设置禁止吸烟标识和监督投诉电话。数据显示，近6成的受访者观察到在禁烟场所的入口及显著位置"普遍设置"了禁止吸烟标识，约2成的受访者观察到"部分设置"了禁止吸烟标识，约1成的受访者表示"不知道"是否设置了禁止吸烟标识，不到1成的受访者表示"少数设置"了禁止吸烟标识，最后有少数受访者表示"没有设置"禁止吸烟标识（见图10）。

禁烟监督投诉电话的设置率相比还要偏低一些。数据显示，约4成的受访者观察到在禁烟场所的入口及显著位置"普遍公布"了禁烟监督投诉电话，约2成的受访者观察到"部分公布"了禁烟监督投诉电话，以及约2成的受访者表示"不知道"是否公布了禁烟监督投诉电话，约1成的受访者表示"少数公布"了禁烟监督投诉电话，最后有少数受访者表示"没有公布"禁烟监督投诉电话。

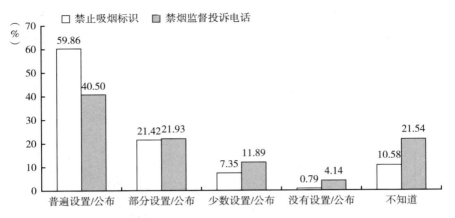

图 10 受访者观察禁止吸烟标识和禁烟监督投诉电话的设置情况

3. 仅部分禁烟场所工作人员会主动要求吸烟者灭烟

《控烟条例》第十条第四款指出，对在禁止吸烟场所吸烟的，场所工作人员应当要求其熄灭或者停止使用烟草制品。当问及受访者"当有人在禁止吸烟场所吸烟时，场所工作人员是否会进行劝阻"时，约3成的受访者观察到禁止吸烟场所的工作人员"普遍会"劝阻吸烟人员，超过2成的受访者表示观察到禁止吸烟场所的工作人员"部分会"劝阻吸烟人员，各有约2成的受访者表示禁止吸烟场所的工作人员"少数会"劝阻吸烟人员或"没注意"，最后有少数受访者表示禁止吸烟场所的工作人员"不会"劝阻吸烟人员（见图11）。

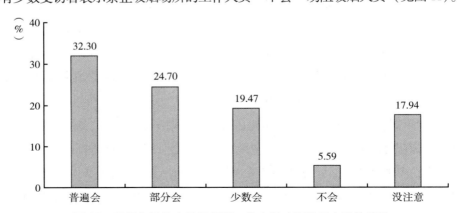

图 11 吸烟人员禁止吸烟场所工作人员劝阻吸烟人员的情况

4. 有少数烟草制品销售者未设置吸烟有害健康和禁止向未成年人出售烟草制品的标识

《控烟条例》第十三条指出，烟草制品销售者应当在其售烟场所的明显位置设置吸烟有害健康和禁止向未成年人出售烟草制品的标识。数据显示，受访者观察到的这两个标识的设置情况比较接近。约 5 成的受访者观察到烟草制品销售者"普遍设置"了吸烟有害健康的标识，近 5 成的受访者观察到烟草制品销售者"普遍设置"了禁止向未成年人出售烟草制品的标识，分别有 2 成左右的受访者观察到烟草制品销售者"部分设置"两个标识或表示"不知道"（见图 12）。

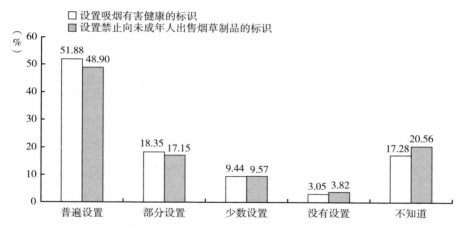

图 12 受访者观察设置吸烟有害健康和禁止向未成年人出售烟草制品的标识情况

5. 存在少数烟草制品销售者向未成年人出售烟草制品的现象

《控烟条例》第十三条指出，烟草制品销售者不得向未成年人出售烟草制品。对难以判明是否已成年的，应当要求其出示身份证件；对不能出示身份证件的，不得向其出售烟草制品。

调查显示，超 6 成的受访者"不清楚"烟草制品销售者是否有向未成年人销售烟草制品的现象，约 2 成的受访者观察到烟草制品销售者没有向未成年人销售烟草制品的现象，接近 2 成的受访者表示烟草制品销售者有向未成年人销售烟草制品的现象（见图 13）。

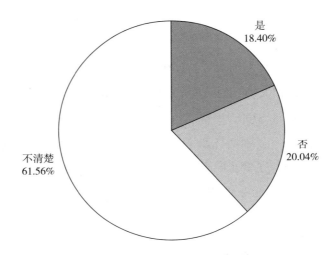

图 13　受访者观察烟草制品销售者向未成年人出售烟草制品的情况

6. 部分中小学校、青少年宫附近有销售烟草制品的现象

《控烟条例》第十四条指出，中小学校、青少年宫出入口路程距离五十米范围内不得销售烟草制品。调查显示，5 成的受访者"不清楚"中小学校、青少年宫五十米范围内是否有烟草制品销售，近 3 成的受访者表示"无"，超过 2 成的受访者表示"有"烟草制品销售。这表明，依然有部分中小学、青少年宫出入口附近有人销售烟草制品。

7. 不足一半的人听说过有人因在禁止吸烟场所吸烟而受到处罚

《控烟条例》第六章"法律责任"列出若干需要受到处罚的情形。第三十六条指出，违反本条例规定，在禁止吸烟场所吸烟的，由卫生健康主管部门、本条例第三十二条规定的有关部门按照职责范围责令改正，处五十元罚款并当场收缴；拒不改正的，处二百元罚款；有阻碍执法等情形的，处五百元罚款。

调查显示，近 6 成的受访者表示没有听说有人因在禁止吸烟场所吸烟而受到处罚（见图 14）。这或许是由于因触犯《控烟条例》而受到处罚的人数或事件较少，也或许是由于这方面案例的报道较少，市民知晓度较低。

交叉分析结果显示，不同性别的受访者在是否听说过有人因在禁止吸烟

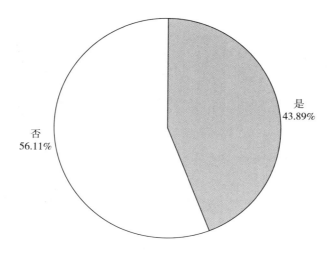

图 14　受访者对有人因在禁止吸烟场所吸烟而受到处罚的反馈

场所吸烟而受到处罚方面呈现显著性差异（chi = 44. 374，p = 0. 000<0. 01）。男性受访者选择听说过的占比为 49. 19%，明显高于女性的选择占比（40. 21%）。本人是否听说过有人因在禁止吸烟场所吸烟而受到处罚方面呈现显著性差异（chi = 62. 723，p = 0. 000<0. 01）。吸烟的受访者选择"是"（有人受到处罚）的占 58. 07%，明显高于不吸烟的受访者选择占比（41. 94%）。这可能说明，越吸烟越会关注相关信息。

　　不同的工作或学习场所的受访者在是否听说过有人因在禁止吸烟场所吸烟而受到处罚方面呈现显著性差异（chi = 46. 938，p = 0. 000<0. 01）。工作或学习场所在批发市场/农贸市场的受访者（60. 32%）、工作或学习场所在商场/超市/便利店的受访者（53. 46%）选择"是"（有人受到处罚）的占比，均明显高于平均水平（43. 89%）。而工作或学习场所在文体旅游娱乐场所的受访者选择"否"（没有人受到处罚）的占比（63. 93%），明显高于平均水平（56. 11%）（见图 15）。前述表明，网吧，歌舞厅、茶艺馆、按摩、洗浴等休闲服务场所的吸烟状况最不容乐观，但在这些场所工作的受访者却最少听说过有因在禁止吸烟的场所吸烟而被处罚的信息，这在一定程度上反映出这些公共场所的禁烟情况不容乐观，需要加大控烟执法力度。

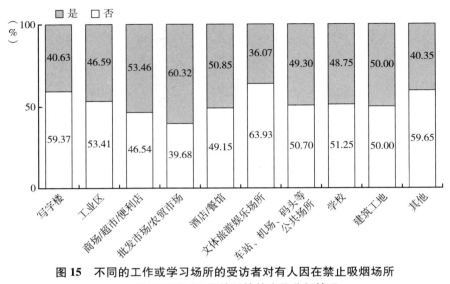

图 15　不同的工作或学习场所的受访者对有人因在禁止吸烟场所吸烟而受到处罚的反馈的交叉分析情况

8. 小结：深圳市控烟措施落实情况仍有提升空间

调查显示，《控烟条例》第三章"控烟措施"的第十条、第十三条、第十四条的整体实施结果如下。

对是否设置禁烟标识、公布禁烟监督投诉电话、设置吸烟有害健康的标识、设置禁止向未成年人出售烟草制品的标识以及是否有劝阻几个问题的选项予以赋值。"普遍设置""普遍公布""普遍劝阻"记为3分，"部分设置""部分公布""部分劝阻"记为2分，"少数设置""少数公布""少数劝阻"记为1分，"没有设置""没有公布""没有劝阻"记为0分，剔除"不知道"选项，根据每一个选项选择人数加权取平均值，得到这几个问题的分值。结合《控烟条例》相关条款，总结深圳控烟措施落实情况如表3所示。

表 3　受访者观察的控烟措施落实情况

控烟措施	问卷内容	数据结果	数据结果说明
第十条第二款：禁止吸烟场所不得配置与吸烟有关的器具或者附有烟草广告的物品	是否配备了烟灰缸等烟具	8.82%的受访者反馈观察到有配备	存在违反条例的情形

控烟措施	问卷内容	数据结果	数据结果说明
第十条第三款:在禁止吸烟场所的入口及其他显著位置设置禁止吸烟标识和监督投诉电话	是否设置禁止吸烟标识	2.57 分(普遍设置)	介于"普遍设置"与"部分设置"之间,偏向于"普遍设置"
	是否公布禁烟监督投诉电话	2.26 分(部分公布)	介于"普遍公布"与"部分公布"之间,偏向于"部分公布"
第十条第四款:对在禁止吸烟场所吸烟的,场所工作人员应当要求其熄灭或停止使用烟草制品	是否会劝阻	2.02 分(部分会劝阻)	介于"普遍会"与"部分会"之间,偏向于"部分会"
第十三条:烟草制品销售者应当在其售烟场所的明显位置设置吸烟有害健康和禁止向未成年人出售烟草制品的标识	是否设置吸烟有害健康的标识	2.44 分(部分设置)	介于"普遍设置"与"部分设置"之间,偏向于"部分设置"
	是否设置禁止向未成年人出售烟草制品的标识	2.40 分(部分设置)	
第十三条:烟草制品销售者不得向未成年人出售烟草制品	是否有向未成年人出售烟草制品的现象	18.4%的受访者观察到有向未成年人出售烟草制品的现象	存在违反条例的情形
第十四条:中小学校、青少年宫出入口路程距离五十米范围内不得销售烟草制品	是否有销售烟草制品	21.45%的受访者观察到有销售烟草制品	存在违反条例的情形
第三十六条:在禁止吸烟场所吸烟的,处五十元罚款并当场收缴;拒不改正的,处二百元罚款;有阻碍执法等情形的,处五百元罚款	是否听说过有人因在禁止吸烟场所吸烟而受到处罚	56.11%的受访者未听说过因此受罚	说明处罚措施落实一般或宣传不到位

(四)市民对控烟状况的总体满意度和知晓度

1. 市民对深圳控烟状况总体满意

在对深圳控制吸烟状况的总体满意度评价上,超 8 成的受访者表示"满意",近 2 成的受访者表示"不满意"(见图 16)。

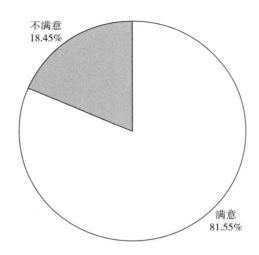

不满意
18.45%

满意
81.55%

图16 受访者对深圳控制吸烟状况的总体满意度评价情况

交叉分析结果发现，本人是否吸烟在对深圳控制吸烟状况总体满意度方面呈现显著性差异（chi＝22.232，p＝0.000<0.01）。吸烟的受访者选择"满意"的占比为88.15%，明显高于"不吸烟"的受访者选择占比（80.64%）。

在表示"不满意"的1034名受访者中，对深圳控烟状况不满意的原因排在第一位的是处罚措施未能落实到位，这与前述仅有不到一半的人听说过因在禁止吸烟场所吸烟而受到处罚的情况基本一致；对深圳控烟不满意的原因排在第二位的是未成年人接触烟草很容易，这与市民观察到有向未成年人出售烟草制品的现象基本吻合（见图17）。

2.《控烟条例》知晓度有待提高

尽管几乎每年在无烟日前后都有关于《控烟条例》的相关宣传，但依然有近4成的人表示没有听说过《控烟条例》（见图18）。

不同性别的受访者在是否听说过《控烟条例》方面呈现显著性差异（chi＝40.348，p＝0.000<0.01）。男性听说过《控烟条例》的占比（66.81%）明显高于女性（58.43%）；本人是否吸烟与是否听说过呈现显著性差异（chi＝30.580，p＝0.000<0.01）。本人吸烟的受访者听说过《控烟条例》的占比（71.56%）明显高于不吸烟的受访者（60.53%）。这可以说明，相对来说，吸烟的受访者因该

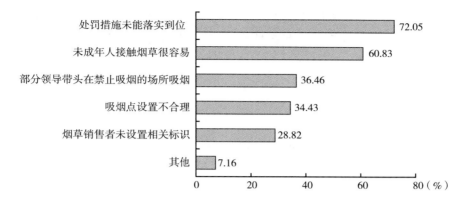

图 17　受访者对深圳控制吸烟状况不满意的原因

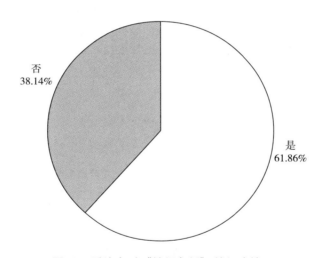

图 18　受访者对《控烟条例》的知晓情况

条例与自身关系紧密，更关注该条例，但也说明女性和不吸烟的受访者对《控烟条例》了解有限，难以用法律武器保护自身权益。

　　不同的工作或学习场所的受访者在是否听说过《控烟条例》方面呈现显著性差异（chi＝28.299，p＝0.001<0.01）。工作或学习场所在车站、机场、码头等公共场所的受访者（74.65%）、工作或学习场所在批发市场/农贸市场的受访者（69.84%）选择听说过的占比，均明显高于其平均水平（61.86%）。而在学校、建筑工地的受访者选择没听说过的占比分别为

43.46%和42.31%，明显高于其平均水平（38.14%）（见图19）。这说明可以进一步在学生中宣传《控烟条例》，让学生从小远离烟草，并在劝阻成人吸烟方面发挥作用。

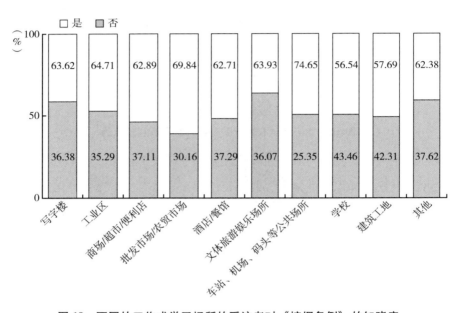

图19　不同的工作或学习场所的受访者对《控烟条例》的知晓度

三　展望与建议

　　尽管调查显示，超8成的受访者对深圳控烟状况的总体情况表示"满意"，但从调查的具体问题反馈以及日常走访情况看，深圳控制吸烟的一些具体方面还有待改进。例如，部分场所控烟执行力度不足，未成年人吸烟以及面向未成年人销售烟草的情况依然有发生，特别是在新冠肺炎疫情发生以来，不少市民反映有人在排队进行核酸检测时摘下口罩吸烟。尽管深圳控烟办连续7年的评估报告显示，控烟各方面情况在逐年向好。但深圳在粤港澳大湾区和先行示范区"双区"驱动的要求下、在与国际接轨的背景下，应进一步加大控烟力度，实现无烟城市的目标。展望未来，对深圳在控制吸烟方面有如下改进建议。

一是以"列举+概括"的方式进一步明确"公共场所"的界定，便于市民识别并遵守。尽管《控烟条例》提出了若干室内外禁烟的公共场所，但由于使用了法律术语，与普通市民的认知不同，有一定识别难度。本报告建议可以通过修改条例，或是出台实施细则，通过"列举+概括"的模式，对公共场所进行一个更明确的范围界定。[1] 例如，将"公共交通运输站楼行人出入口外侧五米范围内以及公共交通工具室外站台和等候队伍所在区域"明确列举为"公交车、出租车、地铁、渡轮等公共交通工具内及其售票室、等候室、出入口及站台""市民等候排队的队伍"等。由此明确公共场所的具体范围，引导市民在特定场所禁烟，并强化场所管理者的责任。

二是利用科技手段加大执法监督力度。充分利用公共场所监控录像等设施，引入烟雾探测仪器、执法记录仪等取证工具，有效解决控烟执法取证难的问题。加大对控烟执行不利的重点公共场所的执法力度，处罚曝光落实到位。加强对禁止吸烟场所经营者和管理者的监督管理，严格落实管理责任，鼓励控烟场所管理和服务人员勇于制止吸烟行为。

三是严格落实未成年人控烟。做好学校禁烟宣传，帮助学生树立正确的价值观，严格管控未成年人吸烟。严禁学校周边小卖部向未成年人售卖烟草制品（包含电子烟），组织学生志愿者队伍在学校周边小卖部进行明察暗访。严控教师的吸烟行为。

四是多角度强化控烟宣传。进一步加大《控烟条例》的宣传力度，提高市民，特别是女性、未成年人、不吸烟者对《控烟条例》的知晓度，使其用法律的武器维护自身权益。加大对"随手拍"举报窗口的宣传力度，让更多市民使用"随手拍"反馈身边的违规吸烟现象，特别是加强对因违反《控烟条例》而受到处罚的事例的宣传报道，让更多烟民引以为戒。

---

[1] 胡孔笛：《浅谈公共场所控制吸烟的法律问题》，《法制与社会》2015年第10期。

B.18
行业协会反垄断合规问题研究

高景贺　刘国梁　蔡倩滢*

摘　要： 2021年深圳市某协会实施垄断一案引发社会聚焦行业协会反垄断
合规问题。行业协会作为行业和会员共同利益的代表，具有实施
限制竞争行为的天然倾向和内在冲动。近年来，随着反垄断案件
的日渐增多，行业协会自然成为反垄断执法机构重点关注的对象。
本报告通过分析行业协会发生垄断的原因，从政府监管与行业协
会两个不同的视角探讨行业协会反垄断合规建设问题，提出行业
协会反垄断合规建设应从被动应对走向主动作为，实现"制止垄
断"与"预防垄断"的二元平衡。

关键词： 行业协会　反垄断　合规建设

　　2020年中国反垄断合规制度建设步入了快车道[1]，2021年则是中国强化
反垄断的元年，中国反垄断领域迈向持续性和常态化治理阶段[2]。行业协会与
竞争行为关系密切，我国很早就有学者研究行业协会在鼓励和限制竞争行为
中的反垄断尺度问题。[3] 近年来，行业协会在涉诉案件逐年增多[4]的同时，

　＊　高景贺，北京中银（深圳）律师事务所高级合伙人，主要研究方向为知识产权、竞争与反
　　　垄断；刘国梁，深圳市律师协会社会组织法律专业委员会主任，主要研究方向为公司与社
　　　会组织法；蔡倩滢，北京中银（深圳）律师事务所律师助理。
　①　原洁、张国栋：《企业反垄断合规制度应该包括哪些内容》，《法人》2020年第11期。
　②　王先林：《迈向持续性和常态化的中国反垄断》，《中国价格监管与反垄断》2022年第3期。
　③　孟雁北：《反垄断法视野中的行业协会》，《云南大学学报》（法学版）2004年第3期。
　④　通过"行业协会"＋"反垄断法"关键词在中国裁判文书网进行检索，2013～2020年裁判
　　　的文书数量分别为1份、5份、13份、19份、16份、28份、33份、43份。

也成为反垄断执法机构关注的重点对象①。其中，2021 年 4 月 15 日国务院办公厅督查室通报的深圳市某协会实施垄断一案影响较大。

一　深圳市某协会实施垄断一案基本情况

2012 年，由于砂石渣土运输车辆恶性交通事故频发，广大市民生命安全受到极大威胁，深圳各界关于加强砂石渣土运输车辆管理的呼声很高。对此，深圳市港航和货运交通管理局印发文件规定砂石渣土运输车辆运输企业应在本市注册法人资格，且拥有不低于 400 吨核载量的资质管理，还要求在深圳市营运的砂石渣土运输车辆须悬挂"档案号牌"、驾驶员须持有"备案合格证"。相关规定出台后，砂石渣土运输车辆交通事故确实大幅减少，10 年来基本没有再发生恶性交通事故。但该规定在具体实施过程中逐渐演化出行业协会垄断的问题。

2021 年 4 月 15 日，国务院办公厅督查室通报深圳市有关部门和单位涉嫌违法设置砂石渣土运输市场准入条件、违法增设砂石渣土运输车辆营运行政许可。深圳市某协会利用行政委托事项违规收费，强制企业入会并收取会费，以自律名义搞行业垄断，严重破坏公平竞争的市场环境。针对这次事件，深圳市交通运输局于 2021 年 5 月督促该协会将违规所收费用全部予以清退。深圳市民政部门责令该协会停止强制入会行为，并在 2021 年 12 月依法发出《行政处罚决定书》，作出撤销深圳市某协会登记的行政处罚。在本案中，深圳市某协会以对六轴砂石车企业进行行业自律管理名义搞砂石运输垄断，导致部分企业无法进入当地砂石运输市场，严重破坏了公平竞争机制。此外，该案还涉及主管部门转嫁管理成本、委托管理程序不规范、对行业监管不严格、管理错位缺位，行业协会自身管理混乱等问题。

---

① 顾正平、孙思慧、吴桂慈：《2018 年中国反垄断执法回顾——调查处罚篇》，《精细与专用化学品》2019 年第 5 期。

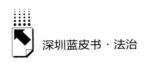

二 行业协会限制竞争常见类型

我国行业协会门类较多，由行业协会实施的限制竞争行为也形式多样。行使自治权的限制竞争行为，如浙江省某协会利用评比活动收取参评费案①；行使行政授权的限制竞争行为，如陕西省某协会变相强制入会并收取会费案②；受委托行使行政权力的限制竞争行为，如云南省某中心强制收费案③；行业协会成员利用协会权力实施的限制竞争行为，如在深圳市砂石渣土运输车辆案中，深圳市某协会接受政府委托承担"档案号牌""备案合格证"核发工作的同时，利用此机会向砂石渣土运输车辆运输企业及驾驶员违规收费。总之，行业协会限制竞争行为的类型主要包括滥用自治权（最为常见）、信息交换促成共谋、滥用标准认证权限、滥用市场许可权等。④ 其中，滥用自治权的限制竞争行为既包括固定价格、联合抵制等横向垄断协议，也包括限制转售价格、附加不合理交易条件等纵向垄断协议。所谓信息交换促成共谋是指，广泛的信息交换容易促使成员达成各种实际的或隐藏的协议，行业协会超越应发挥的作用，制订公开竞争计划，与签订限制竞争协议无实质性区别。⑤ 实践中，个别行业协会以认证标准为幌子，通过设立认证障碍或非必要的技术指标来阻止有竞争力的产品进入市场，从而排除、限制市场上的自由竞争。行业协会作为第三部门，系国家管制权力重要的分权者，行业协会不得滥用市场准入许可权，实

---

① 2019年4月19~22日，浙江省某协会在杭州举办某博览会，其间评审某奖项，奖项设金银铜奖，收取参评费15.24万元。
② 陕西省某协会要求企业在办理陕西省某器具注册登记证时，必须在向其提交资料、交纳会费后，才能申请该证书并在协会网站公告。2019年1月1日至2020年12月31日，该协会共收取会员费117.9万元。
③ 云南省某中心要求某平台的用户使用电子认证证书和密钥登录平台，不进行电子认证不能登录平台，并向企业和个人收取CA数字证书服务（电子认证服务）费用，2019~2020年共计违规收取1024.95万元。
④ 姜发根：《行业协会限制竞争行为的反垄断法规制》，《学术界》2013年第5期。
⑤ America Column&Lumber Co. v. United States，257 U. S. 377（1921）.

施限制竞争的行为，政府对产业的支持也不是行业协会获得反垄断豁免的理由①。

近年来，行业协会一直是我国反垄断执法机构重点关注的对象，在过去5年时间里，我国查处了多家行业协会的垄断行为（见表1）。

表1　2017～2021年被查处的行业协会及其实施的垄断行为

年份	被查处的行业协会	具体实施的垄断行为	处罚结果
2017	河池市某协会	组织达成自律协议分割区域内摩托车交强险业务的销售市场	协会被罚10万元；9家会员被罚47万元
	杭州市某协会	组织本行业经营者达成统一上调卷筒白板纸价格的垄断协议	协会被撤销登记；17家会员被罚778万元
	北京市某协会	组织会员单位通过会议、邮件和自律文件等方式，就物业服务评估监理业务的收费价格形成一致意见	协会被罚35万元；48家会员被罚219万元
	山西省某协会	组织23家企业达成并实施直供电价格垄断协议	协会被罚50万元；23家会员被罚7288万元
	黔东南州某协会	采取共同联营模式，统一承包车辆管理费用收费标准的行为	3家协会分别被罚30万元、15万元、5万元；15家会员被罚约144万元
	凯里市某协会		
	凯里经济开发区某协会		
	中国某协会	将某科技有限公司运营的某支付平台作为其指定的唯一的考试报名费用收取平台，使得考生必须与某支付平台之间形成资金支付和结算的关系	协会承诺整改
2018	北京市某协会	带头制定包含北京市预拌混凝土销售价格的相关行业自律文件，组织以会员单位为主的混凝土生产企业共同制定统一执行的自律文件	协会被罚50万元

---

① 张江莉：《我国转型时期行业协会的反垄断法规制》，《法商研究》2008年第5期。

续表

年份	被查处的行业协会	具体实施的垄断行为	处罚结果
2018	北海市某协会	多次组织具有竞争关系的多家驾培机构,商议 C1 驾培费用的涨价事宜,并达成价格垄断协议	协会被罚 25 万元;11 家会员被罚 34 万元
	武汉市某协会	构成价格串通的价格垄断行为,在物价部门公布的安全检查和环检费用为 160 元/辆时,另外三项费用,如拓印费、信息采集传递费,按照每辆 210 元的标准收取检查费	协会被撤销登记
	中山市某协会	出台行业自律规范,通过实行瓶装气市场分割、强化对燃气企业、瓶装气供应站的监管,排除、限制企业之间的市场竞争,以及强制燃气经营企业和瓶装气供应站加入行业协会、收取违约保证金等方式保障实施的内容	协会被罚 15 万元
	银川市某协会	组织 10 多家燃气销售企业召开会议,约定车用天然气价格统一涨价且不得随意涨价或降价	协会被罚 10 万元
2019	菏泽市某协会	组织会员单位联合签订《2018 年春季车展承诺书》,使得会员单位达成近期不再参加其他车展的协同行为	协会被罚 30 万元
	赤峰市巴林左旗某商会	组织领导制定了限制商会会员交易对象和供货商交易价格的《采购合同》	协会被罚 20 万元
2020	惠州市某协会	多次召集会员单位开会,在会议上针对涨价事宜进行交流讨论,同时在微信工作群内亦多次讨论涨价标准,组织会员单位达成并实施同意调整价格的垄断协议行为	协会被罚 40 万元;25 家会员被罚 137 万元;6 家会员因 2019 年未营业免罚
	石嘴山市某协会	组织达成并实施固定二手车交易服务和评估服务价格、开展联合经营平均分配利润的垄断协议	11 家会员被罚 133 万元
	上海市某协会	当事人水上分会通过召集会议、发布通知、起草制定文件等方式组织游船经营人达成了"经典游""特色游"客船游览服务价格协议	协会被罚 20 万元;10 家会员被罚 161 万元

续表

年份	被查处的行业协会	具体实施的垄断行为	处罚结果
2020	海南省某协会	制定了行业标准价格,并要求相关会员单位遵照执行	协会被罚40万元;21家会员被罚908万元
	亳州市某协会	与7家单位联合印发工作方案,确定2家保险机构为全市安全生产责任保险承保人,并固定统一全市安全生产责任保险保费价格	协会被罚20万元
	嘉兴市某协会	组织9家二手车交易市场企业达成并实施了固定二手车交易服务价格的垄断协议	协会被罚30万元;8家会员被罚411万元;1家会员第一个自首免罚
	四川省某协会	组织推动在市场占有率高、下游用户集中的区域内推涨散装水泥价格,达成并统一实施散装水泥涨价时间、调价幅度的垄断协议	协会被罚50万元;5家会员被罚5931万元;1家会员第一个自首免罚
2021	深圳市某协会	利用行政委托事项违规收费,强制企业入会并收取会费,以自律名义搞行业垄断	协会被撤销登记
	丰城市某协会	协议达成了共同固定商品价格、限制商品生产数量、分割市场、联合抵制交易等《反垄断法》禁止的垄断协议	罚50万元;建议依法撤销其社会团体法人登记

资料来源:根据国家市场监督管理总局官网、反垄断局官网、深圳市民政局官网等的信息自行统计。

三　行业协会陷入垄断的原因

行业协会陷入垄断困境,主要有行业协会自身问题和政府监管问题两方面的原因。具体而言,在行业协会层面,企业陷入垄断困境往往是由于行业协会本身的固有特性,加之行业协会缺乏反垄断合规意识以及内部自治管理存在缺陷。另外,在政府监管方面,的确存在监管错位缺位的问题。

(一)行业协会天然的垄断倾向

行业协会是介于政府与企业之间的"第三部门",具有政府主导性、阶段过渡性的特点，其在服务企业发展、优化资源配置、加强行业自律、创新社会治理、履行社会责任等方面发挥着重要作用[1]。但行业协会也是行业利益和会员共同利益的代表[2]，行业协会限制竞争的负面功能与其性质紧密相连[3]，行业协会先天具有反垄断的"爆发力"[4]，其行动自然地与会员紧密相连，而内在暗含着更大的限制竞争的可能性[5]，如监管不力行业协会将成为限制竞争行为的天然议事场所[6]，甚至还可能成为实施垄断行为的"推手"[7]，出现诸如固定价格、限制数量、划分市场、联合抵制等行为。"同业者往往很少聚在一起，但他们一旦聚在一起，其结果就是商讨对付公众的合谋，或者是某种提高价格的计谋"[8]，正是由于"共谋能力"的存在，行业协会才具备了强大的反竞争能力，而行业协会也因此进入了反垄断的视野，并必然需接受反垄断法的监管。

（二）行业协会自身缺乏反垄断合规意识

行业协会的垄断行为常常与其自身的自治权联系在一起，其在实践中的表现更为隐蔽。很多时候，行业协会在履行职能和行使权力时并没有意识到自己已经触犯了垄断法的警戒线。[9]浙江省台州市椒江区市场监督管理局对其辖区内的骨干企业进行了调查，发现其自身存在着一套不健全的管理体系，80%以上的企业没有一个竞争合规的管理机构或负责部门，没有进行一次竞争合规培训，甚至一些曾经被举报存在垄断行为的企业也没有将

---

① 傅琦：《反垄断法视野下我国行业协会限制竞争行为的规制》，《中国价格监管与反垄断》2016 年第 9 期。
② 孙炜：《日本行业协会立法发展演进过程及其借鉴》，《价格理论与实践》2021 年第 5 期。
③ 徐士英：《行业协会限制竞争行为的法律调整——解读〈反垄断法〉对行业协会的规制》，《法学》2007 年第 12 期。
④ 苏永钦：《经济法的挑战》，台湾五南图书出版公司，1985。
⑤ 孟雁北：《反垄断法视野中的行业协会》，《云南大学学报》（法学版）2004 年第 3 期。
⑥ 梁上上：《论行业协会的反竞争行为》，《法学研究》1998 年第 4 期。
⑦ 刘黄娟：《建材行业垄断行为特点及其反垄断规制研究》，《中国物价》2021 年第 5 期。
⑧ 〔英〕亚当·斯密：《国富论》，罗卫东选译，浙江大学出版社，2018。
⑨ 丁茂中：《我国〈反垄断法〉的修订路径》，《法学》2020 年第 5 期。

管理落到实处。[①] 在深圳市某协会实施垄断一案中，行业协会没有意识到行政委托事项的违法性，没有对行政委托事项严加审查。砂石渣土运输车辆企业根据《关于泥头车安全治理专项整治工作的实施方案》加入了深圳市某协会砂石车专业委员会，进而利用该委员会资质审核的便利条件，设计出由其10家已入围企业投票决定是否同意新增砂石车企业的方法，最终达到利用行业协会的外衣实施垄断行为的目的。行业协会欠缺反垄断的合规意识，没有对决策方案进行必要的合规审查，最终加速了垄断行为的出现。

（三）行业协会自治经验不足、内部管理混乱

行业协会自治经验不足、内部管理混乱，难以适应新的机遇和挑战。国务院办公厅督查室在深圳市某协会实施垄断一案的督查中还发现，该协会自身管理极为混乱，存在法人代表严重失职、财务账目不清、内部监督形同虚设等突出问题。这些问题的暴露反映了行业协会在管理上的缺陷。

另外，行业协会内部管理的不规范也会使一些成员借机实施行业垄断。社会资本并不能直接影响行业协会的发展，但是它却对行业协会的经营模式和发展方向产生了重大的影响。通常而言，实力雄厚的企业为协会的成立、运作及发展提供强有力的财政及社会支持，因此这些企业在协会的发展方向上有一定的话语权，而一般的公司大多是为了获取公共资源、提升其在行业内的影响力，对协会的管理并没有太多的热情。正是因为实力不同的企业的目标以及对协会的参与程度不同，造成了协会内部的阶层分化。由此，在深圳市某协会以行业自律名义搞砂石运输垄断过程中会出现常务副会长和砂石车专业委员会主任名下的企业拥有270辆砂石渣土运输车辆（占33.8%）的情况，可见行业协会的垄断行为往往是由于强势成员滥用了行业协会的权力和影响力，尤其是很多行业协会都是发起人或负责人一个人说了算。虽然机构设有理事会、监事会，但往往沦为摆设，起不到应有的监督与约束、制

[①] 胡牧：《找准力点打造企业竞争合规拿出标准样本辅导区域实践》，《中国价格监管与反垄断》2021年第12期。

衡作用。这一普遍存在的问题，导致行业协会在重大决策时缺少民主氛围，在出台相关措施时被个别企业利用。

（四）政府基于公共利益将行政职权转移给行业协会

随着简政放权、转变政府职能工作的深入开展，行业协会逐渐成为承接政府职能的重要主体之一。由于信息不对称、治理效率低等，政府对行业的治理存在一定的局限性，因此政府在解决涉及公共利益的事件时，往往会过多借助行业协会的力量。具体而言，政府可能基于公共利益的目的通过授权或默许的方式让行业协会参与社会行业的治理。然而，我国行业协会承接政府职能的实践和研究正处于起步阶段，改革实践的过程伴随诸多问题。就如前文提到的，行业协会有着天然的垄断倾向，行业协会本身作为利益集团，是为了追求自身利益而非参与治理才组建的。政府向行业协会下放公共服务职能后，若无后续的监管程序，行业协会极容易出现一些不当的管理行为，从而侵犯部分群体的正当利益。

（五）政府监管错位缺位

政府面临行业协会合规性监管体制不完善和经验不充足的现状[①]，常常出现监管错位或者缺位。在深圳市某协会实施垄断一案中，政府对行业协会监管的错位表现：深圳市某协会以受托办理"档案号牌""备案合格证"的名义违规收取砂石渣土运输车辆运输企业及驾驶员的费用，深圳市交通部门和深圳市砂石渣土运输车辆整治办没有进行实时的、动态的监管。在深圳市某协会实施垄断一案中，政府对行业协会监管的缺位表现：第一，深圳市有关部门和单位将行政职权转移给深圳市某协会时，没有明确界定其职权的范围，对其行使职权的手段没有明确限定；第二，在职权转移以后，没有进行配套的跟踪监管；第三，当行业中已经出现收费乱象时，委托职权的相关部

---

① 郁建兴等：《后双重管理体制时代的行业协会商会发展》，《浙江社会科学》2013 年第 12 期。

门没有及时采取行动制止不良影响的进一步扩大。在此情况下，行业协会利用政府的委托事项制定有违市场公平竞争的规则，搞行业垄断、破坏市场公平竞争秩序。政府监管的错位缺位使行业协会限制竞争行为有了可乘之机。

总之，自治经验缺乏、规范指引不足、双重管理掣肘，都可以诱发行业协会过分追逐行业利益或会员利益而产生限制竞争行为。行业协会内部必要的管理水平较低必然会在一定程度上影响合规管理的规范性，因此行业协会亟须在政府的扶持和监督下建立一套运转协调的行业协会反垄断合规机制。

四　政府视野下行业协会反垄断合规优化路径

行业协会的合规建设，首先要明确行业协会与政府机关各自扮演的角色。作为监管者的政府应当完善监管体制，并为行业协会探索科学的运作模式。

（一）厘清政府机关与行业协会的职能边界

政府应当通过立法明确和细化行业协会的职能定位，加快行业的自治化过程。在深圳市某协会实施垄断一案中，正是深圳市有关部门和单位将应当履行对六轴砂石车企业的行业监管职责以行业自律名义推给协会，没有厘清政府行政机关与行业协会的职能边界，导致行业协会出现行业垄断。国家发展改革委等 10 个部委联合发布的《关于全面推开行业协会商会与行政机关脱钩改革的实施意见》[①]，要求健全专业化、协同化、社会化的监督管理体制，健全政府的综合性监督体制，强化事中、事后监督，实行"谁主管谁负责"的原则。各级行业主管部门要按照各自的职责，在政策、业务上给予指导，并承担相应的监督职责。该意见还建议要加强诚信体系建设，强化社会监督，构建协会商会与政府之间的信用信息互联互通，促进行业自律与执法

---

① 《关于全面推开行业协会商会与行政机关脱钩改革的实施意见》由国家发展改革委、民政部、中央组织部、中央编办、中央和国家机关工委、外交部、财政部、人力资源和社会保障部、国资委、国管局联合发布。

之间的良性互动。深圳市有关政府部门应当明确自身定位，在反垄断合规建设过程中更多的应该是扮演监管者的角色，做好监管工作，营造良好的营商环境，但也不应过分干预、扰乱行业协会正常的运作秩序。

（二）完善政府监管体制，建立联动机制，协同监管、规范运作

1. 加强事前、事中、事后全过程监管

目前，我国对行业协会垄断行为的规制主要是在事中、事后的反垄断执法，但在事前的预防上略有不足。本报告认为，政府应当注重事前引导、拓展监督范围，积极开展政策培训和反垄断指导，推进监管关口前移①，提升执法成效。行业协会承接政府职能之前，有关部门引导行业协会积极参与社会组织等级评估，评估等级较高的可以优先承接政府职能。如通过不断更新深圳市具备承接政府转移职能和购买服务资质的市级社会组织目录，严格审查和限定政府转移职能的对象范围。同时，政府应当加强与各行业协会的沟通联络，为行业协会提供反垄断培训等公共服务。通过专题培训、现场指导等形式向行业协会进行法制宣传，积极引导各行业协会增强自律意识。至于事中监管，政府将相应职能转移给行业协会后，应当确保其是否在权力范围内行使职权，对行业协会作出的相关会议决议、办法等进行必要的审查，防止行业协会成员为谋取自身利益利用政府授予行业协会的权力实施破坏市场竞争秩序的行为。对于行业协会在行使职权中出现的任何形式的垄断行为，政府都应当及时约谈限期改正，对违法行为进行严格的处罚并及时向社会公开。对于事后监管，当在行业协会完成了一个阶段的任务后，转移职能的政府部门应当针对行业协会承接任务的完成情况，包括对行使权力的方式是否规范、财务往来是否正常等进行审计和评估。总而言之，政府要注重事前引导、事中惩处、事后审核，不断提升监管效能，强化与行业协会、企业之间的联系。

---

① 綦书纬、赵跃程：《完善行业协会反垄断规制的思考与建议》，《中国市场监管研究》2021年第8期。

2. 通过日常的反垄断专项排查工作加大政府的监管力度

针对这次某协会垄断事件，深圳市开展了针对行业协会违规收费搞行业垄断等问题的专项整治工作。在《深圳市民政局关于开展行业协会违规收费搞行业垄断等问题专项排查整治工作的通知》里，就专门将《行业协会违规收费搞行业垄断等问题自查自纠表》作为附件，其中有针对性地提出此次事件发现的具体问题。比如是否利用法定职责和行政机关委托、授权事项向市场主体违规收取费用；是否组织本行业的经营者达成垄断协议，从事垄断行为，排斥、限制市场竞争；等等。由此，政府其实可以在这种自查自纠形式的基础上，拓宽自查内容的范围、细化自查内容，使之适用日常的反垄断排查工作，以此规范行业协会的日常运作。事后的监管固然重要，但做好事前监管才更有利于行业协会的规范运作以及社会经济秩序的稳定。因此，本报告建议政府还应当根据《社会组织抽查暂行办法》重点提高和扩大对行业协会的抽查频度和范围。

3. 出台行业协会运营的相关指导性文件，探索科学的运作模式

目前，深圳市对于行业协会应当如何规范运作、如何做好反垄断合规管理的问题尚未出台具有针对性的指导性文件，但是政府可以选择、吸收、利用我国目前已出台的指导性文件中有相关借鉴意义的部分内容。比如，为规范工业和信息化领域行业协会商会、工业和信息化部直属单位合规性审查工作，指导行业协会商会和部直属单位依法开展活动、规范发展，工业和信息化部印发了《工业和信息化部办公厅关于规范行业协会商会和部直属单位合规性审查工作的通知》。该文件要求行业协会商会依法开展活动、加强合规管理、遵守有关合规要求。[1] 深圳市出台了《深圳经济特区行业协会条例》《深圳行业协会运营规范》，对行业协会内部治理、信息公开进行了详细的规定。除此以外，深圳市颁布了《深圳市社会组织财务管理指引（试行）》《深圳市行业协会法人治理指引》等行业协会管理指引文件。接下

---

① 《工业和信息化部办公厅关于规范行业协会商会和部直属单位合规性审查工作的通知》，工业和信息化部网站，2017 年 8 月 17 日，https://www.miit.gov.cn/jgsj/zfs/wjfb/art/2020/art_c2ce5a79e36c46648e366342bced9b0f.html。

来，政府可以针对反垄断合规管理进一步梳理总结，结合行业协会的特点进行反垄断合规指引。工作指引虽然法律层阶较低，但在实践中非常实用，也方便指导行业协会的具体工作。

4. 规范行业协会财务管理，推动行业协会信息公示的规范化

深圳市政府应依据《深圳市社会组织财务管理指引（试行）》，严格对行业协会账目进行第三方审计和监督，确保财务信息真实、完整，落实奖惩措施，不断优化政府监管体制。在行业协会的收费方面，政府要加强对行业协会收费及价格行为的监督检查并依法查处行业协会违法违规收费行为。具体而言，民政、财政、审计等部门要按职责分工，切实加大对行业协会收费的监管力度。根据《民政部 国家发展改革委 监察部 财政部 国家税务总局 国务院纠风办关于规范社会团体收费行为有关问题的通知》和《国家发改委、民政部、财政部、国资委关于进一步规范行业协会商会收费管理的意见》等文件的指导，严格规范行业协会的收费行为，保证各类收费均遵循自愿、公平、公开的原则，杜绝垄断性收费。为推动社会组织监管制度的改革、规范不良行为、规范失信行为、增强诚信自律、增强信用约束、增强社会监督等，2016 年 9 月深圳市民政局出台了《深圳市社会组织活动异常名录管理办法》（以下简称《办法》）。《办法》第七条规定，社会组织如果存在"未按规定报送年度报告或参加年度检查的"，"未按规定公示年度报告或其他应公示信息的"，"公示信息隐瞒真实情况、弄虚作假的"以及"法律、法规规定应当载入活动异常名录的其他情形"等，深圳市民政局应当将该社会组织载入活动异常名录。[①] 载入活动异常名录意味着行业协会在资金扶持、等级评估、授予荣誉称号等方面都会受到限制，该办法有利于行业协会信息公开化、透明化、真实化，增强行业协会的公信力。相关政府部门应当将活动异常名录管理制度切实应用于对行业协会的监督工作中，让该制度实实在在地发挥作用。

---

① 《深圳市民政局关于印发〈深圳市社会组织活动异常名录管理办法〉的通知》，深圳市民政局网站，2016 年 9 月 20 日，http://mzj.sz.gov.cn/cn/xxgk_mz/ysxwj/content/post_2915279.html。

（三）加强反垄断普法，增强行业协会反垄断合规意识

主要着眼于《反垄断法》《社会团体登记管理条例》《行业协会价格行为指南》《深圳市行业协会法人治理指引》《广东省行业协会章程示范文本》等的学习和贯彻，大力宣传和执行有关反垄断的法律法规，努力营造公平、一流的营商环境，助力深圳经济特区行业协会的可持续健康发展。在宣传上，政府应当充分利用各种媒体渠道，通过电视广播、微信公众号、微博等平台广泛宣传行业协会的垄断风险。为拓展《反垄断法》和竞争政策普及的深度和广度，提高执法工作的透明度。本报告认为，反垄断执法机构应加大宣传教育力度，开设竞争讲座或制定竞争合规指引文件，以案释法，使行业协会从业人员及其会员单位明确自由竞争、公平竞争与限制竞争行为之间的界限，增强其在日常经营活动中自觉遵守《反垄断法》以及相关反垄断规则的意识，从而促进市场有序健康发展。

五　行业协会反垄断合规管理的路径

作为实际执行者的行业协会需增强自身合规意识、健全内部反垄断合规管理机制。通过立法、建立规章、发布指引文件等强制性的监管和鼓励，引导行业协会建立合规管理制度，关键在于行业协会真正将其落实到行动中。解决行业协会内部管理问题是防范风险的关键所在。

（一）强化理事会、监事会对反垄断合规管理的责任

行业协会属于社会团体的一种类型。社会团体的组织架构通常包括会员代表大会、理事会、监事会、秘书处，会员代表大会闭会期间主要由理事会负责决策，由秘书处负责执行。从表面上看，行业协会是实施垄断行为的主体，但实际上行业协会理事会和秘书处的工作人员是垄断行为的具体决策者和实施者。反垄断合规的理念和行动纲领主要由直接负责的管理人员制定，实施效果由管理人员检验。因此，要增强行业协会反垄断合规意识，归根结

底是要提升理事会及秘书处的工作人员对反垄断合规管理的认识。当然，仅强调认识还不够，更应当强化理事会的反垄断合规管理责任。对于理事会作出的决策违反法律或章程规定的，还应当倒查参与决策人员的相关责任。另外，监事会也应当加强反垄断合规的学习意识并切实承担对理事会的监督职责，为行业协会的反垄断合规运作保驾护航。

（二）制定行业协会内部的反垄断合规制度

《反垄断法》更多是作为一种风险防范措施存在，是对风险进行有效防范的重要手段。一部高效的《反垄断法》可以使公司和雇员避免风险可能产生的负面影响，同时也可以为他们带来各种可能的利益。建立反垄断合规制度必须具有理论上的合理性及实践中的可操作性，这就要求行业协会必须以识别法律风险—评估法律风险—控制法律风险为主线，紧盯"制定反垄断合规制度作出合规承诺、任命合规官开展内部培训识别法律风险、聘请合规顾问评估法律风险、开展内部审计向高层或者执法机构报告控制法律风险"四大环节①。

近年来，全国多个省（市）都制定发布了行业协会反垄断合规指引文件。② 这些指引文件都针对行业协会应当如何避免落入行业垄断的"泥潭"这一问题提出了较为具体的行为指南。比如，行业协会在组织、协调行业内的主体开展经营活动的过程中，需要防范出现聚集讨论商品价格等敏感商业信息的现象；行业协会在制定的章程、决议以及有关行业标准中，应避免出现以各种冠冕堂皇的名义实施固定商品价格、划分市场、抵制交易对象等排除、限制竞争的内容。在行业协会内部同样可以按照以上这些文件进行更为详尽的规定和引导，具体而言，行业协会在制定反垄断合规指引文件的过程中可以针对自身实际情况，从实际出发制定出全面、有针对性、可操作性较强的反垄断合规指引文件，并以此来规范行业协会相关人员、

---

① 喻玲：《企业反垄断合规制度的建立路径》，《社会科学》2015 年第 5 期。
② 2020 年 4 月，山东省市场监督管理局发布《山东省行业协会反垄断合规指引》，2021 年贵州省市场监管局发布《贵州省行业协会和经营者反垄断合规指引》等。

部门的行为。

除此以外，推动将反行业垄断内容融入行业协会的章程也是制定合规制度的重要举措。如前文所述，行业协会是行业利益和会员共同利益的代表，内在暗含着更大的限制竞争的可能性。因此，可以旗帜鲜明地将反行业垄断内容融入行业协会的章程。不仅可以将反垄断纳入行业协会的业务范围，而且明确规定对实施垄断的会员予以纪律处分。通过制度设计使协会及会员企业产生自愿服从反垄断合规指引文件的内生性动机，通过惩戒违规行为引导行业自律，如采取通报批评、曝光除名等声誉惩罚措施。参与行业治理，增强会员合规意识，提高违规成本，引导合法竞争；消除市场壁垒，降低准入成本，制止业内垄断，维护竞争秩序。

（三）专门设立反垄断合规部门

在行业协会内设置独立的反垄断合规部门，是落实反垄断合规最直接的途径，独立的反垄断合规部门更能彰显行业协会的独立性和权威性。反垄断合规部门的人员可以由行业协会的成员构成，亦可以引入反垄断法领域的律师、专家，以此提高该部门的专业性和规范性。反垄断合规部门的职责主要包括两个方面：第一，持续关注、研究国内与行业经营关系紧密的区域反垄断法规发展趋势，并为行业提供关于制定反垄断法规的建议；第二，监督、评估行业协会的运作是否合规，对行业协会的章程、决议以及行业标准等都进行反垄断合规审查，确保行业协会发布的文件不违背法律。

（四）定期自查自纠，主动接受业务主管单位和登记机关的管理

自国务院办公厅督查室发布督查情况报告后，深圳市采取了行业协会自查自纠的方式来开展针对行业协会违规收费、搞行业垄断等问题的专项整治工作。本报告认为，行业协会应当建立相应的制度，将自查自纠纳入行业协会常态化工作。行业协会定期自查自纠不仅减轻了反垄断执法机构的工作负担，更重要的是自查自纠的整治方式在很大程度上尊重了行业协会的自治权。定期自查自纠，有利于提高行业协会对反垄断合规管理的重视程度，督

促行业协会审查自身运作过程中是否存在不合规的情况并及时调整，最大限度地减少不良影响。不仅如此，行业协会在制定涉及行业管理的重要制度前，应当广泛征求意见，同时做好信息公开，接受社会监督；重大事项积极向业务主管单位汇报，主动接受业务主管单位和登记机关的管理。

六　结论与展望：行业协会反垄断合规从被动应对走向主动作为

　　行业协会具有很强的市场影响力，其实施限制竞争的行为对行业发展的危害性比企业垄断更大，因此加强行业协会的反垄断合规管理已迫在眉睫。行业协会进行反垄断合规建设，不仅可以降低自身法律风险，还能维护市场竞争秩序，并帮助行业协会把握履行职能和行使权力的边界。由于具有事先预防和抑制垄断违法行为的功能，反垄断合规已然成为《反垄断法》实施的重要组成部分。行业协会利用被委托或者授权行使行政职权达到实施垄断行为的目的，政府一方面要实现公共利益最大化，另一方面要防范行业协会借机破坏市场竞争秩序。因此，政府应当加强事前、事中、事后的监管，行业协会则要引领会员企业建立反垄断合规制度，让行业协会反垄断合规建设从被动应对走向主动作为[①]；从公平竞争审查、反垄断合规指引、合规风险提示入手，着眼于事前介入，以"守法"为线索提高法律实施的参与度，提升法律规范的确定性，最终在《反垄断法》实施过程中实现"制止垄断"与"预防垄断"的二元平衡[②]。

[①]　王先林：《迈向持续性和常态化的中国反垄断》，《中国价格监管与反垄断》2022年第3期。
[②]　刘乃梁：《"预防垄断行为"的理论逻辑及其制度展开》，《社会科学》2020年第12期。

B.19
深圳市历史用地处置政策分析

徐海靓　王菲　钟澄*

摘　要： 深圳 40 多年的发展中产生了历史遗留的土地问题，主要体现在这些土地因为政府、原农村集体经济组织和实际使用人利益关系未理顺而无法按照当前法律的规定进行登记。为解决土地资源消耗殆尽、土地利用效率低下和土地使用结构失衡乃至影响到深圳市整个经济社会发展的全局性问题，处置历史遗留用地刻不容缓。现有的处置方式面临一些新问题和新挑战，如缺乏体系和有效协同等，因此应采取完善历史用地处置政策体系、简化处置流程和加强处置方式之间的协同联动等措施，并将现行的政策上升为立法，助力深圳破除城市发展障碍、有效盘活历史用地。

关键词： 历史用地　处置方式　城市更新　土地整备

一　深圳土地问题的历史背景

1979 年，中央批复准许建立深圳经济特区，其成为我国改革开放的重要门户，快速工业化、城市化是深圳发展的代名词。1979~2020 年，深圳市的建成区面积和城市人口都有明显且大幅度的增长，深圳市如此快速发展和城市化的巨大驱动力，即土地市场化和外来人口。[1]

---

* 徐海靓，深圳大学硕士研究生，主要研究方向为民商法学；王菲，深圳大学硕士研究生，主要研究方向为民商法学；钟澄，深圳职业技术学院副教授，主要研究方向为土地法和房地产法。

[1] 北京大学国家发展研究院综合课题组：《更新城市的市场之门——深圳市化解土地房屋历史遗留问题的经验研究》，《国际经济评论》2014 年第 3 期。

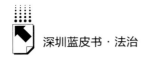

（一）特区内"统征"

1980 年 8 月，全国人民代表大会常务委员会正式公布了《广东省经济特区条例》，① 标志着深圳经济特区的正式成立，形成了曾被称为"关内"的罗湖、福田、南山、盐田（包括今天的盐田区、大鹏新区）。之后，深圳市人民政府于 1989 年出台了《深圳市人民政府关于深圳经济特区征地工作的若干规定》（深府〔1989〕7 号），该规定提出对深圳属于建成区范围内的大部分为集体所有且可被开发的可建设用地一律按照法律规定征收。1992 年 6 月，深圳市人民政府颁布了《关于深圳经济特区农村城市化的暂行规定》（深发〔1992〕12 号）（以下简称"12 号文"），12 号文明确将深圳经济特区内所有村民全部转化为居民，并对特区内全部并且未被征用的农村土地进行一次性征收进而完成全面国有化，即俗称的"统征"。其目的是加快深圳经济特区内的社会主义现代化建设步伐，将深圳市打造成一座外向型、多功能的国际化大都市。12 号文拉开了深圳经济特区范围内农村城市化的序幕。同年，宝安县撤县，划分为宝安区和龙岗区，深圳经济特区的土地征用工作也大致结束。1993 年，深圳市人民政府出台了《深圳市宝安、龙岗区规划、国土管理暂行办法》（深府〔1993〕283 号）（以下简称"283 号文"），要求对宝安区和龙岗区的土地开展统一的规划、征用、开发、出让和管理等一系列工作。但是，在操作过程中，特区外土地的大规模征用工作并没有真正开展。

（二）特区外"统转"

至 2003 年，深圳市经济社会的飞速发展直接推动了关外的宝安、龙岗两区发生了翻天覆地的变化。宝安区和龙岗区城市化进程的加快，对于实现关内外土地的统一管理，缩小深圳关内和关外的经济、社会和文

---

① 《广东省经济特区条例》，1980 年 8 月 26 日第五届全国人民代表大会常务委员会第十五次会议批准施行。

化发展水平差距产生了重大的影响。2003 年 10 月末,《中共深圳市委、深圳市人民政府关于加快宝安龙岗两区城市化进程的意见》(深发〔2003〕15 号)(以下简称"15 号文")出台,15 号文明确提出要将宝安、龙岗两区的集体土地全部转化为国家所有、村委会转化为居委会、集体经济组织转化为股份合作公司等各种加快深圳城市化步伐的举措。2004 年 6 月,深圳进入"农转非"阶段,深圳市人民政府再次颁布施行《深圳市宝安龙岗两区城市化土地管理办法》(深府〔2004〕102 号)(以下简称"102 号文"),102 号文规定宝安、龙岗两区的原农村集体经济组织成员转变为城市居民,颁发城市户口,即俗称的"统转",原农村集体经济组织的土地归国有,但原成员能得到政府给予的分批、分期的相应土地补偿。

深圳经济特区在经历"统征"和"统转"两次城市化行动,以及特区内外全面城市化之后,理论上,深圳市已经不存在传统意义上的农民和农村集体用地,深圳在国家的大力支持下摇身一变成为全国第一个无农村无农民的城市。2004 年相较于 1992 年,土地价值得到了巨大的提升,而政府给予的补偿标准相对较低,原农村集体也意识到了此变化,故原农村集体用地的实际使用人将原来属于自己的土地私下长租或卖给了私人或者企业等,原农村集体仍然掌控和使用约 400 平方千米的建设土地,这在短时间内导致了大量的抢建、扩建和加建行为,导致大部分土地在征转的时候存在历史遗留问题和权属纷争。

二　深圳历史用地的概念及分类

深圳市历史用地的概念提出和分类主要体现在各类法规政策中,比如按照《深圳市城市更新单元规划制定计划申报指引(试行)》和《深圳市城市更新土地、建筑物信息核查及历史用地处置操作规程(试行)》中的解释,分别根据"土地权属性质"和"土地权属情况"对历史用地的种类进行了划分。尽管深圳市尚未就历史用地的概念及分类等作出明确、一致的规定，但通过整理有关法规和政策可以看到，在实践中历史用地的具体分类大致为城中村红线用地、非农建设用地、征地返还用地、旧屋村用地、已按历史遗留违法建筑处理的用地、已按房地产登记历史遗留问题处理的用地及未完善征转手续的用地。

（一）城中村红线用地

1986 年 6 月，深圳市人民政府颁布施行《关于进一步加强深圳特区内农村规划工作的通知》（深府办〔1986〕411 号）（以下简称"411 号文"），411 号文明确指出要依据目前深圳特区内农村现有的实际建设情况，依据城市总体规划确定控制线，并且要求原村民建造房屋的前提是必须控制在红线区域内。411 号文颁布后不久，各个管理区就立马对该文件作出反应，与此同时对辖区内的农村房屋建设情况进行了勘察和整治，原市国土局再根据相应的情况结合城市整体建设规划的需要，划定原村民合法建设用地控制线，也就是常说的城中村"用地红线"。现如今，城中村红线用地进入土地供应市场的方式主要分为两种：一种是政府对其进行土地征收后储备为国有土地再进行划拨出让，另一种为城市更新。

（二）非农建设用地

非农建设用地的界定是相较于农用地而言的，在 283 号文中对其阐述为包括各村集体的工商用地、村民住宅用地以及农村道路、绿地、文化、市政、体育活动等公共设施用地；《深圳市原农村集体经济组织非农建设用地和征地返还用地土地使用权交易若干规定》第二条对非农建设用地进行了进一步明确解释，非农建设用地是为保证原农村集体后续的生产和经济发展所需，规划国土部门批准允许该农村集体经济组织保有和使用的土地。[①]

[①] 《深圳市原农村集体经济组织非农建设用地和征地返还用地土地使用权交易若干规定》（深府〔2011〕198 号）第二条："本规定所称非农建设用地和征地返还用地是指为 （转下页注）

根据该规定可以得知，非农建设用地可分为三类，即工商用地、居民住宅用地和公共设施用地[1]；非农建设用地进入土地供应市场的方式有转让、自主开发、合作开发、作价入股和城市更新。

（三）征地返还用地

征地返还用地，顾名思义，当政府征收了原农村集体的土地之后，为保证其后续的经济可持续发展，归还给原农村集体的建设用地。

政府征用土地，一般采用征地补偿的方式，深圳市在征用土地的时候，也采用了多种土地补偿的方式。征地补偿自特区成立至今经历了一系列的历史演变，其主要经历了四个时期，分别为征地施行货币补偿（特区成立至1988年）、明确征地返还用地政策（1989~1999年）、取消征地返还用地政策（2000~2004年）和处理征地历史遗留（2005年至今）。[2] 征地返还用地进入土地供应市场的方式与非农建设用地进入土地供应市场的方式相差无几，也是转让、自主开发、合作开发、作价入股和城市更新。

（四）旧屋村用地

依据《深圳市拆除重建类城市更新单元旧屋村范围认定办法》（深规土规〔2018〕1号）（以下简称"1号文"）第二条的规定，旧屋村是指南山、罗湖、盐田和福田四区在12号文施行之前，龙岗、宝安、光明、坪山、龙华及大鹏六区（包含新区）在283号文实施之前，正在建设或者已经形

（接上页注①）了保障原农村集体经济组织生产生活需要，促进其可持续发展，根据有关法律法规和政策规定，由规划国土部门核准的原农村集体经济组织保留使用的土地，具体包括：（一）根据市政府1993年发布的《深圳市宝安、龙岗区规划、国土管理暂行办法》、2004年发布的《深圳市宝安龙岗两区城市化土地管理办法》划定的非农建设用地。（二）政府征收原农村集体所有的土地后，返还给原农村集体经济组织的建设用地。"

[1] 《深圳市原农村集体经济组织非农建设用地和征地返还用地土地使用权交易若干规定》（深府〔2011〕198号）第六条规定："……非农建设用地指标台账应包括工商用地指标、居民住宅用地（含一户一栋住宅用地、统建楼用地）指标和公共设施用地指标。"

[2] 耿卓、于凤瑞：《我国城市更新的土地法制保障——以确权为中心》，《土地法制科学》2018年第1期。

成且现状主要为原农村旧屋或祖屋等建筑物或构筑物的集中分布领域。1 号文明确规定了可纳入旧屋村范围和不可纳入旧屋村范围的条件和情形，并且规定了认定旧屋村范围的相关程序。旧屋村用地进入土地供应市场的方式和城中村红线用地一致。

（五）已按历史遗留违法建筑处理的用地

已按历史遗留违法建筑处理的用地，即地上存在的建造物或构筑物要合乎深圳市历史遗留违法建筑处理相关规定，经过相关部门处置之后获得合法认定的用地。其主要包括两类：其一是依据"两规"处置的《深圳市人民代表大会常务委员会关于坚决查处违法建筑的决定》颁布施行之前，相当于 1993 年 3 月 5 日前建造的历史遗留违法私房或违法建筑所占用的土地；其二是依据"三规"处理的历史遗留违法用地。① 根据相关政策规定，这类用地进入土地供应市场的方式为城市更新、确认产权、依法拆除或者没收和临时使用等方式。②

（六）已按房地产登记历史遗留问题处理的用地

已按房地产登记历史遗留问题处理的用地与上述已按历史遗留违法建筑处理的用地，两者均是在城市更新过程中政府为解决提高合法不动产比例而作出的努力，主要指依据《关于印发深圳市处理房地产登记历史遗留问题

---

① "两规"是指 2002 年 3 月实施的《深圳经济特区处理历史遗留违法私房若干规定》（市人大常委会公告第 33 号）和《深圳经济特区处理历史遗留生产经营性违法建筑若干规定》（市人大常委会公告第 34 号）。依照规定可确认产权的违法建筑，建房者按规定补办有关手续，接受处理后，房地产登记机关应当按照《深圳经济特区房地产登记条例》规定的时限确认产权，发放房地产证书。"三规"是指 2014 年 4 月实施的《〈深圳市人民代表大会常务委员会关于农村城市化历史遗留违法建筑的处理决定〉试点实施办法》（深圳市人民政府令第 261 号）。这两个文件扩大了历史遗留违法建筑的处理范围，增加了历史遗留违法建筑普查申报流程，细化了不同具体情况的处理方法及其认定结果。经普查记录的违法建筑，符合确认产权条件的，在区分不同情况的基础上予以处罚和补收地价款后，按规定办理初始登记，依法核发地产证。
② 《〈深圳市人民代表大会常务委员会关于农村城市化历史遗留违法建筑的处理决定〉试点实施办法》（深圳市人民政府令第 261 号）。

若干规定的通知》（深府〔2004〕193 号）和《深圳市人民政府关于加强房地产登记历史遗留问题处理工作的若干意见》（深府〔2010〕66 号），满足地上建造物已经获取政府规划确认文件和土地权属佐证文件的用地，抑或为符合补办上述两个文件条件的用地。这类用地处置的方式为城市更新和土地整备。

（七）未完善征转手续的用地

21 世纪以来，深圳经济特区内的土地资源越发紧张，自经历过 1992 年"统征"和 2004 年"统转"之后，深圳市政府将原农村集体所有的土地统统国有化，为此付出了将近 200 亿元的高昂成本。但是政府前期规划的不体系化和管控机制的不完善，导致原村民因地价抵制"统转"，再加上在征收的过程中原村民以"种房保地"的方式来防止政府拿走自己实际可控制的土地，而出现大量的"违建"和"抢建"的情况，[①] 导致原农村集体经济组织还掌握着许多未完善征转手续的用地。解决这类土地政府拿不到、村民用不好、市场难作为的问题，除了通过城市更新，还可以通过利益统筹土地整备的方式。相较于传统的土地整备项目，利益统筹土地整备具有政策门槛低、操作方式灵活、享受政府专门资金、规划调整协商空间较大、可借力多方主体、满足多方利益诉求等特点，具备多重优势，有助于满足公共基础设施和重大产业项目用地需求、解决历史遗留问题、盘活存量用地。

三 深圳历史用地引发司法案件的分析

本报告首先以"历史用地"为关键词，将地区限定为"广东省深圳市"，通过北大法宝法律数据库进行了案例检索，共检索到 130 篇有效裁判

---

① 北京大学国家发展研究院综合课题组：《更新城市的市场之门——深圳市化解土地房屋历史遗留问题的经验研究》，《国际经济评论》2014 年第 3 期。

文书，以从侧面反映历史用地在司法实践中的情况。其中 2012～2021 年（截至 2021 年 3 月）的有效裁判文书的数量如图 1 所示。

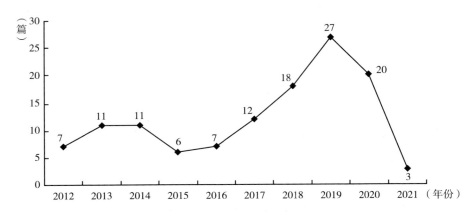

图 1　2012～2021 年深圳历史用地引发司法案件的有效裁判文书的数量

注：截至 2021 年 3 月。

图 1 反映的是当前条件下案件数量在不同年份的变化趋势，其中 2019 年的案件数量最多，达到 27 件，2021 年的案件数量最少，仅 3 件。根据图 1 可以发现两个非常明显的趋势，一是 2012～2019 年总体呈波动上升趋势，二是 2019～2021 年呈下降趋势。依据图 1，历史用地引发司法案件的数量存在下列特点：一是在深圳市城市化后，历史用地引发司法案件的数量整体呈上升趋势；二是 2019 年后案件数量大幅下降。这反映案件数量在时间上分布不平衡，但是不排除存在由于案件正在审理而没有公开生效裁判文书的情形。

从图 2 的案件类型情况可以看出：纠纷原因繁杂，当前最主要的案件类型是民事案件，占 75.38%，还存在部分行政和刑事案件。历史用地权属纠纷案由主要集中在房屋买卖合同纠纷，房屋租赁合同纠纷和物权、所有权纠纷等合同纠纷。除此之外，因存在政府对历史用地进行土地征收等处置途径，在实践中会出现诸如行政登记、行政协议和行政收费等引起的行政纠纷。此外，历史用地还存在少量如合同诈骗和非国家工作人员受贿

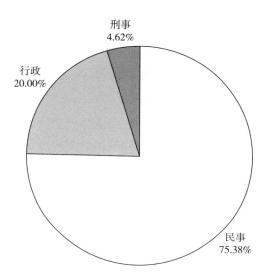

图2　深圳历史用地引发司法案件的类型情况

等刑事案件。

　　根据图3可知，高达46.93%的案件进入二审和再审，反映了历史用地诉讼争议纠纷激烈，当事人在一审阶段对司法裁判结果认可度不高，服判息诉率较低。

　　本报告同样以上述各类历史用地为关键词在司法案例库中进行了检索，发现大部分案件产生的原因为合同纠纷，[①] 并且双方产生纠纷的原因多为土地权属不明、土地利益逐年上涨，再加上土地入市规则的相对不完善。该类案件有半数进入二审和再审，侧面反映了该类案件较为复杂且矛盾相对尖锐，无法轻易化解，这样当事人的诉累不仅会增加，也会影响案涉历史用地的开发利用，影响深圳市存量土地的二次开发，阻碍深圳市经济社会的发

---

① 如涉及"非农建设用地"的蛇口巴黎美织造厂有限公司、旋都时装（深圳）有限公司返还原物纠纷案；涉及"征地返还用地"的深圳市黄龙百鹿投资发展有限公司、深圳市万科发展有限公司合资、合作开发房地产合同纠纷案；涉及"旧屋村用地"的深圳世纪星源股份有限公司与深圳市平湖股份合作公司合同纠纷案；涉及"未完善征转手续用地"的杨国平、深圳市国祥万年投资发展有限公司土地租赁合同纠纷案；等等。

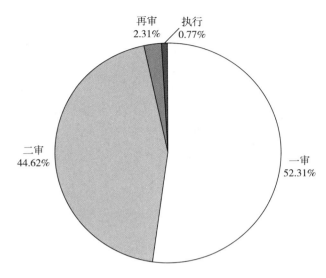

图3　深圳历史用地引发司法案件的审理程序情况

展。因此，明确历史用地处置的方向、完善历史用地入市的方式和流程，不仅可以解决土地的历史遗留问题，释放土地资源，也可以促使市场发挥其在配置土地资源中不可或缺的作用。

四　历史用地处置的条件及流程

历史用地亟待处置，而目前使用较多的方式是城市更新和土地整备，本部分以图示化的方式重点介绍这两种方式的条件和流程。

（一）城市更新

按照改造力度由弱到强，城市更新有综合整治类、功能改变类和拆除重建类。目前在深圳最具代表性的就是拆除重建类的城市更新，[①] 对城市的影响程度最大、涉及相关主体的利益最广泛、编制繁杂难度最大、相关主体的参与也是最多的。历史用地处置基本上采取拆除重建类城市更新的方式。其

---

① 邹广：《深圳城市更新制度存在的问题与完善对策》，《规划师》2015年第12期。

流程大致可分权属认定、信息核查和结果函复、申请历史用地处置、办理用地审批及出让四个步骤。①

1. 权属认定

对于经过政府批准可以纳入城市更新单元计划的历史用地，在核查相关土地信息后进行历史用地处置之前，相关的主体可以先行依据政策规定向区城市更新职能部门申请核准发放土地或建筑物权属认定的处理意见书，相关部门会在受理之日起 20 个工作日内，对符合条件的主体发放处理意见书。

2. 信息核查和结果函复

信息核查流程见图 4。

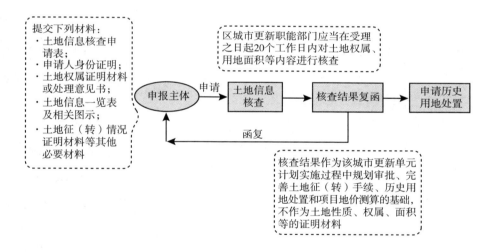

图 4　信息核查流程

3. 申请历史用地处置

在上述土地信息核查程序结束之后，继受单位申请历史用地处置流程见图 5。

---

① 《深圳市拆除重建类城市更新单元土地信息核查及历史用地处置规定》（深规土规〔2018〕15 号）。

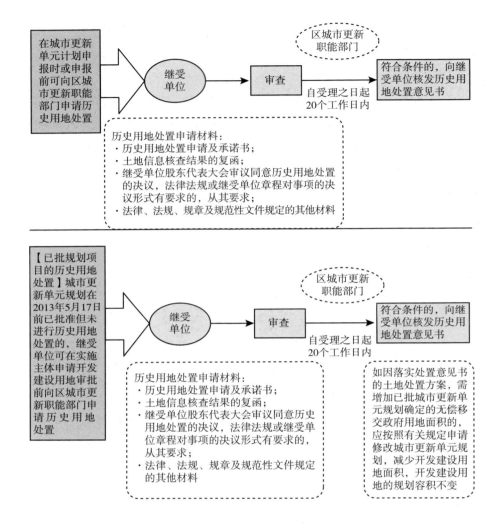

图5 申请历史用地处置流程

4. 办理用地审批及出让

办理用地审批及出让流程见图6。

（二）土地整备

土地整备作为深圳市土地存量开发的另外一种方式，主要是经由土地使

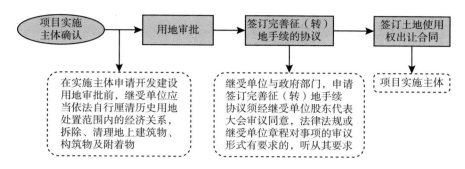

图 6　办理用地审批及出让流程

用权的收回、收购土地、房屋征收及拆迁、处理历史遗留用地等方式，在整合散碎用地的基础上，开展清理土地和先期开发土地的工作。传统的土地整备方式主要为房屋征收和土地储备，深圳于 2018 年拉开了新的土地整备制度改革的序幕，利益统筹项目作为土地整备的"新品种"，[①] 其重点是由政府主导，对利益统筹中会出现的利益在政府、市场和社区主体各相关方之间进行统筹公平的分配，且并无对合法用地比例等的限制，这种处置方式相较于城市更新而言出现较晚、实施周期较短、门槛较低和执行更为灵活。其操作流程见图 7。

五　深圳现行历史用地处置方式存在的问题及完善建议

城市的发展诚然会依赖土地的开发与利用，但是土地资源并不是取之不尽用之不竭的，一味地追求建设用地指标的增长，盲目地扩张土地，再加上"统征""统转"过程中历史遗留用地问题较为明显，不仅制约城市的发展，也不利于城市空间的整合。针对深圳现如今土地总量少、土地供应量无法满足经济需求等问题，其根本是要解决历史遗留用地问题，有效盘活历史用地，进而提高深圳土地的利用效率。

---

① 刘荷蕾等：《深圳城市更新与土地整备的联动：案例实践与政策反思》，《规划师》2020 年第 9 期。

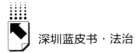

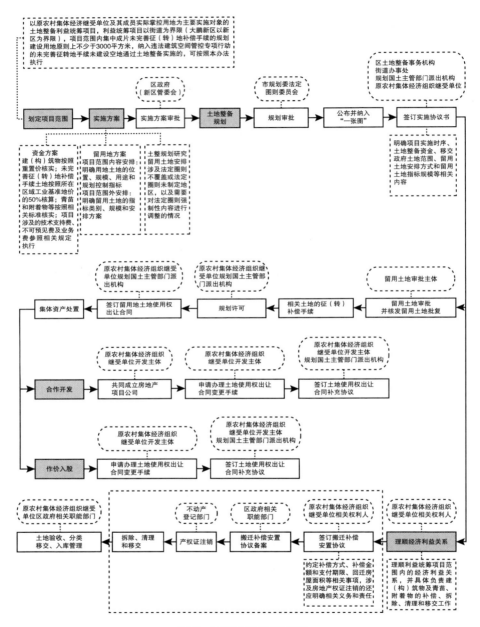

图7 深圳土地整备流程

资料来源:《深圳市土地整备利益统筹项目管理办法》(深规土规〔2018〕6号)。

（一）现行历史用地处置方式存在的问题

1.历史用地处置政策缺乏体系

因历史用地处置方式有多种，为了适应实践中多变的情形，新政策大多以"打补丁"的方式来填补旧政策规定的空白，因此制定的新政策也相对零散化、破碎化。这导致在实践中处置历史用地时缺乏统一的规划统筹。

2.历史用地处置方式程序烦琐、流程复杂

当前历史用地处置方式的流程繁杂、周期较长，如城市更新项目中的审批环节，前期包括征集意愿、计划审批、土地信息核查、编制更新单元计划、拆迁谈判等，尤其是征集意愿和拆迁谈判的过程耗时较长，且在编制更新单元计划、计划审批等环节的流程又较为复杂，因此到达申请历史用地处置这一环节前需要花费大量的时间。在申请历史用地处置环节的继受单位需要提交大量的材料，如历史用地处置申请及承诺书、继受单位股东代表大会审议同意历史用地处置的决议等，各区在进行城市更新的历史用地处置过程中也处于持续探索的状态，在此环节还缺乏与现行政策相衔接的路径。

3.历史用地处置方式之间缺乏有效协同

深圳的历史用地处置方式各有优缺点，如城市更新和土地整备作为存量土地二次开发的不同途径，主导主体、开发路径和模式均存在不同，不同的处置方式之间缺乏一致统筹的思虑和平衡，导致这些处置方式的经济利益相差较大，缺乏利益协调机制的有效控制。在此种情况下，原权利主体和开发商等相关主体会选择经济利益较高的处置方式，严重阻碍了深圳历史遗留用地的处置和进程。

（二）现行历史用地处置方式完善建议

1.清晰界定土地产权关系

深圳存在大量的历史遗留问题用地正是由于一部分土地产权界定不清晰，土地所有权国有化，土地使用权和房屋所有权私有化，两权分离的权属

关系使得政府无法直接行使其所有权，原农村集体为利益产生的纠纷很多。① 权属纷争不断涌现，"违法违规建筑"更是屡禁不止，进而影响深圳历史用地处置对存量土地的二次开发和利用。② 清楚界定土地权属关系是完善历史用地处置方式的前提，要将相应的土地产权关系梳理清楚，首先要加强历史遗留问题用地的土地所有权管理，逐渐将各类历史用地的使用权益剖析清楚，健全土地登记制度，实现规范化和体例化。其次要完善土地收益分配制度，从而达到各方利益授予的平衡，注重效率与公平的统一。最后要建立健全统一的土地市场，充分发挥市场在资源配置中的基础作用，形成主体之间相互平等、竞争有序的格局。

2. 完善历史用地处置政策体系

深圳市应当制定历史遗留用地问题的处理政策，③ 强化历史用地处置政策的体系化建设，统筹土地、规划、住建、财税等部门，并出台相关配套政策和措施，明确统一处置历史用地的规划设计、实施程序等，创新"三规合一"的空间规划编制系统，即城市规划、土地规划、城市主体功能区规划这三个规划的融合和统筹，充分发挥各编制机关的科技资源优势和信息资源优势，使得历史用地处置相关政策更加规范化、精细化。

3. 简化历史用地处置方式流程

一方面，变革历史用地规划管理的工作方法，通过简化现今对深圳城市建设用地审核批准的手续和环节，减少审核期限，且可以考量将历史用地处置和一般用地处置相衔接，简化用地处置的过程，积极满足深圳城市发展转型进程的项目建设需要。另外，历史用地处置的过程中必然会涉及土地价格的测算，因此还可以联动地价政策进行创新。另一方面，需增强处置历史遗留用地方式的可操作性，虽然需要将历史用地处置方式简单化，但是必须在遵循历史事实的前提下，区分不同时期不同类型历史用地的情形，避免出现

---

① 刘成明等：《深圳市土地历史遗留问题处理路径的合理性探讨——基于历史唯物主义视角》，《广东土地科学》2016 年第 5 期。

② 谢涤湘、牛通：《深圳土地城市化进程及土地问题探析》，《城市观察》2017 年第 4 期。

③ 刘畅：《深圳市土地历史遗留问题分析及对策建议》，《现代城市研究》2016 年第 6 期。

"一刀切"的情形，否则会发生"逆向选择"的情况，进而出现更多违法建筑。

4. 城市更新与土地整备联动

政府会采取多种途径解决深圳历史用地处置问题，如开展利益统筹城市更新和土地整备，但二者会存在重合和冲突的地方。深圳市很多区域都在进行城市更新，相较于利益统筹项目，其社区适配度更好、民众主观能动性更强。因此利益统筹项目的实施往往会遇到困难和阻力。另外，城市更新又会受到合法用地比例指标的政策限制，其单独推进也较为困难。在这种情况下，本报告建议将二者联合施行，将土地整备利益统筹项目的指标纳入城市更新项目，同时由城市更新来打破利益统筹项目的拆迁补偿和安置障碍，有利于更好地解决历史用地处置问题，充分盘活土地资源。但是在此过程中需要注意的是，因存在三方主体——权利人、市场和政府，为了满足三方主体的需求，在联动过程中需要兼顾效率与公平，政府的"有形之手"（政府司法体系）和市场的"无形之手"相互作用，一方面保障城市更新主体得到公平合理的补偿，另一方面加速拆除重建项目的合法推进，优化土地利用效率。

5. 政策上升为立法

历史用地的处置，既包括了对历史上形成的土地利益矛盾的理顺，也包括了让土地重新进入市场，提高其使用效率。然而无论是目前关于城市更新的立法，还是土地供应的立法，均未对历史用地的处置和供应进行规定，因此本报告建议相关的规定应当上升为立法而不是一直停留在规范性文件层面。

六　结语

深圳市作为社会主义先行示范区，需要在现行的政策和实践基础上，通过立法，运用法治手段解决历史用地处置问题，妥善平衡各方利益，释放城市发展所需空间资源，推动深圳城市高质量可持续发展。

B.20
深圳市住房租赁政策法规发展状况及完善建议

殷　昊　林利玲*

摘　要：　加快发展住房租赁市场对解决新市民、青年人住房困难问题具有重要意义。住房租赁政策法规是规范发展住房租赁市场的必要前提。本报告分析了深圳市住房租赁市场的基本情况、存在问题，梳理了住房租赁政策法规的历史演变，为完善深圳市住房租赁政策法规、推动深圳市住房租赁市场高质量发展提出政策建议。

关键词：　住房租赁　保障性租赁住房　高质量发展

　　发展住房租赁市场是完善住房制度、满足居民住房需求的重要内容。近年来，深圳市认真落实中央"坚持房子是用来住的、不是用来炒的"定位，住房租赁市场得到了较快发展，但还存在着租赁法治进程缓慢、租赁关系不稳定、租赁住房品质不高等问题，导致承租人权益保护不足。法治建设是市场秩序公平有序的坚实基础，是住房租赁市场长足发展的必要条件。研究深圳市住房租赁政策法规发展演变，对解决年轻人住房问题、推动住房租赁市场高质量发展具有重要意义。

---

* 殷昊，深圳市房地产和城市建设发展研究中心（深圳市住房和建设局直属事业单位）研究员；林利玲，深圳市住房研究会研究员，主要研究方向为住房政策和土地制度。

一 深圳住房租赁市场基本情况

（一）租赁住房需求旺盛

2020 年我国城镇化率达到 63.89%，流动人口达到 3.76 亿人。[①] 据贝壳研究院统计，2021 年我国住房租赁人口约 2 亿人。根据第七次全国人口普查结果，截至 2021 年末深圳常住人口约 1768.16 万人，约 70%的常住人口需要通过租房解决居住问题，远高于国内其他城市（北京为 36%，上海为 39%，杭州为 34%，成都为 15%）[②]。

（二）租赁住房以城中村住房为主

城中村住房是深圳住房租赁市场的重要组成部分，在解决新入职的年轻人、新市民住房问题方面发挥了重要作用。根据 2017 年深圳市规划和国土资源委员会统计，深圳市平均人口密度约为 2 万人/公里^2，其中，城中村内平均人口密度为 4 万人/公里^2，城中村外平均人口密度为 1.3 人/公里^2。城中村解决了全市 60%以上人口的住房问题，城中村租赁住房占全市租赁住房的比重超过 60%。

（三）专业化住房租赁企业占比较低

2016 年，《国务院办公厅关于加快培育和发展住房租赁市场的若干意见》（国办发〔2016〕39 号）提出，大力培育专业化住房租赁企业。2021年，全国 90%以上的租赁住房由个人出租，专业化住房租赁企业出租的租赁住房不足 10%。其中，北京、上海、广州、南京、杭州等城市的占比在

[①] 国家统计局第七次全国人口普查数据显示，在 2020 年全国人口中，居住在城镇的人口为 901991162 人，占 63.89%，居住在乡村的人口为 509787562 人，占 36.11%。流动人口为 375816759 人。在流动人口中，跨省流动人口为 124837153 人，省内流动人口为 250979606 人。

[②] 来源于住房和城乡建设部 2021 年对主要城市租赁人口数据的统计。

10%左右，深圳市的占比在 8%左右。[①] 国际上专业化住房租赁企业在住房租赁市场发挥着重要作用，其中美国占 50%，英国占 60%，德国占 40%，日本占 80%。[②]

（四）住房租金平稳

根据国家统计局深圳调查队数据，2021 年 1~9 月，深圳租赁房房租价格同比指数平均值为 98.6，与 2020 年全年均值持平。据贝壳研究院统计，深圳市 2019 年平均租金为 79.4 元/米^2，2020 年为 79.8 元/米^2，2021 年为 80.4 元/米^2，2022 年 2 月为 78.1 元/米^2，近 4 年的租金保持稳定水平。

二 深圳住房租赁市场存在的问题及其原因

2016 年以来，在国家大力发展住房租赁市场的背景下，深圳市积极探索住房租赁发展的支持政策，有力有序增加租赁住房供给，住房租赁市场迎来快速发展。但与此同时，仍存在着租赁法治进程缓慢、租赁住房品质不高、住房租赁关系不稳定等问题，导致承租人权益保护不足。

（一）租赁法治进程缓慢

2015 年《深圳经济特区房屋租赁条例》废止后，深圳市住房租赁管理主要依据《城市房地产管理法》《商品房屋租赁管理办法》《广东省城镇房屋租赁条例》《深圳市出租屋管理若干规定》等法律法规。《深圳市房地产市场监管办法》在修订中增加了"住房租赁"专章，但是目前该办法还在制定过程中。随着住房租赁市场的快速发展，面对一些新情况和新问题，这些规定在一定程度上难以适应市场发展。一是对城中村住房等无合法产权的租赁住房缺乏规定。城中村住房构成了深圳市住房租赁市场的重要部分，但

---

① 来源于 2021 年住房和城乡建设部对主要城市专业化规模化住房租赁企业的统计。
② 黄卉：《住房租赁立法的国际经验借鉴研究》，《上海房地》2022 年第 1 期。

是目前的法律法规都缺少对其的规定，其游离在监管之外，"二房东"等违规出租现象频繁出现，不利于规范住房租赁市场发展。二是难以对住房租赁企业进行有效管理。专业化住房租赁企业一方面有利于增加住房供给，提升租赁住房品质；另一方面在缺少监管的条件下，有可能产生安全、消防、金融等方面的问题，尤其是 2019 年蛋壳公寓等部分住房租赁企业，通过"高进低出""长收短付"的方式违规建立资金池，产生较大金融风险，严重侵害承租人合法权益。现有的法律法规难以有效管理住房租赁企业的违法违规行为，亟待完善。

（二）租赁住房品质不高

目前，房改房、拆迁安置房、城中村住房等是住房租赁市场的房源主体，这些租赁住房普遍老旧、配套设施不全、居住环境差，难以满足基本居住需求。据深圳市住房和建设局统计，全市有 20% 以上的租房家庭居住在 25 年以上楼龄的老旧房屋中，租赁住房品质需要提高。

（三）住房租赁关系不稳定

住房租赁市场租赁双方权利义务不对等，出租人存在随意缩短租期、单方面提高租金、强行驱赶承租人的现象。比如，2019 年，蛋壳公寓等住房租赁企业资金链断裂"爆雷"，出租人因收不到租金采取断水、断电甚至更换门锁等方式驱赶承租人，承租人的权益受到严重损害。此外，目前的租赁合同期限相对较短。据贝壳研究院统计，目前深圳市家庭散户出租住房的平均期限在 1 年左右，租赁期限在 3 年以上的不足 10%，租赁关系不稳定，年轻人和新市民的长期租赁需求得不到满足。

三 深圳住房租赁政策法规发展状况

政策法规建设是住房租赁市场规范发展的前提和基础。从 1992 年的

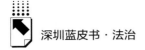

《深圳经济特区房屋租赁条例》开始，深圳市一直在推动住房租赁市场政策法规的制定和完善工作。

（一）1992年《深圳经济特区房屋租赁条例》

1992 年，深圳市第一届人民代表大会常务委员会第十三次会议通过了《深圳经济特区房屋租赁条例》（以下简称《条例》），该条例分别在 1997 年、2002 年、2004 年、2013 年经过了四次修正。《条例》确定了深圳市房屋租赁市场管理的基础制度，对规范租赁市场秩序、保障租赁当事人合法权益起到了积极作用。

《条例》主要有以下规定。一是房屋租赁许可证制度。从事房屋租赁业务的房屋出租人，应当向房产管理部门申领房屋租赁许可证，没有许可证的不得对外出租。二是房屋租赁管理费制度。房屋出租人应当向房产管理部门交纳房屋租赁管理费。房屋租赁管理费应当用于房屋租赁市场的管理，不得挪作他用。三是房屋租赁登记备案制度。签订房屋租赁合同后，租赁当事人应当向房产管理部门申请租赁合同登记，由房产管理部门送同级税务部门备案。四是租金指导价制度等。根据房屋租赁市场价格水平，房产管理部门制定房屋租赁指导租金并向社会公示。五是租金管制。在必要时，经深圳市人民政府批准可以实行租金管制。此外，《条例》对租赁合同、租赁当事人的权利义务也作出具体规定。

考虑到在"放管服"改革的背景下，房屋租赁合同登记备案制度被《深圳经济特区居住证条例》中的居住登记制度替代，租赁合同规定也在《合同法》及相关法律制度中有明确规定。2015 年，深圳市第六届人民代表大会常务委员会第二次会议废止了《条例》。

（二）1997年《深圳市出租屋管理若干规定》

1997 年，为加强对流动人口和出租屋的管理，深圳市人民政府印发《深圳市出租屋管理若干规定》（以下简称《若干规定》），该规定分别在 2002 年、2004 年、2007 年、2008 年、2019 年经过了五次修正。2015 年

《条例》废止后,《若干规定》是规范深圳市住房租赁市场的主要法律依据。

《若干规定》主要包括以下内容。一是确定房屋租赁管理体制。由人口和房屋综合管理机构负责租赁人口信息和房屋信息核查采集,公安机关负责出租屋治安管理及租赁人口信息采集工作。二是明确租赁房屋的条件。规定了禁止出租的情形,强化了房屋安全主体责任,明确出租人督促承租人落实租赁房屋的安全生产、消防、治安等相关要求。三是建立房屋编码信息制度。人口和房屋综合管理机构统一编制、更新房屋编码信息,并将其纳入市政务信息资源共享平台。四是建立出租信息申报和安全隐患信息排查制度。明确租赁房屋信息申报、采集的主体及程序,规范时租房、日租房、群租房申报信息的要求。

《若干规定》主要是加强流动人口管理和社会治安管理,未涉及承租人的权利保护、租赁主体行为管理、租赁市场秩序整顿等内容。同时,由于《条例》被废止,房屋租赁合同备案制度无法实际执行,在实践中对租赁人口和租赁房屋的管理还需要完善。

(三)2014年《深圳经济特区居住证条例》

2014年,深圳市第五届人民代表大会常务委员会第三十二次会议通过《深圳经济特区居住证条例》(以下简称《居住证条例》)。《居住证条例》建立健全居住人口登记制度,加强了对租赁人口的管理。

《居住证条例》主要从以下方面加强对租赁人口的管理。一是规定居住登记申报制度。由出租人向公安机关或者公安机关委托的机构主动申报承租人居住登记信息。二是明确犯罪行为报告义务。出租人发现承租人利用居所从事违法犯罪活动的,应当及时向公安机关报告。未及时报告的,将承担相应法律责任。三是明确身份核查义务。要求出租人不得将房屋出租给无身份证件的人员。未按规定出租的,将承担相应法律责任。四是完善租赁信息管理。租赁人口信息被纳入全市公共信息资源库和政务服务事项系统,实现部门间信息互通、资源共享。任何单位和个人不得泄露、买卖、违法使用租赁人口信息。

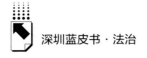

（四）2010年《深圳市房地产市场监管办法》

2010年，深圳市人民政府印发《深圳市房地产市场监管办法》（以下简称《办法》）。《办法》主要是规范房地产开发经营、经纪和估价行为，维护房地产市场秩序。《办法》第三十八条规定，经纪机构及其从业人员承租出租房地产的，在签订租赁合同前应当书面告知交易当事人并取得当事人书面同意，对住房租赁其他方面均未涉及。

2020年，根据房地产市场发展的新情况和新问题，深圳市启动对《办法》的修订工作，并于当年9月向社会公开征求意见。修订征求意见稿中增加了第三章"房屋租赁"，对房屋租赁的相关制度作出规定。一是加强租赁房屋管理。出租房屋应当符合结构、消防、地质等方面的安全要求，具备供水、供电等必要的生产、生活条件，人均租住建筑面积不得低于6平方米。二是实行实名租赁。出租人应当向承租人出示身份证明、不动产权属证书或证明房屋来源的材料。承租人应当向出租人出示身份证明。三是实行租赁合同备案和租赁信息申报。租赁房屋应当按规定办理租赁合同备案，无法按规定办理备案的，实行租赁信息申报制度。四是建立租赁行业监管制度。开展房屋租赁经营的企业或者转租房屋间数达到10套（间）及以上的自然人，应当办理工商登记并进行备案。

修订征求意见稿丰富了住房租赁市场的管理手段，规范了住房租赁企业的经营行为，加强了租赁房屋的安全管理，为住房租赁市场的健康发展提供了制度保障。目前修订征求意见稿尚未审议通过，立法进程需要加快。

（五）其他相关规范性文件

1.《深圳市人民政府办公厅关于加快培育和发展住房租赁市场的实施意见》

2017年，深圳市人民政府办公厅印发《深圳市人民政府办公厅关于加快培育和发展住房租赁市场的实施意见》（深府办规〔2017〕6号），以规范和发展住房租赁市场为主要方向，健全以市场配置为主、政府提供基本保障的住房租赁体系，加强住房租赁市场监管。

2.《深圳市人民政府关于深化住房制度改革加快建立多主体供给多渠道保障租购并举的住房供应与保障体系的意见》

2018 年 7 月，深圳市人民政府办公厅印发《深圳市人民政府关于深化住房制度改革加快建立多主体供给多渠道保障租购并举的住房供应与保障体系的意见》（深府规〔2018〕13 号），明确由住房租赁经营机构提供各类长租公寓，由政府提供人才住房、安居型商品房和公共租赁住房，由人才住房专业机构提供人才住房、安居型商品房和公共租赁住房，通过"城中村"提供租赁住房，等等，并对建立住房租赁平台、完善住房租赁信用管理和市场监测作出规定。

3.《深圳市人民政府关于规范住房租赁市场稳定住房租赁价格的意见》

2019 年，深圳市人民政府印发《深圳市人民政府关于规范住房租赁市场稳定住房租赁价格的意见》（深府规〔2019〕7 号），进一步规范和发展住房租赁市场，稳定住房租赁价格。该意见主要从多渠道增加租赁住房供应、规范租赁市场行为、规范城中村改造和租赁经营行为、发挥租赁平台作用、加大政策支持力度、加强市场秩序整顿六个方面提出规范租赁市场发展的政策措施。

4.《深圳市住房和建设局等部门关于开展住房租赁资金监管的通知》

2021 年 6 月，深圳市住房和建设局等 6 部门印发《深圳市住房和建设局等部门关于开展住房租赁资金监管的通知》（深建规〔2021〕6 号），建立住房租赁资金监管制度。要求住房租赁企业应当在本市商业银行开设资金监管账户，将收取的租金押金放入监管账户，被监管资金不得随意使用。

这一系列法规、规章和规范性文件，展现了深圳住房租赁制度的演变脉络和深圳根据住房租赁市场的发展加强制度建设的努力，也显示了深圳住房租赁制度仍有完善空间。

四　典型国家规范住房租赁市场的经验

美国、英国、法国等国家高度重视通过法律手段规范发展住房租赁市场。这些经验为深圳市发展住房租赁市场提供了借鉴和参考。

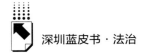

（一）规范住房租赁活动

发达国家都非常注重通过法律手段管理、规范住房租赁市场。一些国家在一些基本法律或住房法律中设置条款规范住房租赁活动，如《德国民法典》包括"关于住房的使用租赁关系"相关条款；一些国家专门针对住房租赁进行立法，如美国出台《美国统一住房租赁关系法》，法国出台住房租赁法；一些国家将上述两种立法形式相结合，如英国政府于1985年出台《房东和租户法案》规定了房东和租户的权利和责任，2019年出台《租赁费法案》，旨在规定租赁过程中的租金费用。立法为规范住房租赁市场奠定了法律基础。

（二）稳定住房租赁关系

在一般情况下，德国租赁合同为无限期合同，只有在承租人有重大违约行为、出租人自己需要居住该房屋等情况下，出租人才能终止该合同。在一般情况下，出租人终止合同应提前3个月通知承租人。承租人居住期限在5年以上的，该通知时间延长为6个月；承租人居住期限在8年以上的，该通知时间延长为9个月。英国1988年颁布的《住房法案》规定，出租人可以特别注明采用短期租约，租期最短可确定为6个月，如果不特别注明，则默认采用无限期的租约。有些国家则规定，在定期租赁中，租赁期限届满承租人请求续租的，除非有正当理由，否则出租人不得拒绝。例如，《美国哥伦比亚特区法律汇编》中规定，出租人终止租赁关系（包括拒绝承租人的续租请求）必须具备如下事由之一：（1）承租人未按照约定支付租金；（2）承租人违反了租赁合同约定的其他义务，且拒绝纠正；（3）承租人在租赁房屋中从事非法活动；（4）出租人急需收回房屋自行居住；（5）出租人善意将房屋出卖给他人；（6）出租人急需对房屋进行改建、扩建；（7）出租人急需将房屋拆除后新建；（8）出租人急需对房屋进行实质性的维修；（9）出租人打算不再将该房屋作为住房使用。

（三）合理控制租金涨幅

德国规定，租赁双方可以自由协商确定租金，但租金标准不得超过市场租金的50％，否则将被归类为高利贷租金，出租人将面临刑事责任。租赁合同存续期间，租金上涨不能超过当地的租金指数（实际为每平方米的租金）。租金指数由德国地方政府部门、房屋租赁中介机构、出租人和承租人协会等行业自律组织综合考虑租赁住房的基本情况及其他特殊因素确定。住房租金指数一旦确定，必须严格执行。法国也规定，自2012年8月起，出租人应根据全国统计及经济研究所公布的"房租年度变化参考指数"（IRL）来调整租金涨幅。

（四）加强租赁住房管理

1. 制定租赁住房安全与健康标准

德国建立了住房安全与健康标准等评估体系。英国规定，出租住房时需出具燃气安全证书、电力检查证书、能耗情况证明，并确保租住人数不超过过度拥挤的标准。出租人还需要保证出租住房符合安全与健康标准，如不符合该标准，承租人可要求当地的房产监督官介入。

2. 实行押金监管制度

押金一般为单月租金或1/6的年租金。为了保证租赁押金不被挪用，英国根据2004年《住房法》制订了租赁押金保护计划。出租人收到押金后30日内必须将押金存入监管机构账户，在租赁关系结束后10日内必须将押金退还租户。如发生争议，则交由独立的争议处理机构处理。

3. 建立住房租赁纠纷处理机制

通过调解、仲裁等方式有效解决住房租赁纠纷。例如英国，建立房产申诉专员制度及制订房产纠错计划，并要求从事租赁代理的房地产经纪人加入。一旦通过房地产经纪机构租赁住房发生纠纷，当事人可以通过上述两种渠道解决，如不能解决纠纷，当事人可以进一步采取法律手段。

五　完善住房租赁政策法规

（一）加快推动住房租赁立法

"改革和法治如鸟之两翼、车之两轮。"① 发展住房租赁市场是探索住房发展新模式的重要途径，是实现房地产市场良性循环发展的必要之举，是房地产市场的重大改革，其离不开法律制度保障。深圳市作为改革先行区，加快推动住房租赁立法工作，构建租购并举的住房制度体系，对全国具有重要示范意义。结合深圳市住房租赁立法实际，本报告提出以下建议：一是加快推动《深圳市房地产市场监管办法》修订工作，进一步完善规范发展住房租赁企业的制度内容；二是发挥特区立法权，加快推动住房租赁立法工作，构建稳定的住房租赁关系，保护承租人合法权益，推动住房租赁市场健康发展。

（二）加快出台长租房发展政策法规

2021 年中央经济工作会议和 2022 年《政府工作报告》两次明确"加快发展长租房市场"②。发展长租房不仅有利于构建稳定的住房租赁关系、保护承租人合法权益，还有利于推动房地产企业转型升级，促进房地产市场健康发展。目前，国家层面已经开展长租房的相关政策制定工作，本报告建议深圳市加快完善支持长租房发展的相关政策。

---

① 《习近平在庆祝中国共产党成立 95 周年大会上的讲话》，习近平系列重要讲话数据库网站，2016 年 7 月 2 日，http：//jhsjk. people. cn/article/28517655。

② 2021 年中央经济工作会议指出，"探索新的发展模式，坚持租购并举，加快发展长租房市场，推进保障性住房建设，支持商品房市场更好满足购房者的合理住房需求，因城施策促进房地产业良性循环和健康发展"。2021 年《政府工作报告》指出，"坚持房子是用来住的、不是用来炒的定位，探索新的发展模式，坚持租购并举，加快发展长租房市场，推进保障性住房建设，支持商品房市场更好满足购房者的合理住房需求，稳地价、稳房价、稳预期，因城施策促进房地产业良性循环和健康发展"。

（三）加快出台保障性租赁政策法规

2021 年国务院办公厅印发的《国务院办公厅关于加快发展保障性租赁住房的意见》指出，加快完善以公租房、保障性租赁住房和共有产权住房为主体的住房保障体系。目前，深圳市形成了以公共租赁住房、人才住房、安居型商品房为主的公共住房体系，需要做好与国家保障性租赁住房政策的衔接工作。本报告提出以下建议：一是加快出台指导保障性租赁住房发展的法律法规，对保障性租赁住房的建设、筹集、运营、管理、退出等作出详细规定；二是完善保障性租赁住房的相关配套规定，推动非居住存量房屋改建为保障性租赁住房，有力有序地增加租赁住房供应；三是规范城中村住房改建为保障性租赁住房，提高租赁住房的社区居住质量。

（四）加快完善住房租赁行业诚信体系

加快推动诚信体系建设，构建有利于住房租赁市场发展的良好环境。根据出租人、承租人、住房租赁企业、房地产经纪机构的信用状况，实施分类分级监管。探索建立行业"红黑名单"制度，定期向社会公示。将住房租赁企业信用信息与市场监管、金融、公安等相关部门共享，对失信行为形成约束力。

参考文献

黄卉：《住房租赁立法的国际经验借鉴研究》，《上海房地》2022 年第 1 期。
李奕蕾：《住房租赁立法亟须按下"快进键"》，《经济参考报》2019 年 9 月 9 日。
罗忆宁、殷昊：《我国住房租赁法治建设的现状、问题及完善》，《团结》2021 年第 5 期。
张英杰、任荣荣：《住房租赁市场发展的国际经验与启示》，《宏观经济研究》2019 年第 9 期。
柴强、王霞：《住房租赁市场发展亟待破解的深层次问题》，载中国社会科学院国家未来城市实验室、中国房地产估价师与房地产经纪人学会编《房地产蓝皮书：中国房地产发展报告 NO.18（2021）》，社会科学文献出版社，2021。

附　　录

Appendices

B.21

2021年深圳法治大事记

宋志新[*]

1. 深圳首创"移动商事登记认证"

2021年1月8日，深圳市市场监督管理局联合中国建设银行深圳分行，正式推出"商事登记应用手机银行电子签名"改革项目。该业务在国内首创无介质移动端商事登记服务，是政银合作优化营商环境、"新金融"服务大众的一项创举。市民可以在中国建设银行开通个人手机银行，并通过中国建设银行的智慧柜员机签约"移动商事登记认证"功能后，在中国建设银行个人手机银行 App 上进行商事登记的电子签名，无须用户使用个人网银盾在电脑端签名，确保"实人、实名、实意"，实现"安全办"，保障市场交易安全。

2. 深圳出台全国首部广告性别平等审视指南

2021年1月15日，深圳市妇联等7个部门联合率先出台《深圳市广告

---

* 宋志新，深圳市公安局南山分局法制大队四级警长。

性别平等审视指南》，填补了我国广告性别平等审视的空白。《深圳市广告性别平等审视指南》首次明确了涉嫌广告性别歧视的情形、创设了广告性别平等审视的标准、创建了广告性别平等审视机制，内容全面、指引性强，有利于防止和纠正含有性别歧视内容广告，有利于促进先进性别文化传播。

3. 深圳推出全国首个早教行业自律公约

2021 年 1 月 15 日，深圳推出了全国首个早教行业自律公约——《深圳市早期教育行业自律公约》，填补了行业监管空缺。该公约设定 7 天冷静期，7 天内消费者购买课程尚未消费的，可全额退款。此外，明确了商业使用肖像须经授权，早教机构商业使用学员及家长参加其组织的课程、活动期间摄制的任何资料（包括但不限于拍摄图片、照片、视频、音频以及其他影音资料），应经授权同意。

4. 深圳环资法庭发出首张环境保护禁令

2021 年 2 月 20 日，深圳市生态环境局福田管理局就小辣椒餐饮管理公司油烟扰民一事向环境资源法庭申请环境保护禁止令，法庭在开展实地调查并综合判断后，作出立即停止产生油烟项目的环境保护禁止令。该案是 2018 年《大气污染防治法》修正后，深圳市生态环境部门决定责令关闭并向人民法院申请强制执行的首宗案件，发出深圳首张环境保护禁止令，将环境预防措施提升至诉讼阶段，最大限度破除油烟扰民顽疾，保障民生权益，获得广大居民高度认可。

5. 深圳市破产事务管理署挂牌成立

2021 年 3 月 1 日，国内首家个人破产事务管理机构——深圳市破产事务管理署挂牌成立。设立深圳市破产事务管理署是《深圳经济特区个人破产条例》的创新举措，也是该条例实施的前提与保障。《深圳经济特区个人破产条例》规定，个人破产事务的行政管理职能由深圳市人民政府确定的工作部门或者机构行使。

6. 深圳市统一电子印章管理系统上线

2021 年 3 月 5 日，深圳市市场监督管理局会同深圳市政务服务数据管理局、市公安局通过发布《深圳市商事主体电子印章管理暂行办法》、制定电子印章标准体系、上线深圳市统一电子印章管理系统等措施，结合电子营业执照应用，在全国率先实现商事主体电子营业执照和电子印章综合应用，推动"数字政府"和数字经济高质量发展。商事主体设立和变更信息获得商事登记核准后，即可通过"i深圳"App同步免费申领电子营业执照和电子印章，系统为每个商事主体生成一套四枚电子印章。

7.全国首创"被性侵未成年人精准保护深圳标准"

2021年3月，深圳市检察院在全国首创"被性侵未成年人精准保护深圳标准"，包括《深圳市人民检察院性侵害未成年人刑事案件办理规范（试行）》《深圳市人民检察院被性侵未成年人精准保护工作指引（试行）》等文件。根据"精准保护"要求，深圳市检察院引入专业司法社工开展个案管理，协调公安、卫健、教育、社区、法律援助等资源，为被性侵未成年人提供全方位的精准保护。

8.深圳发布全国首个GEP核算制度体系

2021年3月23日，深圳正式发布全国首个GEP核算制度体系。这意味着，GDP将不再是衡量发展的唯一指标，GEP将成为引领深圳未来发展的"绿色指挥棒"，引导一种更为科学的政绩观。深圳将以这套GEP标准指导全市各区加快推进GEP核算及应用工作，重点推进GEP核算成果进监测、进规划、进考核、进决策，更好地发挥标准引导作用推动高质量发展，实现经济发展和生态环境保护双赢。

9.知识产权保护中心人民调解委员会和调解培训基地在深圳成立

2021年3月23日，中国（深圳）知识产权保护中心（以下简称"知保中心"）人民调解委员会和深圳市知识产权纠纷调解工作研究与培训基地揭牌成立。"知保中心"将充分发挥人民调解委员会和调解培训基地的平台优势，紧扣构建知识产权大保护格局的工作主线，汇聚全市知识产权纠纷调解力量，推进知识产权纠纷调解人才培养和理论研究，提升调解服务能力和水平，探索具有"深圳特色"的知识产权纠纷调解模式，为深圳打造保护知识产权标杆城市和高质量发展高地提供有力保障。

10. 深圳出台全国首个防治性骚扰行为指南

2021 年 3 月 24 日，深圳市妇联、深圳市教育局、深圳市公安局等 9 个部门联合印发了《深圳市防治性骚扰行为指南》，成为我国首个防治性骚扰工作机制的制度性文件。该指南直面当前性骚扰社会热点问题，细化了《民法典》防治性骚扰规定，明确性骚扰概念、表现形式、相关制度措施等，对增强全社会防范意识，推动机关、企业、学校建立完善性骚扰防治机制，特别是构建党政主导的维权机制有重要意义。

11. 港澳涉税专业人士政务服务中心正式揭牌

2021 年 3 月 25 日，港澳涉税专业人士政务服务中心正式揭牌。该中心设在前海税务局，将作为服务保障港澳涉税专业人士在深圳执业的窗口，通过定期开展税务知识培训辅导、业务交流等，为多方合作提供孵化支持。该中心的设立标志着港澳涉税专业人士跨境执业这项创新性制度在深圳正式落地，进一步推动前海深港合作、服务业开放升级，助力粤港澳大湾区建设。

12. 全国首家商事纠纷中立评估基地落户前海

2021 年 3 月 25 日，深圳市司法局、深圳市商务局、深圳市前海深港现代服务业合作区管理局、中国人民银行深圳市中心支行作为指导单位，依托深圳市蓝海法律查明和商事调解中心在前海设立"商事纠纷中立评估基地"，并于同日公布了《中立评估规则》和首批中立评估员名单。利用法律查明平台推出制度化、规范化、市场化的中立评估服务，是深圳先行先试的一项制度创新，是加强源头治理的法律新机制。

13. 深圳推出的"掌上复议"系统

2021 年 4 月，深圳市司法局行政复议处（深圳市人民政府行政复议办公室）在"i 深圳"App 上试运行"i 深圳—行政复议申请"，开通网上申请，并启用了新开发的智慧复议平台进行网上听证，行政复议效率和质量比往常得到极大提高。申请人的申请时段可以不受行政复议收案窗口工作时间的限制，无论工休时、居家有空时或节假日均可申请，还可以利用"i 深圳—行政复议申请"了解复议程序、获得行政复议相关知识。

14. 首个区块链电子发票国际标准获批

2021 年 4 月，公安第三研究所、腾讯等近 10 家机构参与发起的《基于区块链技术的电子发票应用推荐规程》国际标准，正式通过 IEEE-SA（电气和电子工程师协会标准协会）确认发布，成为全球首个基于区块链的电子发票应用的国际标准，也是国内税务系统首个国际标准。此次标准的获批，意味着我国在区块链电子发票场景下的技术实践获得国际权威机构认可，为规范和引导全球区块链电子发票应用作出贡献。

15. 粤港澳大湾区国际仲裁中心交流合作平台暨中国（深圳）知识产权仲裁中心落户河套

2021 年 4 月 24 日，粤港澳大湾区国际仲裁中心交流合作平台暨中国（深圳）知识产权仲裁中心正式挂牌成立。平台与中心的成立将进一步推进知识产权多元化纠纷解决机制建设，推动探索实行与香港法律制度相衔接的民商事争议解决机制，形成可复制、可推广的经验和做法，为粤港澳大湾区创新行业的有序发展增添动力。

16. 深圳市人民检察院设立知识产权检察办公室

2021 年 4 月 26 日，深圳市人民检察院正式设立"深圳市人民检察院知识产权检察办公室"，并举行了专家辅助人聘任仪式。"深圳市人民检察院知识产权检察办公室"统一行使知识产权刑事、民事、行政检察职能，统筹全市知识产权检察工作，统一办理知识产权刑事、民事、行政案件，通过制定规范性文件、编写业务指导案例等措施，加强对区院的业务指导，提升全市检察机关知识产权检察业务水平。

17. 全国首个商事调解协会在前海揭牌成立

2021 年 5 月 21 日，全国首个商事调解专门协会——深圳市商事调解协会正式揭牌成立。作为全国首个商事调解协会，深圳市商事调解协会的成立为全市商事调解组织提供了交流的平台，也为未来制定和规范行业规则提供了探索平台，更为政府依靠社会团体的力量推动行业治理、促进行业发展提供了有力支持。可以说，该协会的成立是深圳法治创新的又一举措，对促进深圳市商事调解行业高质量发展具有里程碑式的意义。

18. 《关于支持深圳建设中国特色社会主义法治先行示范城市的意见》印发

2021 年 5 月 25 日，中央全面依法治国委员会印发《关于支持深圳建设中国特色社会主义法治先行示范城市的意见》，提出深圳要积极探索具有中国特色的法治建设模式和路径，先行先试、引领示范，为建设中国特色社会主义先行示范区提供坚实的法治保障。经过五到十年不懈努力，率先基本建成法治城市、法治政府、法治社会，努力将深圳打造成为新时代中国特色社会主义法治城市典范。

19. 龙华区率先成立街道全面依法治街委员会

2021 年 6 月，深圳市龙华区在全市率先成立首批 6 个街道全面依法治街委员会，把街道全面依法治街委员会作为全面依法治国在基层的重要抓手和主要落脚点，加强对街道法治建设工作的统筹、指导，推动基层治理体系和法治城区建设。这是深圳全面建设全国基层法治示范区的最新举措，对深圳法治建设具有重要的理论和现实意义。继龙华区之后，坪山区于 8 月 18 日同时为 6 个街道全面依法治街委员会揭牌。

20. 深圳市司法局出台公共法律服务地图册

2021 年 7 月 2 日，深圳市司法局率先在全省推出《深圳市公共法律服务地图册（2021）》，为市民寻求法律帮助提供权威指引。该地图册是深圳市司法局为畅通市民群众寻求公共法律服务渠道，在庆祝中国共产党成立 100 周年之际，制作推出的一款公共法律服务产品。该地图册以全图景形式，收录了全市公共法律服务实体平台、法律援助机构、公证机构、律师事务所、人民调解组织、司法鉴定机构、仲裁机构以及法治宣传教育阵地等法律服务机构的资源信息。该地图册将被投放到全市各级公共法律服务实体平台及有关服务窗口，供市民群众免费取用。可以说，它是一本深圳法治资源的"藏宝图"。

21. 全国首个个人破产案在深圳落槌

2021 年 7 月 19 日，深圳市中级人民法院审结并出具裁定书，批准深圳市民梁某某的个人破产重组计划。这是全国首部个人破产法规《深圳经济特区个人破产条例》于 2021 年 3 月 1 日正式施行以来，深圳市中级人民法院审结的第一宗个人破产案件，也是第一宗裁定批准个人重整计划的案件。此案在我国历史上具有里程碑式的意义，它标志着我国个人破产制度真正进入司法运行阶段，有利于切实引导市场主体有序退出，救济"诚实而不幸"的债务人。

22. 深圳发布全国首例"知识产权行政禁令"

2021 年 7 月下旬，深圳市市场监督管理局龙岗监管局作出全国首例知识产权行政禁令决定书，责令辖区某公司立即停止制造、销售和许诺销售侵权产品，销毁相关生产设备。发布知识产权行政禁令，能够及时制止知识产权侵权行为，有效防止侵害行为继续，及时维护权利人合法权益。

23. 国家发改委发文推广深圳47条创新举措和经验做法

2021 年 7 月 27 日，国家发改委公开发布《关于推广借鉴深圳经济特区创新举措和经验做法的通知》，向全国推广深圳经济特区在党的十八大以来形成的 5 个方面 47 条新举措和经验做法，凸显了国家对深圳创新探索及成就的充分肯定。5 个方面"深圳经验"是深圳先行示范的强大基石，充分体现了深圳长期以来秉持的创新为要、实体为基、民生为本、法治为纲的发展理念。

24. 深圳出台文件建立健全妇女儿童权益保障工作机制

2021 年 7 月，深圳市委全面深化改革委员会出台全国首个建立健全保障妇女儿童人身权益工作机制的政策性文件《关于建立健全深圳市妇女儿童人身权益保障工作机制的意见》，实现"四个首创"：首创智慧维权机制、首创联防联控机制、首创联合排查机制、首创联动处置机制。从统筹协调、前端预防、发现报告、联动处置、督查考核和工作保障 6 个方面作出一系列制度设计，形成触觉灵敏、应对有力、服务到位的维权工作体系，努力使妇女儿童的获得感成色更足、幸福感更可持续、安全感更有保障。

25. 深圳市平台企业首设劳动争议调解组织

2021 年 8 月，深圳市研究制定《深圳市重点平台企业设立劳动争议调解组织工作方案》，推动在重点平台企业设立劳动争议调解组织。"智美劳动人事争议调解室"揭牌，直接为园区 240 多家直播平台、物流企业及

5000 多名从业人员提供优质、便捷的劳动争议调解服务，还充分利用 5G 网络平台和数字直播技术，开展线上调解和劳动普法工作，为更多企业和劳动者提供高效的调解和普法服务。

26. 深圳市市场稽查局首创"疑难案件远程会诊"智慧执法指导模式

2021 年 8 月 10 日，深圳市市场稽查局借鉴医院"会诊"模式，首创"疑难案件远程会诊"智慧执法指导新模式，借助科技之力为执法指导赋能。"疑难案件远程会诊"是智慧稽查在执法指导方面的一次新尝试、新突破。远程会诊召集不同业务领域的专家"智慧团"，通过视频连线、高拍仪实时拍摄展示等技术手段，打破空间距离的限制，将原来 15 天才能完成的"请示—批复"指导流程压缩至 1 小时。该模式在显著提高执法指导工作效率的同时，还减少了基层部门来回奔波沟通请示的情形，节约了行政成本，与中央碳达峰、碳中和的低碳环保工作精神相契合。

27. 龙华区检察院发出全省首份督促纠正行政违法行为的检察建议

2021 年 8 月 12 日，龙华区人民检察院探索开展了行政检察督促纠正行政违法专项工作，针对龙华区规划土地监察局执法行为中存在的问题，发出全省首份督促纠正行政违法行为的检察建议，并举行公开宣告送达。这份检察建议改进了行政检察以往侧重监督公正司法以及"穿透式监督"行政机关工作的做法，也是《中共中央关于加强新时代检察机关法律监督工作的意见》发布后，深圳检察机关全面深化行政检察，切实督促纠正行政机关违法行使职权行为的一次探索。

28. 深圳市首批社区矫正法务官持证上岗

2021 年 8 月 17 日，福田区首批 3 名社区矫正法务官受聘持证上岗。深圳市社区矫正部门在全国率先探索社区矫正法务官制度，以福田区为试点，在 10 个街道司法所配备社区矫正法务官，并建立执法、管理、教育"三位一体"的常态化工作机制。社区矫正法务官既是"合规官"又是"风控官"，将协助开展法律文书审查、执法合规审查、执法行为监督、社矫对象教育训诫等工作。首批社区矫正法务官试点上岗将为深圳社区矫正工作队伍注入新的元素和力量。

29.深圳建立全国首个破产信息公开公示机制

2021年8月18日,深圳市中级人民法院、深圳市市场监督管理局、深圳市破产事务管理署联合印发《关于建立破产信息共享与状态公示机制的实施意见》,合作共建全国首个破产信息公开公示机制,在全国率先建立个人破产与社会信用联动机制。根据该实施意见,企业和个人的破产信息将依法依规全流程、多角度、多渠道向全社会公开。法院、市场监管部门、破产事务管理部门根据各自职能,分别负责以破产案件为核心的破产司法信息公开、以市场主体信用为重点的破产信用信息公开、以债务人为中心的破产事务信息公开工作。

30.深圳行政复议体制改革取得阶段性重要成果

2021年9月,深圳市政府积极落实综合试点首批授权事项,印发《深圳市行政复议体制改革实施方案》,明确了深圳全市行政复议体制改革的"任务书"、"时间表"和"施工图",标志着深圳行政复议体制改革取得阶段性重要成果。2021年底,全市完成行政复议职责和编制资源整合,行政复议体制改革高站位、高要求、高标准、高效率如期顺利落地。

31.深圳法院收到内地首例跨境破产协助申请

2021年9月6日,深圳市中级人民法院发布公告,8月30日收到森信洋纸有限公司管理人提交的认可和协助香港破产程序申请。这是最高人民法院与香港特别行政区政府签署《关于内地与香港特别行政区法院相互认可和协助破产程序的会谈纪要》、最高人民法院制定《关于开展认可和协助香港特别行政区破产程序试点工作的意见》后,内地法院收到的首例跨境破产协助申请,标志着跨境破产协助从机制探索建立进入到司法实践阶段。

32.深圳被国家列为营商环境创新试点城市

2021年9月8日,国务院常务会议决定,选择北京、上海、重庆、杭州、广州、深圳6个城市开展营商环境创新试点,通过综合授权等方式,支持地方深化"放管服"改革,形成更多可复制可推广的经验做法,以点带面推动全国营商环境优化。11月,国务院正式印发《关于开展营商环境创新试点工作的意见》,同时也明确了创新试点工作10个方面101项改革举措。深圳作为首批营商环境创新试点城市之一，在实施好《优化营商环境条例》的基础上，将着力聚焦市场主体和群众关切，对标国际先进水平，进一步深化"放管服"改革，打造市场化、法治化、国际化的营商环境。

33. 深圳探索实行企业合规第三方监控

2021年9月14日，由深圳市检察院、深圳市司法局、深圳市财政局等联合制定的《企业合规第三方监控人名录库管理暂行办法》正式印发施行。该暂行办法规定了第三方监控人范围，增加了企业合规研究机构，明确名录库由市司法局负责日常管理、第三方监控人名单由第三方机制管委会确定。该办法进一步健全了企业合规第三方监督评估机制，规范了深圳市企业合规第三方监控人的选任和管理，是企业合规"深圳模式"的重要内容，对于推进企业合规顺利开展，提升改革试点质效具有重要意义。

34. 深圳100多家企业共同发起"深圳百家企业合规宣言"

2021年9月17日，深圳市贸促委成功举办2021年中国（深圳）企业国际化经营合规论坛。论坛线上线下同时举行，采取"主旨演讲+圆桌会议"形式，邀请合规领域代表齐聚一堂，围绕"合规体系建设、合规人才培养、全球化与国际规则"等热点话题展开探讨，共同探讨企业国际化经营合规的现状和前景。中兴、比亚迪、康佳、迈瑞等100多家企业共同发起"深圳百家企业合规宣言"，作出合规承诺，以此倡导合规文化，树立合规信仰，形成示范效应，共同打造企业国际化经营合规的深圳样板，实现先行示范。

35. 深圳出台全国首个专业性劳动争议调解工作地方标准

2021年9月，深圳市出台《深圳市劳动争议调解工作规范》。这是全国范围内首个出台的专业性劳动争议调解工作地方标准，明确了劳动争议调解组织、调解员、调解办案等方面的工作规范和具体建设要求，将为全面提升深圳市劳动争议调解工作规范化、专业化、数字化水平提供重要支撑，实现劳动争议调解服务供给能力明显增强、调解工作效能明显提升，在更高起点、更高层次、更高目标上全面推进劳动争议调解体系建设。

36. 深圳出台《企业和谐劳动关系构建指南》地方标准

2021 年 10 月 1 日，深圳市人力资源保障局制定的《企业和谐劳动关系构建指南》正式实施，该指南明确了企业构建和谐劳动关系的基本原则和招聘录用、权益保障、协商协调、科学管理、企业文化、社会责任等方面的要求和评价方法，通过定性与定量的方式衡量企业劳动关系和谐程度，从源头预防化解劳动关系矛盾，促进企业构建和谐劳动关系。该指南的实施，进一步增强了构建和谐劳动关系工作的引导性和激励性，对于营造有吸引力的人才发展环境和法治化营商环境具有重要意义。

37. 深圳海关助力中国企业提出反向"337调查"

2021 年 10 月，电子烟龙头企业深圳麦克韦尔科技有限公司（思摩尔国际）根据深圳海关查扣取得的证据，向美国国际贸易委员会（ITC）提请对 38 家美国、加拿大企业的"337调查"，这是首宗中国企业根据美国《1930年关税法》第 337 节及相关修正案对外国侵犯中国知识产权相关企业申请"337调查"。截至 2022 年 1 月，已有 15 家涉案企业签署同意函或和解协议，深圳企业海外维权取得历史性突破。

38. 深圳审结首宗个人破产和解案

2021 年 10 月 8 日，深圳市中级人民法院裁定终结张某个人破产和解程序，这是 2021 年 3 月 1 日《深圳经济特区个人破产条例》实施以来，首宗审结的债务人与债权人达成和解的个人破产案件。该案为个人破产和解案件审理提供了经验样本，充分体现了个人破产制度对"诚实而不幸"的债务人的解困和救助价值。

39. 首部自动驾驶低速无人车商业应用标准在深圳发布

2021 年 10 月 29 日，由深圳市智能交通行业协会牵头低速无人车领域超过 57 家单位和 112 位专家共同编制而成的《低速无人车城市商业运营安全管理规范》团体标准正式发布。这是一项专为自动驾驶低速无人车服务场景应用而编制的首创性标准，具有一定的先进性和创新性，将对自动驾驶低速无人车投放到智慧城市体系中开展无人化新型服务起到重要的指导作用，也将为政府职能管理部门和使用单位引入低速无人车这一全新的城市公共服务工具提供有效的参考。同时规范市场,为现有的低速无人车运营示范和高质量的新型智慧城市建设保驾护航。

40. 全国首个证券仲裁中心在深圳成立

2021年11月1日,全国首个证券仲裁机构——中国(深圳)证券仲裁中心正式揭牌。该中心是全球第一个由国际仲裁机构与证券交易所共建的证券仲裁平台,双方在建立完备的证券仲裁规则体系、建设一流证券仲裁专家队伍、推进机制衔接等方面进行合作。该中心的成立是中国资本市场纠纷解决机制创新在深圳迈出的新一步,也是落实综合改革试点任务结出的又一硕果,有利于发挥仲裁机构独立性、专业性、国际性的特点,为上市公司的健康发展提供重要保障。

41. 个人破产条例实施后首个"破产人"在深圳产生

2021年11月8日,深圳市中级人民法院将一份个人破产清算裁定书送达深圳市民呼某手中,宣告其破产。这是全国首部个人破产法规《深圳经济特区个人破产条例》自2021年3月1日实施以来,产生的首位"破产人"。该案的裁定为个人破产案件仲裁规则树立了标杆,实现了真正意义上对深圳个人破产制度的激活,使得该案债务人成为我国第一位真正意义上的"破产人",实现了对《深圳经济特区个人破产条例》全方位的启动。

42. 深圳市首封家庭教育指导文书制发

2021年11月12日,深圳市光明区人民检察院对某个涉案当事人制发《责令接受家庭教育指导令》,就父母在家庭教育中如何关爱未成年子女的健康成长,从10个方面分14项内容进行了详尽指导,并就阻碍探望可能产生的法律后果进行了释法。这是深圳市首封家庭教育指导文书,是深圳法院贯彻落实最新《中华人民共和国未成年人保护法》和最高检、全国妇联、关工委共同印发的《关于在办理涉未成年人案件中全面开展家庭教育指导工作的意见》具体规定的生动实践,也是对新通过的《中华人民共和国家庭教育促进法》相关立法精神的具体探索。

43. 国内首部立法协商地方标准正式颁布

2021年12月13日,深圳市政协正式发布《深圳市政协立法协商工作

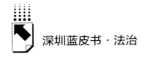

规范》地方标准。该地方标准将标准化理念和方法引入立法协商工作领域，对已有的创新和实践成果进行总结提炼，梳理和固化深圳市政协立法协商成功经验和工作流程。《深圳市政协立法协商工作规范》是全国第一个立法协商地方标准，具有先行示范的重要意义。

44. 全国首个"为军法律服务中心"在深圳揭牌成立

2021年12月23日，深圳市福田区司法局、福田区退役军人事务局联合中国人民解放军驻香港部队某基地率先成立全国首个"为军法律服务中心"，采取"1+1+2"模式，即1个实体法律服务中心、1个线上服务平台、2支专业队伍，开启新时代精准法律服务的司法拥军"福田模式"。该中心为维护驻军部队安全和军事利益及军人军属合法权益提供重要法治保障，激励官兵更加积极投身强军伟业，对驻军提高战斗力和有效履行使命任务发挥重要作用。

B.22

2021年深圳新法规规章述要

宋志新*

一 2021年深圳制定、修改和废止的法规

1. 制定《深圳经济特区生态环境保护条例》

2021年6月29日深圳市第七届人民代表大会常务委员会第二次会议通过《深圳经济特区生态环境保护条例》，自2021年9月1日起施行。该条例是全国首个生态环境保护全链条立法，将碳达峰、碳中和纳入生态环境建设整体布局，授权深圳市政府制定重点行业碳排放强度标准，并将碳排放强度超标的建设项目纳入行业准入负面清单。

2. 制定《深圳经济特区数据条例》

2021年6月29日深圳市第七届人民代表大会常务委员会第二次会议通过《深圳经济特区数据条例》，自2022年1月1日起施行。该条例是国内数据领域首部基础性、综合性立法，内容涵盖了个人信息数据、公共数据、数据市场、数据安全等方面。该条例率先明确提出"数据权益"，并着重强化个人信息数据保护，让市民对深恶痛绝的 App"不全面授权就不让用"、大数据"杀熟"、个人信息收集、强制个性化广告推荐等问题说"不"，并给予 App 重罚。

3. 制定《深圳经济特区无障碍城市建设条例》

2021年6月29日深圳市第七届人民代表大会常务委员会第二次会议通过《深圳经济特区无障碍城市建设条例》，自2021年9月1日起施行。该条

---

* 宋志新，深圳市公安局南山分局法制大队四级警长。

例将无障碍环境建设提升到无障碍城市建设，将无障碍理念纳入城市规划、设计、改造和管理等各环节，并将立法适用范围扩大为残疾人、老年人、伤病患者、孕妇、儿童及其他有需要者，多角度、多层次地体现人文关怀。

4. 制定《深圳经济特区出租汽车管理条例》

2021年6月29日深圳市第七届人民代表大会常务委员会第二次会议通过《深圳经济特区出租汽车管理条例》，自2021年9月1日起施行。该条例将实行巡游车经营权无偿化，建立与经营权无偿化相适应的准入和退出制度；将巡游车和网约车纳入统一管理范围，统筹促进不同类型出租汽车融合发展；强化企业主体责任，维护驾驶员合法权益，进一步完善了出租汽车监督管理体制。

5. 制定《深圳经济特区互联网租赁自行车管理若干规定》

2021年6月29日深圳市第七届人民代表大会常务委员会第二次会议通过《深圳经济特区互联网租赁自行车管理若干规定》，自2021年8月1日起施行。该规定对深圳市共享单车的总量控制、运营模式、收费管理、停放运维等作出了具体规定，从多个方面对共享单车"乱象"进行整治，引导互联网租赁自行车行业健康有序发展。

6. 修订《深圳经济特区职业技能鉴定条例》

2021年6月29日深圳市第七届人民代表大会常务委员会第二次会议通过《关于修改〈深圳经济特区职业技能鉴定条例〉的决定》，自公布之日起施行。该条例修改了职业技能鉴定收费主体、职业技能鉴定报考程序和"本市困难职工"的表述，删除了鉴定费补贴的相关规定。该条例修订后实现了与广东省职业技能鉴定工作组织模式以及国家、广东省职业资格考试收费改革工作的衔接。

7. 修订《深圳经济特区社会养老保险条例》

2021年6月29日深圳市第七届人民代表大会常务委员会第二次会议修订通过《深圳经济特区社会养老保险条例》，自2021年8月1日起施行。该条例按照《国家综合方案》《省过渡方案》的规定，下调深圳市企业职工养老保险缴费基数上限；授权深圳市政府将基本养老保险缴费基数下限和缴费比例调整过渡至国家和广东省规定的标准；删除了原有统筹养老金、个人账户养老金、过渡性养老金等计发办法的具体规定，对养老保险待遇仅作原则性的规定，并授权深圳市政府根据国家、广东省养老保险相关规定另行制定具体计发办法；将养老保险费的征收主体名称表述为"社会保险费征收机构"，并明确深圳市社保机构、深圳市社会保险费征收机构根据各自职责具体承办基本养老保险、地方补充养老保险等社会保险事务；删改不符合国家和广东省有关规定的养老保险项目。

8. 暂停适用《深圳经济特区城市管理综合执法条例》部分条款

2021 年 6 月 29 日深圳市第七届人民代表大会常务委员会第二次会议通过《关于暂时停止适用〈深圳经济特区城市管理综合执法条例〉有关规定的决定》，自 2021 年 9 月 1 日起施行。决定暂时停止适用《深圳经济特区城市管理综合执法条例》中涉及街道城管和综合执法队以区综合执法部门的名义开展综合执法的规定、纳入综合执法职责范围的事项应当符合的条件规定、综合执法职责范围的规定、街道执法队主要职责的规定等。暂时停止适用期间，街道城市管理综合执法工作按照市人民政府有关完善街道综合行政执法体制机制的规定执行。实践证明可行的，应当修改完善有关法规规定；实践证明不宜停止的，恢复施行有关法规规定。

9. 暂停适用《深圳经济特区规划土地监察条例》部分条款

2021 年 6 月 29 日深圳市第七届人民代表大会常务委员会第二次会议通过《关于暂时停止适用〈深圳经济特区规划土地监察条例〉有关规定的决定》，自 2021 年 9 月 1 日起施行。决定暂时停止适用《深圳经济特区规划土地监察条例》第四条第一款中"市、区两级执法的工作机制"和第二款"市、区、街道规划土地监察机构是履行规划土地监察职责的专门机构，依法开展规划土地监察工作"等规定。暂时停止适用的期限为三年。暂时停止适用期间，规划土地监察按照深圳市人民政府有关完善街道综合行政执法体制机制的规定执行。实践证明可行的，应当修改完善有关法规规定；实践证明不宜停止的，恢复施行有关法规规定。

10. 修订《深圳经济特区道路交通安全管理条例》

2021 年 10 月 30 日深圳市第七届人民代表大会常务委员会第五次会议通过《关于修改〈深圳经济特区道路交通安全管理条例〉的决定》，自公布之日起施行。本次修订分别对该条例第十一条等条款进行修改，涉及交通影响评价报告书提交，路边临时停车位使用费的属性、收取与公开等内容。

11. 修订《深圳市城市规划条例》

2021 年 10 月 30 日深圳市第七届人民代表大会常务委员会第五次会议通过《关于修改〈深圳市城市规划条例〉的决定》，自公布之日起施行。该条例将相关条款中的"建设项目选址意见书"、"建设用地规划许可证"和"建设工程规划许可证"分别修改为"建设项目用地预审与选址意见书"、"建设用地规划许可证"和"建设工程规划许可证"，并修改了第四十一条等条款的规定。

12. 修订《深圳经济特区土地使用权出让条例》

2021 年 10 月 30 日深圳市第七届人民代表大会常务委员会第五次会议通过《关于修改〈深圳经济特区土地使用权出让条例〉的决定》，自公布之日起施行。该条例删去第十二条第二款"市财政部门应当制定国有土地使用权出让收支年度计划，并报市人民政府批准"的规定，将第四十条修改为："以协议出让方式供应土地使用权的，市规划和自然资源部门结合发展改革、水务、生态环境、交通运输、住房建设等部门出具的有关意见，可以依职权或者申请启动用地报批工作。经市、区人民政府批准，并理顺土地权属关系后，市规划和自然资源部门可以签订土地使用权出让合同。"

13. 修订《深圳经济特区房地产登记条例》

2021 年 10 月 30 日深圳市第七届人民代表大会常务委员会第五次会议通过《关于修改〈深圳经济特区房地产登记条例〉的决定》，自公布之日起施行。该条例在申请建筑物、附着物所有权初始登记提交文件要求中，删去了建筑物竣工验收证、登记机关认可的测量机构出具的实地测绘结果报告书要求；将第三十条第五项改为第四项，内容修改为："建设工程规划验收和竣工验收合格证明文件，或者建设工程竣工联合验收合格证明文件。"

14. 修订《深圳经济特区政府投资项目管理条例》

2021年10月30日深圳市第七届人民代表大会常务委员会第五次会议修订通过《深圳经济特区政府投资项目管理条例》，自2021年11月1日起施行。该条例的修改完善了政府投资项目的全过程、全链条管理，将当前工程管理的一些创新机制载入其中，还确定了财政评审机构的法律地位，使政府投资项目的财政评审工作有法可依。

15. 废止《深圳市无障碍环境建设条例》

2021年10月30日深圳市第七届人民代表大会常务委员会第五次会议通过《关于废止〈深圳市无障碍环境建设条例〉的决定》，自公布之日起生效。为适应深圳先行示范区建设的现实需要，2021年6月29日，市人大常委会第二次会议通过了《深圳经济特区无障碍城市建设条例》。该条例内容已被《深圳经济特区无障碍城市建设条例》全面覆盖，因此，该条例在8月29日市人大常委会第三次会议上被提请审议废止。

16. 修订《深圳市节约用水条例》

2021年10月30日深圳市第七届人民代表大会常务委员会第五次会议通过《关于修改〈深圳市节约用水条例〉的决定》，自公布之日起施行。本次修订分别对第三条第一款等条款进行了修订，具体内容涉及用水计划核定主管单位、节水评估报告的编制和备案办法制定与实施、节约用水设施配套建设等。

17. 修订《深圳市实施〈中华人民共和国人民防空法〉办法》

2021年10月30日深圳市第七届人民代表大会常务委员会第五次会议通过《关于修改〈深圳市实施《中华人民共和国人民防空法》办法〉的决定》，自公布之日起施行。本次修订分别对第六条第二款等条款进行了修订，具体条款内容涉及对人民防空工程实行质量监督制度、人民防空工程竣工验收、日常管理维护等。

18. 修订《深圳市建设工程质量管理条例》

2021年10月30日深圳市第七届人民代表大会常务委员会第五次会议通过《关于修改〈深圳市建设工程质量管理条例〉的决定》，自公布之日起施行。本次修订分别对该条例第八条第一款等条款进行了修订，明确市住建部门、交通运输、水务等专业工程主管部门按照职责分工，负责有关专业工程质量的监督管理；明确了处罚事项和罚款计算标准；明确了不同处罚的执行单位。

二 2021年深圳制定、修改和废止的政府规章

1. 制定《深圳市居民经济状况核对办法》

2021年3月3日深圳市人民政府六届二百五十六次常务会议审议通过《深圳市居民经济状况核对办法》，自2021年6月1日起施行。该办法在核对事项范围、核对机构职责、财政保障、核对内容及规则、核对方式及信息提供、核对工作管理、法律责任等方面作出明确规定，充分体现了深圳在加强民生领域立法、建设"法治城市示范"方面的改革创新，大力促进社会建设、社会治理向智能化、专业化的方向转变。

2. 制定《深圳市地下空间开发利用管理办法》

2021年4月13日深圳市人民政府六届二百五十九次常务会议审议通过《深圳市地下空间开发利用管理办法》，自2021年8月1日起施行。本次立法全链条、全要素规范和完善了地下空间规划编制、用地供应、建设管理和安全使用等各相关环节，并专题设置了地下空间集中开发地区专项内容。

3. 废止《〈深圳经济特区物业管理条例〉实施若干规定》

2021年6月9日深圳市人民政府七届四次常务会议审议通过《关于废止〈《深圳经济特区物业管理条例》实施若干规定〉的决定》，自发布之日起施行。原若干规定部分条款与修订后的《物业管理条例》的精神和规定不完全一致，已经不适应物业管理行业发展的需要。考虑到《物业管理条例》及其相关配套文件所构成的物业管理体系已对原若干规定进行替换或修正，因此，废止原若干规定。

4. 制定《深圳市最低生活保障办法》

2021年6月16日深圳市人民政府七届五次常务会议审议通过《深圳市

最低生活保障办法》，自 2021 年 10 月 1 日起施行。该办法明确了最低生活保障标准的确定和调整规定，适度扩大了最低生活保障范围和提高保障待遇。该办法的出台将进一步健全深圳的最低生活保障制度，保障居民基本生活，让全市最低生活保障的申请受理、核对调查、审批、待遇发放及其监督管理等活动更规范。

5. 制定《深圳市区域空间生态环境评价管理办法（试行）》

2021 年 12 月 23 日深圳市人民政府七届二十七次常务会议审议通过《深圳市区域空间生态环境评价管理办法（试行）》，自 2022 年 1 月 10 日起施行。该办法（试行）构建了明确的区域空间生态环境评价制度，形成了市、区两级多部门大环保工作机制，建立了精细评价、动态调整的闭环管理体系，强化了环评公共服务职能、优化了营商环境，从编制区域环评报告，规划环评、产业园区规划环评应用等方面强化与产业、国土空间规划的衔接。

Abstract

Annual Report on the the Rule of Law in Shenzhen (2022) was jointly developed by the Shenzhen Social Sciences Academy . The book summarizes the basic situation of Shenzhen's legislative work, government ruling by law, judicial work, law-governed society, foreign-related rule of law and other aspects and highlights in the development of rule of law against the background of Shenzhen's demonstration of building a city ruled by law with Chinese characteristics, and accordingly puts forward suggestions for the future development of rule of law in Shenzhen.

In 2021, under the guidance of Xi Jinping Thought on the Rule of Law, Shenzhen fully implemented the Opinions on Supporting Shenzhen in Building a Demonstration Pilot City of Rule of Law for socialism with Chinese characteristics issued by the Rule of Law Commission of the CPC Central Committee. Focusing on the reform of comprehensive authorization, Shenzhen has taken the lead in innovating legislation and conducting trials, has further promoted the building of a law-based government, has given full play to the role of judicial services in ensuring protection, has established and improved the mechanism for settling non-litigation disputes, has promoted the rapid development of the legal service industry, and has created a first-class legal environment. Especially, Shenzhen has made great success in the reform of the administrative reconsideration, the implementation of Regulations of Shenzhen Special Economic Zone on Optimizing the Business Environment, the construction of a intellectual property protection plateau, the initiative exploration and practice of personal bankruptcy system, the establishment of corporate compliance system, the perfection of the rule of law guarantee on the green low carbon development, the reinforcement of the protection of the rights and interests of women and children, the promotion of international law service industry develo-pment, etc.

In 2022, Shenzhen should continue to adhere to the guidance of Xi Jinping Thought on the Rule of Law, with the goal of building a demonstration city under the rule of law, strengthen the application of the rule of law thinking and approach in social governance, continue to play the role of the rule of law in deepening reform and high-level opening-up, and optimize the business environment based on the rule of law. It provides legal guarantee for Shenzhen to build a pilot demonstration zone of socialism with Chinese characteristics.

Keywords: The Rule of Law; Pilot Demonstration City of Rule of Law; Law-based Business Environment; Protection of Minors; Social Rule of Law

Contents

I　General Report

　　Abstract: In 2021, under the guidance of Xi Jinping Thought on the Rule of Law, Shenzhen fully implemented the Opinions on Supporting Shenzhen in Building a Pilot Demonstration City of Rule of Law for socialism with Chinese characteristics issued by the Rule of Law Commission of the CPC Central Committee. Focusing on the reform of comprehensive authorization, Shenzhen has taken the lead in innovating legislation and conducting trials, has further promoted the building of a law-based government, has given full play to the role of judicial services in ensuring protection, has established and improved the mechanism for settling non-litigation disputes, has promoted the rapid development of the legal service industry, and has created a first-class legal environment. Especially, Shenzhen has made great success in the reform of the administrative reconsideration, the implementation of Regulations of Shenzhen Special Economic Zone on Optimizing the Business Environment, the construction of a high-level intellectual property protection plateau, the initiative exploration and practice of personal bankruptcy system, the establishment of corporate compliance system, the perfection of the rule of law guarantee on the green low carbon development, the reinforcement of the protection of the rights and interests of women and children, international law service industry development, etc. In 2022, Shenzhen should continue to adhere to the guidance of Xi Jinping Thought on the Rule of Law, with the goal of building a demonstration city under the rule of law, strengthen the application of the rule of law thinking and approach in social governance, continue to play the role of the rule of law in deepening reform and high-level opening-up, and optimize the business environment based on the rule of law. It provides legal guarantee for shenzhen to build a pilot demonstration city of socialism with Chinese characteristics.

Keywords: Pilot Demonstration City of Rule of Law; Innovative Legislation; Business Environment; Comprehensive Authorization Reform

II　Construction of Pilot Demonstration City of Law-based Governance

B.2　The Implementation and Thinking on the Construction of Pilot Demonstration City of the Rule of Law

Zhang Jing / 040

Abstract: The report of the 18th National Congress of the Communist Party of China made a major decision to comprehensively promote the rule of law. We will comprehensively advance the top-level design and strategic deployment of governing the country by law. In recent years, the Party Central Committee and the State Council have issued a series of policy documents to support Shenzhen's "acceleration", which not only highly affirmed Shenzhen's achievements in the construction of the rule of law, but also clarified new tasks and new requirements for the new era and new situation. This report deconstructs Xi Jinping's Thought on the Rule of Law from the perspective of the construction of a rule of law city, sorts out and summarizes the main achievements in the construction of a rule of law city in the past 40 years since the establishment of the Shenzhen Special Economic

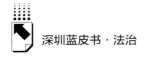

Zone, especially in recent years, and discusses how to promote Shenzhen with high quality under the new situation and new requirements, as well as look forward to the construction of a demonstration city for the rule of law.

Keywords: Xi Jinping Thought on the Rule of Law; Pilot Demonstration City of Rule of Law; Shenzhen

B.3 Reseach Report on Business Environment Optimization
in 2021 *Li Zhaohui, Zhao Dan and Chen Huoxing* / 054

Abstract: Regulations of Shenzhen Special Economic Zone on Optimi-zing the Business Environment was officially implemented on January 1, 2021, providing legal protection for the further optimization and reform of the business environment. Corporate feedback and feelings are an important manifestation of the effect of business environment reform. According to the questionnaire survey of enterprises, enterprises are highly satisfied with Shenzhen's business environment. It is generally believed that the reform policy of the business environment are well implemented and effective, and a good legal environment has become the most important reason for Shenzhen to attract business investment and retain business operations. As a national business environment innovation pilot city, Shenzhen must continue to focus on the concerns and needs of market players, build a stable and predictable business market environment, create a precise and efficient government service and regulatory environment, and improve a transparent and fair legal environment; meanwhile, it must also construct a scientific business environment evaluation index system, strengthen evaluation and feedback, and promote the implementation of high policy standards.

Keywords: Optimizing Business Environment; Business Environment Reform; Enterprise Satisfaction; Shenzhen

III Legislation

B.4 Discussion on the Main Legislative System of the Regulations on Foreign Investment of Shenzhen Special Economic Zone

Huang Xiangzhao / 080

Abstract: The legislative background, legislative purpose and legislative thinking of the Regulations on Foreign investment of Shenzhen Special Economic Zone show that Shenzhen always adheres to the policy of promoting, serving and protecting foreign investment. This report discuss the system design of market access, investment Convenience, government service and investment guarantee in the foreign investment legislation of Shenzhen Special Economic Zone, aiming to construct of foreign investment legislation in Shenzhen.

Keywords: Legislation; Foreign Investment; Shenzhen Special Economic Zone

B.5 Research on the Local Standards (DB) Regarding Protection of Trade Secrets in Shenzhen *Shen Cheng* / 092

Abstract: Strengthening the protection of trade secrets is an important measure to realize the closed-loop protection of intellectual property system and improve the business environment. This report starts from the current situation of the protection of trade secrets in Shenzhen, based on the local standards (DB) in Shenzhen, and discusses the content that needs further improvement regarding the standardized protection of trade secrets, including: clarifying the specific scope of trade secrets, to avoid omission or improper expansion on the scope of protection; paying attention to the usage of appraisal methods in trade secret cases, to improve the admissibility of expert opinion evidence; discover and take effective measures

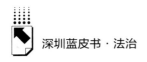
to prevent secondary leaks of trade secrets, to avoid secondary damage.

Keywords: Local Standards (DB); Trade Secrets; Judicial Appraisal; Secondary Leaks of Trade Secrets

Ⅳ　Government Ruling by Law

B.6　Review and Prospect of the Construction of Shenzhen Government Ruled by Law in 2021

Deng Daqi, Hao Jingjing / 103

Abstract: In 2021, Shenzhen will further deeply study and implement of the Xi Jinping Thought on the Rule of Law, fully implement the decision-making and deployment of the CPC Central Committee and the State Council on the construction of a government under the rule of law, comprehensively promote the construction of a government under the rule of law and all work in Shenzhen, and promote the construction of a government under the rule of law to a new level. In order to ensure the synchronization of reform and legislation, Shenzhen pressed the "fast forward" key of legislation, increased legislative innovation in key areas, steadily promoted the introduction of high-quality legislation, and provided legal guarantee for reform. By improving the system of major administrative decision-making, promoting the reform of administrative reconsideration system, we will further improve the functional system of government institutions and fully perform government functions according to law. By deepening the reform of administrative law enforcement system and strengthening the restriction and supervision of administrative law enforcement power, Shenzhen have achieved strict, standardized, fair and civilized law enforcement and effectively resolved social contradictions. Looking forward to 2022, Shenzhen will take the "double district" construction as an opportunity, further promote the construction of Shenzhen's Government under the rule of law.

Keywords: Government by Law; Pilot Demonstration City; Shenzhen

B.7   Research on the Benchmark Setting of Administrative Discretion

in Shenzhen   *Li Mingchao, Lan Zhitao* / 120

Abstract: The benchmark of administrative discretion is the control rule that the administrative organ embodies the statutory discretion according to its power. In 2008, Shenzhen government promulgated Several Provisions of Shenzhen Municipality on Regulating the Discretionary Power of Administrative Punishment. Municipal and district government departments have formulated a large number of administrative discretion benchmark documents, mainly in the fields of administrative punishment and administrative licensing. At present, there are some outstanding problems in the formulation of administrative discretion benchmarks, such as inconsistent setting standards, imperfect setting procedures, and lack of changing rules. The improvement of the setting rules of administrative discretion benchmark needs to absorb the new provisions of the Administrative Punishment Law; unify the standards for setting administrative discretion benchmarks, the legal norms on which the same type of administrative discretion benchmarks are set should be consistent, and the consideration factors for illegal subjects, illegal circumstances, and illegal behavior methods should be roughly the same; improve the procedures for setting administrative discretion benchmarks, and establish the rules of administrative discretionary benchmark changes.

Keywords: Administrative Discretion; Discretionary Benchmark; Setting Rules; Shenzhen

B.8   Research On the Litigation Administrative Disputes Involved

In the "One Household, One Building" Policy in Shenzhen

Wang Wei / 134

Abstract: "One Household, One Building" policy of Shenzhen has played an important role in protecting the legitimate rights and interests of former villagers

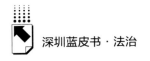

whose land was expropriated in the process of urbanization, and balancing urban development with the distribution of collective and individual land appreciation benefits. In the course of the implementation of this policy, administrative litigation cases are inevitable. By combing through the 30 administrative litigation judgments from 2012 to 2021, it is found that the "One Household, One Building" policy mainly has the following problems: firstly, there is a dispute over the understanding of the identification of "Household" in "One Household"; secondly, the "One Household, One Building" qualification publicity procedure has not protected the rights and interests of the counterpart; thirdly, other issues such as information disclosure and the petitioning make the procedure idled. In this regard, it is recommended to pay attention to the coherence of policies, improve the rationality of procedural settings, and pay attention to the substantive resolution of disputes. This report analyzing the types and impacts of administrative disputes involved in litigation under Shenzhen's "One Household, One Building" policy can provide reference for the formulation of future policies in Shenzhen and the sustainable development of other rapidly urbanizing regions in China.

Keywords: "One Household, One Building"; Original Villager; Non-commercial Residential Construction; Qualification Identification

B.9 A Comparative Study on the Establishment and Implementation of the Legal Adviser System of the Pearl River Delta and Yangtze River Delta Cities   *Li Zhaohui, Lan Sisi* / 146

Abstract: In 1988, Shenzhen took the lead in establishing the government legal adviser system in the whole country, and then some cities successively established the government legal adviser system. After the Third Plenary Session of the 18th CPC Central Committee put forward the general establishment of the government legal adviser system, the system has been established in various places. The analysis of the relevant information of major cities in the Pearl River Delta and the Yangtze River Delta shows that the time of establishing the government legal counsel system in the Pearl River Delta cities is earlier than that in the Yangtze River Delta cities, and the implementation of the system is relatively good. On the whole, the role of the government legal adviser system has not been fully exerted. It is suggested that we should strengthen the publicity of leading cadres on the government legal advisory system, improve their awareness of the importance of the government legal advisory system, make legal advisory work a necessary part of the construction of a government ruled by law, build a full-time legal advisory team, strengthen the exchange of government legal advisory work between regions, improve the specific implementation rules, and promote the implementation of the government legal advisory system.

Keywords: Government Legal Adviser; A Rule of Law Government; The Pearl River Delta; The Yangtze River Delta

V Judicature

B.10 Practice and Reflection on Reducing the Rate of Pretrial Detention by Shenzhen Procuratorial Organization

Huang Haibo / 162

Abstract: Reducing the rate of pretrial detention will help to improve judicial civilization and promote judicial reform. By strengthening organizational supervision, system guidance, guiding investigation, communication and cooperation, Shenzhen procuratorial organization have effectively reduced the rate of pretrial detention and promoted to establish a Non-detainment litigation model.

Keywords: Pretrial Detention Rate; Procuratorial Organization; Criminal Action

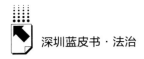

B . 11　Exploration and Improvement on the Municipal Social
　　　　Governance System of Comprehensive Judicial Protection
　　　　for Minors in Shenzhen　　　　　　*He Xun , Gong Jiang* / 173

Abstract：An overall layout of "one point, two aspects, and four kinds of
prosecution" and a general plan of "three steps" have been set down for minor
prosecution in Shenzhen. Starting on the point of precise support and education
and attaching upstream to the aspects of both judiciary and administration, the
procuratorate of Shenzhen has been performing duties actively, solving difficulties
with legal thinking, and trying to informationize the legal supervision of
procuratorate and strengthen the legal system of parens patriae with the practice of
Comprehensive Judicial Protection Committee for Minors and the concept of
sharing. These efforts are able to provide strong legal guarantee for the exploration
and improvement on the municipal social governance system of minor protection.

Keywords：Comprehensive Judicial Protection; Legal Supervision; Municipal
Social Governance; Minor

B . 12　Practice and Reflection on Shenzhen Longhua District
　　　　People's Court in Promoting the Judicial Protection of Minors
　　　　Research Team of Shenzhen Longhua District People's Court / 187

Abstract：Judicial protection is an important part of protection of the rights
and interests of minors, which plays a significant role in the healthy growth of
minors. By summarizing the specific practices and results achieved of Shenzhen
Longhua District People's Court from 2018 to 2022, This report can find that the
court has done innovation and experimentation in terms of trial philosophy and trial
mechanism for judicial protection of minors, and a relatively independent juvenile
justice system has been formed. However, there are still some problems and
bottlenecks in the juvenile justice work, which need to be further improved by

internal and external forces. We want to offer a Shenzhen sample book of judicial protection of minors which can be copied in this paper.

Keywords: Protection of Minors; Judicial Protection; Juvenile Justice

Abstract: Regulations of Shenzhen Special Economic Zone on Personal Bankruptcy is the first local legislation on the personal bankruptcy system in mainland my country, which fills the blank of personal bankruptcy legislation and makes a pioneering exploration for national personal bankruptcy legislation. By sorting out and analyzing the publicized judicial documents of Shenzhen personal bankruptcy cases, it can be seen that the regulations are conducive to protecting bona fide entrepreneurs, spreading the spirit of "harmony is the most precious", and embodying the humanitarian care of bona fide and honest debtors. At the same time, the specific procedures of Regulations of Shenzhen Special Economic Zone Personal Bankruptcy still have imprecise aspects, which need to be supplemented and echoed by relevant supporting norms in order to be well implemented and truly achieve the goal of protecting "honest but unfortunate" debtors.

Keywords: Personal Bankruptcy Regulations; Free Choice Legislation Model; Shenzhen

VI   Law-Governed Society

Abstract: Public legal service which plays a very important role in protecting the basic rights of the public and resolving social conflicts and disputes. As a pilot demonstration area of socialism with Chinese characteristics, Shenzhen has continuously explored and improved the public legal service system in the process of building a demonstration city under the rule of law, and has accumulated some experience and formed a certain model. However, there are still some deficiencies in the improvement of mechanisms, safeguard measures, and the supply of service products. In this regard, Shenzhen should closely follow the requirements of the Opinions on Supporting Shenzhen to Build a Demonstration City of Socialist Rule of Law with Chinese Characteristics, focus on market demand and the needs of the masses, and take measures such as strengthening top-level design and optimizing public legal service product guarantees to continuously improve public legal services. mechanism, improve the level of public legal services, and build a public legal service supply model of "government-led, social participation, and policy incentives" to ensure that the public can enjoy legal services on an equal and inclusive basis.

Keywords: Public Service; Public Legal Service; Shenzhen

B.15 Report On the Development of Shenzhen Lawyer Industry in 2021   *Zhang Bin, Sun Tongbiao* / 222

Abstract: 2021 is the first year for Shenzhen to realize the first stage development goal of building a leading demonstration area of socialism with Chinese characteristics on the basis of building a well-off society with high quality and in an all-round way. The scale of lawyers in Shenzhen has maintained a rapid growth momentum, the scale of law firms has increased steadily, lawyers have increasingly participated in the construction of the rule of law in Shenzhen, and policy support for the development of the lawyer industry has also increased. However, the development of Shenzhen's lawyer industry has both advantages and difficulties, there are both opportunities and challenges. We should promote the reform and innovation of Shenzhen's lawyer industry from a higher starting point, at a higher level and with a higher goal, comprehensively enhance the brand of Shenzhen's lawyers, and start a new journey for the development of Shenzhen's lawyer industry during "The 14th Five-Year Plan".

Keywords: Lawyer; Lawyer Industry; Rule of Law in Shenzhen

B.16   The Present Situation and Forecast of Shenzhen Youth
        Rule-of-law Propaganda and Education   *Deng Yanyan* / 253

Abstract: In recent years, Shenzhen has achieved significant results in terms of the concept, innovation, participation and social influence of youth education on the rule of law. However, there are still some problems such as the uneven distribution of resources for youth education on the rule of law, the lack of synergy between the relevant administrative organs and the lack of a scientific and effective evaluation system. In the future, the promotion and education of the rule of law for young people in Shenzhen should be carried out in a targeted manner according to the present situation in Shenzhen and the current environment in which young people live.

Keywords: Rule-of-law Propaganda and Education; Law Popularization; Teenagers

B.17   Research on the Legislation and Implementation of Smoking
        Control in Shenzhen
                    Xu Yushan, Xu Jingling and Chen Huoxing / 267

Abstract: Shenzhen Special Economic Zone On Smoking Control passed in 1998. After revision in 2013 and two amendments in 2018 and 2019, the work of smoking control has gradually moved towards the track of legalization. This report designed a questionnaire according to the regulations. Through the questionnaire survey, we can understand the smoking situation of Shenzhen citizens, the smoking control in different places, the implementation of tobacco control measures and the citizens' overall satisfaction and awareness of tobacco control. The survey shows that citizens are generally satisfied with smoking control in Shenzhen, but the overall state of smoking control is still not optimistic, and there is still room for improvement in the implementation of smoking control measures.

Keywords: Smoking Control; Tobacco Control Legislation; Smokeless City

B.18 Study on Antitrust Compliance Issues for Trade Associations

Gao Jinghe, Liu Guoliang and Cai Qianying / 290

Abstract: The case of monopoly imposed by the Shenzhen Association in 2021 has once again triggered a discussion on the issue of anti-monopoly compliance by trade associations. As representatives of the interests of the industry and the common interests of its members, trade associations have a natural tendency and inherent urge to commit acts that restrict competition. In recent years, while civil antitrust litigation has been increasing, trade associations have also become the focus of attention of antitrust enforcement agencies. This report analyzes the causes of monopoly in trade associations, and discusses the anti-monopoly compliance of trade associations from two different perspectives: government supervision and trade associations, and proposes that the anti-monopoly compliance of trade associations should move from passive response to active action, and achieve the dual balance of "stopping monopoly" and "preventing monopoly". The report proposes that the construction of anti-monopoly compliance by industry associations should move from passive response to proactive action, and achieve a dualistic balance between "stopping monopoly" and "preventing monopoly".

Keywords: Trade Industry; Anti-monopoly; Construction of Compliance

Abstract: During the 40 years of development in Shenzhen, there have been land problems left over from history, which are mainly reflected in the fact that these lands cannot be registered in accordance with the provisions of the current law because the interests of the government, the original rural collective economic organizations and the actual users are not straightened out. In order to solve the overall problems of depletion of land resources, low efficiency of land use, imbalance of land use structure and even the overall economic and social development of Shenzhen, it is urgent to dispose of historical land. However, with the development of Shenzhen society, the existing disposal methods face some new problems and challenges, such as the lack of systematization and effective coordination. Therefore, it is necessary to improve the historical land disposal policy system, simplify the disposal process and strengthen the relationship between disposal methods. The coordinated linkage and other measures will help to break down the obstacles to urban development in Shenzhen and effectively revitalize the historical land.

Keywords: Historical Land; Disposal Method; Urban Renewal; Land Readjustment

Abstract: Accelerating the development of the housing rental market is of great significance to solving the housing difficulties of new citizens and young people. Housing leasing policies and regulations are the necessary prerequisites for standardizing the development of the housing leasing market. This report analyzes

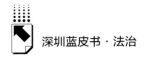

the basic situation and existing problems of Shenzhen's housing rental market, summarizes the historical evolution of housing rental policies and regulations, and puts forward policy suggestions for improving the legal construction of housing rental in Shenzhen and promoting high-quality development.

Keywords: The Rental Housing; Indemnificatory Rental Housing; High-quality Development

Ⅶ　Appendices

社会科学文献出版社

皮 书

智库成果出版与传播平台

✤ 皮书定义 ✤

皮书是对中国与世界发展状况和热点问题进行年度监测,以专业的角度、专家的视野和实证研究方法,针对某一领域或区域现状与发展态势展开分析和预测,具备前沿性、原创性、实证性、连续性、时效性等特点的公开出版物,由一系列权威研究报告组成。

✤ 皮书作者 ✤

皮书系列报告作者以国内外一流研究机构、知名高校等重点智库的研究人员为主,多为相关领域一流专家学者,他们的观点代表了当下学界对中国与世界的现实和未来最高水平的解读与分析。截至2021年底,皮书研创机构逾千家,报告作者累计超过10万人。

✤ 皮书荣誉 ✤

皮书作为中国社会科学院基础理论研究与应用对策研究融合发展的代表性成果,不仅是哲学社会科学工作者服务中国特色社会主义现代化建设的重要成果,更是助力中国特色新型智库建设、构建中国特色哲学社会科学"三大体系"的重要平台。皮书系列先后被列入"十二五""十三五""十四五"时期国家重点出版物出版专项规划项目;2013~2022年,重点皮书列入中国社会科学院国家哲学社会科学创新工程项目。

皮书网

（网址：www.pishu.cn）

发布皮书研创资讯，传播皮书精彩内容
引领皮书出版潮流，打造皮书服务平台

栏目设置

◆ 关于皮书

何谓皮书、皮书分类、皮书大事记、
皮书荣誉、皮书出版第一人、皮书编辑部

◆ 最新资讯

通知公告、新闻动态、媒体聚焦、
网站专题、视频直播、下载专区

◆ 皮书研创

皮书规范、皮书选题、皮书出版、
皮书研究、研创团队

◆ 皮书评奖评价

指标体系、皮书评价、皮书评奖

◆ 皮书研究院理事会

理事会章程、理事单位、个人理事、高级
研究员、理事会秘书处、入会指南

所获荣誉

◆ 2008 年、2011 年、2014 年，皮书网均
在全国新闻出版业网站荣誉评选中获得
"最具商业价值网站"称号；
◆ 2012 年,获得"出版业网站百强"称号。

网库合一

2014年，皮书网与皮书数据库端口合
一，实现资源共享，搭建智库成果融合创
新平台。

皮书网

"皮书说"
微信公众号

皮书微博

权威报告·连续出版·独家资源

皮书数据库
ANNUAL REPORT(YEARBOOK) DATABASE

分析解读当下中国发展变迁的高端智库平台

所获荣誉

- 2020年，入选全国新闻出版深度融合发展创新案例
- 2019年，入选国家新闻出版署数字出版精品遴选推荐计划
- 2016年，入选"十三五"国家重点电子出版物出版规划骨干工程
- 2013年，荣获"中国出版政府奖·网络出版物奖"提名奖
- 连续多年荣获中国数字出版博览会"数字出版·优秀品牌"奖

皮书数据库

"社科数托邦"
微信公众号

成为会员

登录网址www.pishu.com.cn访问皮书数据库网站或下载皮书数据库APP，通过手机号码验证或邮箱验证即可成为皮书数据库会员。

会员福利

- 已注册用户购书后可免费获赠100元皮书数据库充值卡。刮开充值卡涂层获取充值密码，登录并进入"会员中心"—"在线充值"—"充值卡充值"，充值成功即可购买和查看数据库内容。
- 会员福利最终解释权归社会科学文献出版社所有。

数据库服务热线：400-008-6695
数据库服务QQ：2475522410
数据库服务邮箱：database@ssap.cn
图书销售热线：010-59367070/7028
图书服务QQ：1265056568
图书服务邮箱：duzhe@ssap.cn

社会科学文献出版社 皮书系列
SOCIAL SCIENCES ACADEMIC PRESS (CHINA)

卡号：791454592386
密码：

S 基本子库
UB DATABASE

中国社会发展数据库（下设 12 个专题子库）

紧扣人口、政治、外交、法律、教育、医疗卫生、资源环境等 12 个社会发展领域的前沿和热点，全面整合专业著作、智库报告、学术资讯、调研数据等类型资源，帮助用户追踪中国社会发展动态、研究社会发展战略与政策、了解社会热点问题、分析社会发展趋势。

中国经济发展数据库（下设 12 专题子库）

内容涵盖宏观经济、产业经济、工业经济、农业经济、财政金融、房地产经济、城市经济、商业贸易等 12 个重点经济领域，为把握经济运行态势、洞察经济发展规律、研判经济发展趋势、进行经济调控决策提供参考和依据。

中国行业发展数据库（下设 17 个专题子库）

以中国国民经济行业分类为依据，覆盖金融业、旅游业、交通运输业、能源矿产业、制造业等 100 多个行业，跟踪分析国民经济相关行业市场运行状况和政策导向，汇集行业发展前沿资讯，为投资、从业及各种经济决策提供理论支撑和实践指导。

中国区域发展数据库（下设 4 个专题子库）

对中国特定区域内的经济、社会、文化等领域现状与发展情况进行深度分析和预测，涉及省级行政区、城市群、城市、农村等不同维度，研究层级至县及县以下行政区，为学者研究地方经济社会宏观态势、经验模式、发展案例提供支撑，为地方政府决策提供参考。

中国文化传媒数据库（下设 18 个专题子库）

内容覆盖文化产业、新闻传播、电影娱乐、文学艺术、群众文化、图书情报等 18 个重点研究领域，聚焦文化传媒领域发展前沿、热点话题、行业实践，服务用户的教学科研、文化投资、企业规划等需要。

世界经济与国际关系数据库（下设 6 个专题子库）

整合世界经济、国际政治、世界文化与科技、全球性问题、国际组织与国际法、区域研究 6 大领域研究成果，对世界经济形势、国际形势进行连续性深度分析，对年度热点问题进行专题解读，为研判全球发展趋势提供事实和数据支持。

法律声明